HUMANITIES AND SOCIETY

保守主义

知识社会学论稿

Karl Mannheim

[德国] 卡尔·曼海姆 著 李朝晖 牟建君 译

译林出版社

图书在版编目（CIP）数据

保守主义/（德）卡尔·曼海姆著；李朝晖，牟建君译. —南京：译林出版社，2022.2

（人文与社会译丛/刘东主编）

书名原文：Conservatism

ISBN 978-7-5447-9018-5

Ⅰ.①保… Ⅱ.①卡… ②李… ③牟… Ⅲ.①保守主义－研究 Ⅳ.①D09

中国版本图书馆CIP数据核字（2021）第 273855 号

保守主义 ［德国］卡尔·曼海姆 / 著 李朝晖 牟建君 / 译

责任编辑 何本国
装帧设计 胡 苨
校 对 王延庆
责任印制 单 莉

原文出版 Routledge & Kegan Paul, 1986
出版发行 译林出版社
地 址 南京市湖南路 1 号 A 楼
邮 箱 yilin@yilin.com
网 址 www.yilin.com
市场热线 025-86633278
排 版 南京展望文化发展有限公司
印 刷 江苏凤凰通达印刷有限公司
开 本 880 毫米 × 1230 毫米 1/32
印 张 9.25
插 页 2
版 次 2022 年 2 月第 1 版
印 次 2022 年 2 月第 1 次印刷
书 号 ISBN 978-7-5447-9018-5
定 价 58.00 元

主编的话

刘 东

总算不负几年来的苦心——该为这套书写篇短序了。

此项翻译工程的缘起，先要追溯到自己内心的某些变化。虽说越来越惯于乡间的生活，每天只打一两通电话，但这种离群索居并不意味着我已修炼到了出家遁世的地步。毋宁说，坚守沉默少语的状态，倒是为了咬定问题不放，而且在当下的世道中，若还有哪路学说能引我出神，就不能只是玄妙得叫人着魔，还要有助于思入所属的社群。如此嘈嘈切切鼓荡难平的心气，或不免受了世事的恶刺激，不过也恰是这道底线，帮我部分摆脱了中西“精神分裂症”——至少我可以倚仗着中国文化的本根，去参验外缘的社会学说了，既然儒学作为一种本真的心向，正是要从对现世生活的终极肯定出发，把人间问题当成全部灵感的源头。

不宁惟是，这种从人文思入社会的诉求，还同国际学界的发展不期相合。擅长把捉非确定性问题的哲学，看来有点走出自我囿闭的低潮，而这又跟它把焦点对准了社会不无关系。现行通则的加速崩解和相互证伪，使得就算今后仍有普适的基准可言，也要有待于更加透辟的思力，正是在文明的此一根基处，批判的事业又有了用武之地。由此就决定了，尽管同在关注世俗的事务与规则，但跟既定框架内的策论不同，真正体现出人文关怀的社会学说，决不会是医头医脚式的小修小补，而必须以激进亢奋的姿态，去怀疑、颠覆和重估全部的价值预设。有意思的是，也许再没有哪个时代，会有这么多书生想要焕发制度智慧，这既凸显了文明的深层危机，又表达了超越的不竭潜力。

于是自然就想到翻译——把这些制度智慧引进汉语世界来。需要说明的是，尽管此类翻译向称严肃的学业，无论编者、译者还是读者，都会因其理论色彩和语言风格而备尝艰涩，但该工程却绝非寻常意义上的"纯学术"。此中辩谈的话题和学理，将会贴近我们的伦常日用，渗入我们的表象世界，改铸我们的公民文化，根本不容任何学院人垄断。同样，尽管这些选题大多分量厚重，且多为国外学府指定的必读书，也不必将其标榜为"新经典"。此类方生方成的思想实验，仍要应付尖刻的批判围攻，保持着知识创化时的紧张度，尚没有资格被当成享受保护的"老残遗产"。所以说白了：除非来此对话者早已功力尽失，这里就只有激活思想的马刺。

主持此类工程之烦难，足以让任何聪明人望而却步，大约也惟有愚钝如我者，才会在十年苦熬之余再作冯妇。然则晨钟暮鼓黄卷青灯中，毕竟尚有历代的高僧暗中相伴，他们和我声应气求，不甘心被宿命贬低为人类的亚种，遂把移译工作当成了日常功课，要以艰难的咀嚼咬穿文化的篱笆。师法着这些先烈，当初酝酿这套丛书时，我曾在哈佛费正清中心放胆讲道："在作者、编者和读者间初步形成的这种'良性循环'景象，作为整个社会多元分化进程的缩影，偏巧正跟我们的国运连在一起，如果我们至少眼下尚无理由否认，今后中国历史的主要变因之一，仍然在于大陆知识阶层的一念之中，那么我们就总还有权想象，在孔老夫子的故乡，中华民族其实就靠这么写着读着，而默默修持着自己的心念，而默默挑战着自身的极限！"惟愿认同此道者日众，则华夏一族虽历经劫难，终不致因我辈而沦为文化小国。

一九九九年六月于京郊溪翁庄

目　录

致　谢

《保守主义》的这个版本依据的是从保罗·凯斯科梅蒂的文稿中发现的一份打印稿。凯斯科梅蒂已于1980年去世,他对曼海姆身后几部著作的出版起了重要作用。感谢库尔特·H.沃尔夫(布兰代斯大学)和马丁·莱恩(麻省理工学院)使我们得以接触这些手稿。凯斯科梅蒂留下的未经编辑的德文打印稿和其他论文一起存放在马萨诸塞州沃尔瑟姆的布兰代斯大学图书馆。本书原由编者用德文出版,书名是:*Konservatismus*:*Ein Beitrag zur Soziologie des Wissens*(Frankfurt:Suhrkamp, 1984)。

本书的编辑和翻译以及我们为写导言进行的研究工作,得到了纽芬兰纪念大学、特伦特大学、艾伯塔大学和加拿大社会科学与人文学研究理事会的资助。我们还得益于朱安·E.科拉迪(纽约)、约瑟夫·加贝尔(巴黎)、伊娃·加伯(布达佩斯)、因格里特·吉尔舍尔(海德堡)、M.莱勒尔·雷普西乌斯(海德堡)、A.P.西蒙兹(波士顿)和亨克·沃尔德林(阿姆斯特丹)的帮助。罗拉·C.哈尔格拉弗在出版前校阅了原稿,我们同样至为感谢。

戴维·凯特勒尔(特伦特大学)
弗尔克尔·梅亚(纽芬兰纪念大学)
尼可·施特尔(艾伯塔大学)

英文版导言[1] 1

戴维·凯特勒尔

弗尔克尔·梅亚

尼可·施特尔

科学史家托马斯·S.库恩认为,范例经验研究比纯粹理论反思更能决定性地影响科学的新发展。如果说《意识形态与乌托邦》[2]和《思想的结构》[3]代表卡尔·曼海姆重要的理论探索,关于《保守主义思想》[4]的论文则广泛被视为严格的经验的知识社会学范式。尽管许多社会科学家和历史学家并不完全满意于曼海姆试图探索他帮助创始的那门学科的理论预设和涵义,他们仍然认为曼海姆的保守主义研究对那项揭示复杂理智结构的社会根源的科学事业具有决定性的影响。

---

① 这篇导言曾以《卡尔·曼海姆和保守主义:历史思想的鼻祖》为名发表在《美国社会学评论》1984年2月号上。(根据1986年英文版第1版译出。——中文版编者注)

② 卡尔·曼海姆:《意识形态与乌托邦》,路易斯·沃思和爱德华·希尔译。

③ 卡尔·曼海姆:《思想的结构》,戴维·凯特勒尔、弗尔克尔·梅亚和尼可·施特尔编辑并作导言,杰里米·J.沙皮罗和希里·韦伯·尼切尔森译(伦敦,1982)。

④ 卡尔·曼海姆:《保守主义思想》,载《社会学和社会心理学论文集》,保罗·凯斯科梅蒂编,第74—164页。

那篇产生这种影响的文章，顶多反映了曼海姆 1925 年在海德堡提交《大学授课资格论文》工作的一半。当《保守主义思想》两年后在《社会科学和社会政治档案》上发表时，原稿中远不止一半的内容被略去了。曼海姆生前在准备该文的英文版本时又试图将手稿的另外部分也加进去，这表明他不断看重更多的内容。和许多别的计划一样，这个计划也因其过早辞世而中断，只好由其继承者来完成。直到最近才发现的文章全文，澄清了曼海姆的保守主义研究和他的其他成就之间的关系，因为它有助于解释曼海姆是出于何种考虑才沿着社会学探索与哲学反思这两条线前进的。他已尽可能使社会学探索在经验上可靠；而哲学反思则从理论上探究这样一类主张，如认为知识社会学是“作为一
2 门科学的政治学的研究法(organon)”。

删节后发表的版本揭示了这门复杂研究的一个方面，这很可能正是曼海姆所希望的。正如过去用英文和德文发表论文时显示的那样，它很自然地被看成是对作为某种政治信念类型的形成与发展之基础的社会因素的经验研究。而且，由此概括出的研究模式，此后作了相当程度的精致化，既涉及描述尚待解释的类型的方式，又涉及针对有关的社会学非难所作的说明与证实。但正如书中所示，它也表明了曼海姆对政治**知识**的性质而不仅仅是对信念的关注，以及他的一个从未泯灭的希望：科学探究的模式可以达到这类知识而不必为证据或公正牺牲掉科学激情。因发现这个复杂的文本而使新的解读成为可能，这不是要证伪已经公认的诠释，而是要认识另一个更有问题也更具哲学雄心的方面，揭示那种使曼海姆把自己交给韦伯宣扬的科学苦行主义的焦虑。

曼海姆的经验转向

曼海姆的保守主义思想研究背后，隐藏着这样一个观念：自然科学

和历史科学之间长期存在的差别以及那些争夺历史科学领地的最具影响的方法,都在19世纪德国保守主义运动中拥有自己的历史先驱。他对此所作的分析分三个阶段进行:第一阶段基于观念的社会历史,第二阶段基于一个形态学阐释,第三阶段是文本解释和社会学解释的历史结合。

首先,曼海姆试图说明政治意识形态这种特殊文化类型于18和19世纪在人类经验的精神序列中取得的中心地位。在此基础上,他考察了法国大革命以后以保守主义政治观念为中心的世界观是如何取得主导地位的。在解决世界观组织中最重要的政治信念冲突时,曼海姆改变了他早先在反思艺术史的基础上提出的更具理想化色彩的理论,增
加了对冲突和结构变化的考虑。对新的意识形态世界的解释,以及对 3
保守主义在其中的地位的解释,强调国家的形成和全面的理性化这种双重过程的效果。保守主义从社会角色(和一些观察者)中的传统主义的心理态度结晶而来,这些人觉得新发展是有害的,却又不能将其忽略或以秘密的、个人的方式对其做出简单反应。意识形态替代了赋予经验世界以意义的传统的和宗教的方法,构成了与新近才理性化的以国家为中心的社会相适应的定位方式。根据曼海姆最初的解释,保守主义是作为一种思考"人与社会"的方法出现的,它重视某些被理性化毁坏了的精神的和物质的利益,但又通过一个有效性标准为新近才政治化和理性化的世界提供了实践的方向。因此,它显然和它的对手一样也属于新时代。

曼海姆对保守主义的第二种刻画,试图对这种意识形态的不同的和变化着的表现形式共有的一种内在结构做出说明。曼海姆强调,这样一种"形态学"不得将他自己所谓的"思想的风格"与理论体系或政治纲领中的任一个相混淆。进行结构分析需要一种能适合这种特殊类型客体的特殊方法。这种方法揭示了保守主义思想对待人类经验的典

型的形成(formative)态度,因为它存在于一切详尽的理论阐释之先,根植于具体经验和特殊场合,是一种对时间连续性的特殊感觉。然后在更加理论性的层次上,保守主义思想反对构造任何自认为受控于理性化普遍模式的对人类关系的建构,诸如在有关自然法的启蒙主义学说中可以发现的那样。尽管曼海姆对保守主义和自由主义关于财产与自由的概念作了简要比较,他对保守主义的政治信条的兴趣,远不如对他认为是保守主义的"风格"所固有的题材要点和思想方法的兴趣浓厚。

在第三个也是最雄心勃勃的层次,曼海姆考察了保守主义的发展史,以图对其发展中的决定性阶段和变异做出区分,并从经验上表明在前两个阶段中揭示出的社会学和形态学特征,如何相互作用而形成一种历史的类型与运动。在一个导言性的概述中,曼海姆规划了这个发展的八个阶段,但他只详细地写出了两个。在这两个中相比更为完备的那一部分里,他引用尤斯图斯·默泽和亚当·米勒的作品来代表一
4 种保守主义,其关于"财产"的政治观点敌视官僚主义或自由主义的国家,影响了新出现的后启蒙主义知识阶层的浪漫主义思想。第二个历史分析讲的是历史法学的杰出代表萨维尼。他的著作被认为体现着拥有贵族联系的官方由以反对构造普遍准则或普遍权利的那种严正性。曼海姆的分析很巧妙,既没有观念的还原主义,也没有武断的社会学驳难,使得许多社会学家认为他关于保守主义思想的著作是其最杰出的成就,是对政治信念的社会学系谱进行经验研究的范式。

曼海姆的主要研究对象都是法学家,但是他对法律问题的兴趣在这里并不比在其他著作中更大。他更关心对知识的概念和方法的对比,关心理智的战略而不是抽象的逻辑体系化,他认为后者和自然科学、资本主义、国家组成以及理性化的流行过程的其他方面是一回事。

在曼海姆看来，虽然社会和政治资源以及对这些策略的运用有助于对它们进行详细说明和描述，但在这些方面尚未穷尽其意义。而且这种研究会不断地回到这个更为广阔的意义上，尤其是回到它与对他自己时代的理智状况的诠释的关系上来。然后，在这种情况下，曼海姆在说明了第二个历史阶段后突然不再写下去了，这很令人遗憾，因为如此之多的讨论都涉及尚未写成的关于黑格尔的部分。在曼海姆看来，黑格尔是保守主义立场尤其是其中几个著名派别的代表，马克思的追随者如格奥尔格·卢卡奇就在社会主义思想中对它进行了改造。不过曼海姆还是充分而清楚地表达了自己的信念——保守主义是自然科学模式在理智生活中的主导地位以及自由资本主义理性化在社会知识中的主导地位新近出现的对立面。但是，《保守主义》没有详尽阐述这个更宽泛的涵义。这部著作要求它的读者首先把它看作一项公正的研究，该研究出于把保守主义描述成一种思想结构这个有限的目的而将社会学和形态学的方法统一了起来。

事实上，曼海姆对保守主义的研究在他的著作中是独特的。在其朴素明晰的理论主张中，它把自己描述成知识社会学的一个专题产品，一个新的学术专业。在他的其他研究中，还没有一个如此专注地研究 5
来自以往的素材，如此敏锐地处理个别思想家的观念。而且，在导言中谈到方法时，曼海姆用外交技巧来处理当时的方法论大论战，而在别的地方则诉诸论辩的手段。如果说这里有什么倾向的话，那就是倾向于一种经验的说明的方法，强调需要新的学科来揭示认识现象和社会现象之间的因果联系，提醒人们要反对满足于对各种意思之间的和谐做出解释性说明的倾向。即使曼海姆和他后来的编辑们删节后出版的版本有着特殊的声望，该研究的这些特征还是使许多评论家认为这篇关于“保守主义思想”的文章（一部社会学文稿），没有受到他在某些其他著作中被认为是误导人的哲学矫饰的东西的损害。如果缺乏这些特征，他们会批评曼海姆的知识社会学计划。[①]

奇怪的是，曼海姆在其学术发展的这个阶段创作了这样一部作品。这部作品以《早期保守主义》为名于 1925 年 12 月递交到海德堡大学哲学系。当时正值他的创作多产期，他完成并发表了《历史主义》[②]和《知识社会学问题》这样重要的论文，并于 1924 年写成《文化及其可知性的社会学理论（联合性思想和交互性思想）》。在所有这些研究中，经验的解释性追问都从属于对哲学史的大跨度探索。并且在所有这些文章中，曼海姆都推崇格奥尔格·卢卡奇的《历史与阶级意识》[③]，在卢卡奇对马克思主义所进行的黑格尔式解读中他为自己的学术进程找到了重要方向。虽然曼海姆从来没有接受卢卡奇的共产主义政治教义，也没有接受把社会主义革命看成是阶级斗争顶点的马克思主义蓝图，但他还是对卢卡奇的这一观点深感兴趣：卢卡奇认为理论化是对社会世界进行实践干预的必要组成部分，通过在一个复杂总体中揭示阻碍社会发展的物化的基础和功能，就能消灭这些物化，有助于构建注定要推动进一步发展的社会角色，从而对下一个步骤起促进作用。在曼海姆看来，对这些被集体中的社会演员认作社会知识的理解进行社会学解释属于这个阶级的理论行动，会导致对卢卡奇意义上的历史总体性的理
6 论理解。然而，一部试图不偏不倚地研究 19 世纪前半期德国保守主义的专著符合这样一种计划吗？

正如曼海姆在这一时期的其他著作中所构想的那样，对观念进行“不带价值取向”的研究，似乎总是会放弃隐含在这种“历史主义”之中的批判意义，因此，对社会知识进行评价不能脱离历史解释本身。如果

---

① 参阅罗伯特·默顿：《卡尔·曼海姆与知识社会学》，载《社会理论与社会结构》［1941］，第 497 页及其后；刘易斯·A. 科塞：《社会学思想大师》，第 436 页及其后。

② 卡尔·曼海姆：《历史主义》，载《知识社会学论文集》。

③ 格奥尔格·卢卡奇：《历史与阶级意识：马克思主义辩证法研究》。

最终现实是通过历史哲学理解的，如果对知识进行社会学解读能够使我们明确它们与那种历史现实的具体联系，解释它们的理解的范围和局限，那么，批判性判断就是知识社会学所固有的。哲学对在这样的评价中使用的逻辑进行阐述时可以有一些用武之地，但是，不存在它得以操作的独立的有效性领域，所以也不可能存在明显的独立的评价过程。在《保守主义》中，曼海姆回到了他1917年用匈牙利文撰写却用德文发表的博士论文[①]和1921年撰写的《论文化社会学知识的特征》[②]的立场上来。他在那儿持完全相反的观点，认为说明任何文化实体的社会起源都不能从逻辑上引申出有关其有效性的判断，因为这样的判断必须符合文化产品本身的条件。曼海姆在写作《保守主义》的那几年完全放弃了他较早时期的观点，这种彻底性也反映在一个术语的改变上，这个改变是他1926年在对自己1921年写的有关方法论的研究的一部分加以整理以供发表时做出的。在原来的文章中，这部分名为“内在论解释和发生论解释”，揭示的是马克思有关物质基础和意识形态上层建筑[③]之间关系的表述中的发生论上的悖谬，而在后来的文章中，这部分更名为“知识现象的意识形态解释和社会学解释”[④]，在使用“意识形态”这一术语时颇具马克思主义的批判意义。尽管这个文本中存在一些模棱两可，但这种改变是确定无疑的，我们一定要参考他在同一时期准备的一部主要著作，这部著作宣称对它正在解释的思想的评价问题要留给另一篇不同的论文。

---

① 卡尔·曼海姆：《认识论的结构分析》，载《社会学与社会心理学论文集》（伦敦，1953），第15—73页。

② 《思想的结构》之第一部分。

③ 卡尔·曼海姆：《思想的结构》，第77—80页。

④ 卡尔·曼海姆：《知识现象的意识形态解释和社会学解释》，英文版载沃尔夫编：《卡尔·曼海姆文集》，第116—131页。

安身立业

为了说明曼海姆的文章的这些令人迷惑的特点①,在开始时谈一谈他写作时的处境与志向不无裨益。曼海姆是一个犹太人、匈牙利人和
7 政治避难者,在库恩·贝拉苏维埃政权倒台时离开了布达佩斯。他写这篇文章是为了达到获得海德堡大学教师资格的基本要求,自 1921 年以后,他一直作为编外教师在海德堡大学生活。那些讨论他的申请的记录还一直保存着,表明对他的申请存在着不同意见。对此他不可能一无所知,这还很可能使得他在这篇文章中陈述自己的所有观点时都相当谨慎小心。

这篇文章本身在社会学家埃米尔·莱德勒和阿尔弗雷德·韦伯的热情推荐下很快就在系里获得通过。但是,学校的学术委员会(Inner Senate)在收到系里的大力推荐后询问曼海姆是否应该首先获得德国居民身份。系里在对学术委员会的答复中说曼海姆的大量出版物都是用德语写的,他的母亲是德国人并有亲戚担任"官员、法官和军官",另外曼海姆在自己所属的院系以外也赫赫有名。这封信还说道:

> 该学科的诸多代表一再地、不厌其烦地向系里对曼海姆博士的人格作了保证性的说明,从他的整个态度和所有爱好来判断,他都是一个过去从没有并且将来也永远不会介入政治的人。莱德勒

---

① 例如,这些令人迷惑的特点中有这么一个:在曼海姆对保守主义相当支持的态度和他在《知识社会学问题》第 185 页中对"保守主义"近乎贬损的用法之间就存在强烈的反差。

先生和韦伯先生在鉴定中还专门就这最后的一点作了个人担保。[1]

有几点一定令人觉得尴尬。与系里的说法相反，曼海姆实际上已经开始作为一个以他的母语匈牙利语写作的政治家而小有名声。[2] 他的作品中甚至有两封书信描绘海德堡的孤陋寡闻[3]，并且直至1924年他还毫不掩饰地宣称自己是一个来自匈牙利的货真价实的政治流亡者，还不无骄傲地指出，在那些因一时疏忽卷入革命的库恩政权而被迫流亡的人，与像他本人这样因合理地抗议压迫性的霍尔蒂政权而流亡的人之间有一个明显的区别。他认为，像他这样的自愿流亡者“怀有一个重要的民族目的：他是为了拯救和保存匈牙利人心中的自由精神，唤醒匈牙利人民的良知”。[4]

这些细节表明，为了使他的担保人就他的政治态度所作的担保确实可信，他必须委屈自己，在几个方面自我否定。在这个事件中，维护 8
他的努力获胜了，学术委员会在1926年5月以6票对4票的微弱多数批准了他的编外教师资格。然而入籍却拖了几年。这一时期的记录援引了符腾堡和巴伐利亚有关部门的指示，反对把居民身份授予这样的“外国人”“文化外族”。[5]

当然，对曼海姆在写作这篇关于保守主义的文章时与他的担保人

① 海德堡大学哲学系呈学术委员会的报告（1926年4月8日），见曼海姆的《大学授课资格论文》，海德堡大学档案。

② Karl Mannheim，“Az ismeretelmélet szerkezeti elemzése”，*Athenaeum*（1918）：233—247；“Lélek és kultura”，Budapest：Benkö Gyula，1918.

③ “Heidelbergi levél I”，Budapest：*TüZ*（1921）：46—50；“Heidelbergi Levelek II”，*TüZ*（1922）：91—95.

④ “Levelek az emigrációból I”，*Diogens*（January 5，1924）：13—15.

⑤ 参阅《德国的将来》（1929年6月5日）上关于巴登和符腾堡内政部门之间的冲突的文章。关于巴伐利亚政府反对吸收曼海姆入籍的意见，参阅卡尔斯鲁厄的《巴登地区总档案》中关于曼海姆的部分。

之间所进行的交流的性质，只能进行猜测和根据后来的事情加以推断。有一桩有趣的事情涉及阿尔弗雷德·韦伯。他非常器重曼海姆，欢迎他参加自己的研修班并给予他多方面的鼓励。曼海姆提交给1925年德国社会学家大会的论文得到了好评，但随后的讨论记录却表明当韦伯认为曼海姆过于接近马克思主义时，他很快就公开批判了曼海姆。这一记录还表明，莱德勒也同样迅速地去维护曼海姆并促使他对这一点加以否认。① 曼海姆的学生钦佩他的勇气，因为他在海德堡大学的编外教师的生涯开始于举办长达一年的关于格奥尔格·卢卡奇的马克思主义著作的研修班。然而有理由假定，作为那张证书的申请者，他远离了他以前的那些思想，为了自己的抱负，也是为他的支持者着想，他变得小心谨慎。几年后，曼海姆强调保守主义和德国大学之间的紧密联系。② 他对保守主义的研究，无论是在方法和内容上，还是在规避策略上，都表明他尊重这种关系。

学术实验

尽管这些背景对理解《保守主义》无疑是大有裨益的，但把曼海姆的计划简化为一部传记却是一种浅薄的、误入歧途的解读。曼海姆本人在讨论亚当·米勒在萨克逊-魏玛法庭上讲演的动机时——这次讲演强调了论战性的反自由主义的论点——也遭遇了类似的问题。曼海姆坚持认为，米勒和反自由主义的贵族之间存在着学识的和社会的亲缘关系，这一点明显地表现在这篇演讲的学识结构上，而有关米勒的可

① 《第六届德国社会学家大会争论集》（第88—94、106—107页。在弗尔克尔·梅亚和尼可·施特尔编辑的版本中，以《知识社会学争论》为名被重印），两卷，第371—376、383—385页。

② 《意识形态与乌托邦》，第106页。

能的动机的证据则给这一判断增加了经验的佐证。他所暗示的是：这 9
些亲缘关系的意义和影响必须通过解释思想而不仅仅是通过探求引起兴趣的动机来寻找。

同样，研究曼海姆与他正在寻求进入其中的世界的结合点也很重要。初到海德堡时，他感到一种对立："一边是大学，另一边是无根的著作的世界。"①这有助于理解他对大学的承诺，因为这个承诺他必须获得这所大学的批准。要解释曼海姆在这所大学以及社会学这门学科原理中寻找的是什么，以及这一研究与保守主义思想的关系如何，就必须更加仔细地读一读这部作品，并较为精心地把它放置到他更广阔的学术研究背景中去。

曼海姆最早的著作中有一个他永不放弃的计划。他宣称文化和社会史是对社会经验和社会知识的建构，他这一代人的任务就是获得先辈的发现，从而把那种获得本身转化为超越还原主义和与"历史主义"②休戚相关的相对主义的道路的出发点。用当时的哲学语言来说，他认为有必要建立一种本体论，以克服由于对在旧的认识论保护下的确定性进行历史解构而带来的文化和社会危机。他偶尔也表现出对陀思妥耶夫斯基和德国神秘主义的热情，但最为吸引他的是能够完成这一计划的两种不同的道路。一条道路是沿着胡塞尔和海德格尔给有哲学头脑的公众建议的路线，寻找建构知者和被知者关系的不同社会维度的方法。曼海姆在一些著作中探讨了这种可能性，这些著作明确地把对文化对象所作的社会分析和内在评价区分开来，但同时把前者作为后者的必然先导。另一条道路取决于发现一种历史哲学的可能性，

① "Heidelbergi levél I"，p. 6；戴维·凯特勒尔、弗尔克尔·梅亚和尼可·施特尔：《曼海姆早期文化社会学著作》，载《思想的结构》，第 12 页。

② "Lélek és kultura"，p. 6；卡尔·曼海姆：《精神与文化》，载《知识社会学》，沃尔夫编（柏林和诺伊维特，1964），第 72 页及其后。

以这种历史哲学为基础,就能够动态地理解什么是正在形成的和必须存在的以及它们是如何被知晓的。曼海姆在他所崇敬的导师格奥尔格·卢卡奇那里看到了这种希望,他对转向他通常所称的“黑格尔-马克思”①之前及之后的卢卡奇都很重视。虽然在写作《保守主义》时第二种可能性似乎对他更有吸引力,但是出于几种考虑,他对第一条道路也保持开放,实际上,他对其他可能性也甚为敏感。

曼海姆一贯承认这种开放性本身的价值。这种承诺是他出版论文
10 集而不是系统性著作的基本理由之一。例如,在 1928 年,曼海姆计划把他两篇关于“历史主义”和“知识社会学”问题的论文与一篇关于马克斯·韦伯的新论文一起出版成书。② 当出版者保罗·西贝克要求曼海姆对这两篇原先出版的论文进行加工以形成一个独出心裁、更为统一的整体时,曼海姆回答道:

> 至于对另外两篇论文进行加工,这无论如何也不可能是彻底的,因为这些著述代表的是对当代学术条件的一种探索性的、试验性的透视;作者立场的转变、他在学术上的探险不应该被掩盖。③

曼海姆在《意识形态与乌托邦》的德文版和英文版中都坚持认为,

---

① 卡尔·曼海姆:《卡尔·曼海姆给格奥尔格·卢卡奇的信》,载《新匈牙利季刊》(1975),第 16 期,第 93—105 页;《格奥尔格·卢卡奇评论罗马理论》,载《逻各斯》(1920—1921),第 9 期,第 298—302 页;《格奥尔格·卢卡奇的小说理论回顾》,载沃尔夫编:《卡尔·曼海姆文集》,第 3—7 页。

② 曼海姆没能交出原稿,因此书也从未出版。原定的题目为《对当前思想方式的知识社会学分析:关于马克斯·韦伯、特勒尔奇和舍勒的三篇论文》,后来被曼海姆改为《对当前思想状况的分析:关于马克斯·韦伯、特勒尔奇和舍勒的三项研究》。比较曼海姆 1928 年 10 月 12 日给保罗·西贝克的信、西贝克 1929 年 5 月 28 日给曼海姆的信(两封信都收在保罗·西贝克出版社的档案中),以及《意识形态与乌托邦》,第 215 页。

③ 曼海姆 1928 年 10 月 1 日给保罗·西贝克的信。

该书收录的论文必须作为互不相同的和互相重叠的试验来接受。在给沃斯的一封信中，曼海姆愤怒地反驳亚历山大·冯·谢尔丁在《美国社会学评论》上对《意识形态与乌托邦》所作的批判性评论，他抗议冯·谢尔丁

> 压制这一事实：作者明确地说过他是在探索，说过几种体系在同一个人那里起作用，并说他本人因此——笃信这种“实验性思想”的新方法——并不掩盖其中出现的不连贯性。①

非常有趣的是，开放性也给曼海姆在1920年用德文撰写的一个剧本提供了主题。在独幕剧《来自比亚里茨的女郎》的结尾，主人公，一位艺术家，在每年一度地拜访一位据说住在比亚里茨的情人时，意在不欺骗妻子的他，恰恰欺骗了他的妻子。在令人窒息的浓烟和尼采似的宣言中，这位主人公坚持认为，为了在他自己和他的妻子以及他的不同自我之间保持距离，他的关于一位远方情人的故事是必要的。要保持开放的可能性，就必须有距离：

> 我已经发现了这个谜，提出了这个问题：人只是他自己的一种可能性，其余的可能性埋藏在我们之中。我要把我的自我中的所有一切都揭示出来；人们必须摧毁自我封闭的日子，不再对它恋恋不舍。
>
> 道路在我们的身后延伸，远离固定的形式。②

---

① 曼海姆于1936年12月28日给刘易斯·沃斯的信，芝加哥大学，约瑟夫·里根斯坦图书馆档案，刘易斯·沃斯卷。

② 《来自比亚里茨的女郎：一部四场剧》，1920年编剧，布达佩斯。

这些活力论的哀婉动人的表白本身展示的东西很少。然而,如果联系到曼海姆终生不变的观念,即他的著作必须允许探索互不相容的可能性,这一表白则指出了一种深刻的信念,或者说,它至少指出了一个根深蒂固的幻想。

最后,在《保守主义》的手稿(似乎曾经呈交到系里)的正文和注释
11 之间,曼海姆用一页的篇幅重申了一个类似的主题:“这部著作只是一本尚未完成的书的一部分;鉴于此,请谅解阐述和讨论中的诸多不尽如人意之处。”①

就像这个记录所表明的那样,曼海姆对自己把学术活动看成一系列连续的未完成的实验有很强的意识,但是他力图把这个剧本的夸张的二律背反抛在身后,力图为这个系列中的每一个实验确立合法性、严格性以及内在的一致性。因此,曼海姆特别重视大学及其学科的约束体制。他接受了一个挑战,即通过在设定的有限条件之内工作的方式来进行他的大部分研究,努力以一种海德堡的价值判断能接受的方式来确定对他来说至关重要的事情。在一个方面出现了倒退,这一点很快就会清楚起来;但是这个计划既有趣又清楚。

社会根源:说明与论证

曼海姆的其他与《保守主义》同时写作的著作认为,历史哲学意义上的历史主义是他的同时代人正在努力地走出思想和文化危机的方式。但是,这种历史主义由于被施宾格勒②和其他与他类似的人以及与

① 本书[边码]第188页。

② 参阅曼海姆在《历史主义》中对特勒尔奇的刻画,以及《逻各斯》(1920—1921)第9期和第2期中独特的反施宾格勒问题。这里描画了反对施宾格勒的学术专业主义的动员。

马克思主义有联系的人通俗化，在学术上也是可疑的。《保守主义》分析了这种历史主义和旧的保守主义思想风格之间的几种至关重要的联系，并表明保守主义根源于敌视资本主义和自由主义的理性主义阶层。这一说法并不是一种以马克思主义批判的方式，或注重解释的相对化效果的方式——这种方式曼海姆在别的地方强调过——进行的意识形态的揭示。更确切地说，它是在表明历史主义的根源性，为不同的“动态”思想，甚至是像卢卡奇的马克思主义一样的“动态”思想提供保守主义的合法性。被保守主义批判视为无根源的和分裂的现象，在曼海姆看来是德国保守主义的合法继承者。虽然在韦伯的社会科学看来，这些现象是价值中立的，在保守主义者的眼中却不是这样，曼海姆的讨论揭示了这些现象的系谱学，给予了它们事实上的支持。反讽形式是曼海姆这一时期著作反复呈现的一个特点：他对文化社会学方法 12
的研究①，表明正在研究中的方法一直在被用来进行研究，同时，他的有关知识社会学问题的文章②也肯定地宣称自己进行着同一种反思运动。

曼海姆对揭示保守主义思想社会根源的积极意义的意识，以及他自己对那一意义所作的实验非常明确地表现在术语选择上，这一选择涉及一个成为他后来全部研究之中心的概念。曼海姆在他的有关知识社会学的研究中一直使用了两个相似的、通常可以相互替换的术语，来表示他用来进行社会学解释的全部思想的共同特性。用德语来说，他所谈到的是“存在联系”(Seinsgebundenheit)和“存在关联”(Seinsverbundenheit)。这两个术语对评论者和翻译者来说一直都是一个难点，尤其是联系到他在后来的一次方法论讨论中所说的一段话时

① 《思想的结构》。
② 《知识社会学问题》。

更是如此，这段话对两者进行了区分却没有加以充分地说明。[①] 在讨论曼海姆在《保守主义》中对第二个术语的特殊用法之前，应该明确这个术语在他的著作中的一般地位。存在联系指的是思想在世界中的存在条件和思想自身的组成之间的一种较为严格的客观联系；存在关联也表示这样的联系，但更多地是指在社会中承载思想的那些人的主观负责功能和主观认同功能，因此也相应地不那么固定。这两个术语的次要含义也有区别，前者的意义之一接近于因果决定性，而后者更多地用来指精神联系和家庭纽带。对这两个术语的另一种比较方式也很接近曼海姆这一时期的思想，这就是把存在联系这种更加紧密的纽带视为存在关联所把握的联系的一种物化形式。这种表述更符合曼海姆在 1931 年首次发表的一段话，在这里他把这两个术语互相对立起来：

> 知识社会学的研究方向可以是这样的：它并不导致把存在关联[connectedness to existence (Seinsverbundenheit)]绝对化，而是在发现当前见解的存在关联(existential connectedness of present insights)时，就确切地找到了分析存在联系[existential bondedness (Seinsgebundenheit)]的入口。[②]

无论如何，这两个术语在曼海姆那里通常是非常接近的。两者都指向思想家的社会性质和知识社会学所要解释的思想特点之间的紧密

---

① 《意识形态与乌托邦》的英文版略去了 Seinsverbundenheit 和 Seinsgebundenheit 的区分，而将两词都译为 situational determination(情势规定)。参阅阿·西蒙：《卡尔·曼海姆的知识社会学》，第 27 页；弗尔克尔·梅亚：《知识社会学与意识形态批判》，载《文化解释学》(1975)，第 3 期，第 67 页注释。

② 《知识社会学》，载《意识形态与乌托邦》，第 271 页。该文最早以《知识社会学》为名发表在《社会学手册》上，《意识形态与乌托邦》的英译本以及德文第 3 至第 5 版均将其作为一章收入。本导言作者转译。

联系,却又避免指明这种联系的精确的逻辑位置。

在《保守主义》中,曼海姆在讨论保守主义法学家萨维尼时采用了"存在关联的思想"(Seinsverbundenes Denken)这一表达,指的是两种法 13
学思想中更为保守的那种。两种法学思想的这种区别具有特殊的重要性,因为它与"交互性"(communicative)思想和"联合性"(conjunctive)思想之间的区分密切相关,后一区分于曼海姆早期对文化社会学雄心勃勃的解释有中心意义。[①] 在这里曼海姆认为它属于萨维尼的法律思想。总之,一种思想叫作"抽象思想,与具体的东西(the organic) 无关",据说只进行严格的定义操作,局限于纯粹的形式构造。另一种思想的显著特点是"认识主体必须生存于某一社会之中,人们会在这里找到活生生的变动不居的法律"。[②]

这样,曼海姆就在现代历史主义在保守主义运动——该运动以反对理性化为标志——中的终极起源,与某种团体生活所固有和推崇的思想类型之间建立起了一种术语上的联系。两者都被认为是表现了以具体存在为根基的特征,与可严格定义的、在逻辑上系统化了的形式的抽象相对立。这个计划还表现于曼海姆在《保守主义》中使用的"社会上自由飘荡的知识分子"(sozial freischwebende Intelligenz)这个概念上。这一表达的最有名的用法出现在那篇关于作为科学的政治学的论文中,该文以《意识形态与乌托邦》的理论为核心。在那里,这个概念刻画的是一个社会阶层,由于其独一无二的开放和选择能力,据说在综合互不相容的意识形态并因此可能找到一条走出危机之路方面起着决定作用。然而,在本文中,与这种社会地位有关的那些特征似乎更加模棱两可。这种不同是由一系列细微的差别构成的,并产生了一种对知识

① 《一种关于文化及其可知性的社会学理论》,载《思想的结构》。
② 本书[边码]第 159 页。

分子更具反讽意味的看法。

曼海姆在《保守主义》中用“社会上自由飘荡的知识分子”来指浪漫主义的倡导者。但是，他很快发现，这同一个社会组织也传播启蒙思想。因此他宣称这些知识分子一直都是自 18 世纪以来精神世界的守护者。他坚持认为，只要他们还与启蒙主义待在一起，他们就保持着与资产阶级——他们中的大多数都出身于这个阶级——的联系，但是，他们一旦出于纯粹理念的原因而反对理性主义，就发现自己“在社会学以及形而上学上都处于异化和孤立状态”。[①] 唯有此时，这些知识分子才
14 表现出这种社会实体所有的全部特征，其中最主要的是“极端敏感，道德上不稳定，总是愿意冒险以及接受蒙昧主义”。[②] 曼海姆也觉察到“这些独立的知识分子都是典型的辩护士、意识形态专家，都长于替他们为之服务的政治设计提供基础和支持，而不管这些政治设计是什么”。[③]

另一方面，在曼海姆看来，这一阶层也是对历史进行哲学反思和对从浪漫主义阶段开始，经过黑格尔、特赖奇克和马克思一直延伸到曼海姆自己时代的德国社会学的整个时段进行全面深入的解读之中心所在。他写道：“这无疑是他们行为积极的一面，因为必须而且应该有这样一些人，他们并不那么受眼前事务的羁绊，并不仅仅关心‘下一步’。”[④]但是，在他看来，当“具有内在体系和总体感的社会独立的知识分子把自己与具体表现出来的社会力量的设计联系起来”时，这些建设

---

① 本书[边码]第 117 页。这是曼海姆 1927 年用德文出版该书的一部分时所修改的为数不多的几个说明之一。导致从启蒙主义到浪漫主义的发展的纯粹“内在”因素如今被看作对社会与政治发展的反应。这个区别是非常重要的，部分原因在于精神与理智的创造力问题是他的导师阿尔弗雷德·韦伯的一个试金石。

② 本书[边码]第 118 页。

③ 出处同上。

④ 出处同上。

性的成就就转向了。换句话说，如果这些社会独立的知识分子要完成更大的精神任务，就必须具有比他们的精神状态更为有效的与社会现实的联系。然而，通过对社会关联这个概念进行引申，曼海姆显然不仅仅是通过给历史主义提供真实的社会根基而将其吸收到历史保守主义运动之中。实际上，在我们前面引用过的对萨维尼的讨论中，把具有有机根源的思想看成“存在关联的”（seinsverbunden），这种描述被证明只是暂时的，它将让位给另一个刻画——“团体-协会思想或与团体相联系的思想”。这一概念上的转变，与曼海姆谈到知识分子和主要社会力量之间相当疏远的关联时所作的转变截然相反。认识到这种差别并不是要否定曼海姆的实验计划显而易见的保守主义的一面，这一点我们在一开始就已经看到，但是，还需要对这部著作的其他层面进行思考。

保守主义的思想方式

我们已经发现，从保守主义的观点来看，曼海姆的探究可以看成是保守主义思想方式的一个范例——它通过分辨社会根源来确立意义。但是，实际上，曼海姆只是把这看成是理解和组织思想功能的三种保守主义方式中的一种。对这三种方式进行评述，将会同时揭示出曼海姆 15
在他自己的研究中也有所展现的几种相互补充的学术策略。为了揭示一种起先是保守主义的思想方式是怎样超出那种政治联系而在当代社会中起到决定性作用的，他把保守主义思想应用于保守主义。换句话说，不能认为曼海姆只是在单纯地迎合大学及其学科中流行的保守主义。他旨在表明这种倾向有意义，并由此引申出保守主义者没有意识到的任务。就像他在关于历史主义的论文中所说的那样，他希望简单地通过揭示当前事物自身的真面目而实现转变。这种设计解释了为什么曼海姆对保守主义的政治实质如此漠不关心，却又如此重视其思想风格的各个方面和阶段。

曼海姆确定的三种保守主义思想方式中的第一种，就是我们已经讨论过的那种。他认为在萨维尼那里有所展现和有所改进的存在关联（seinsverbundenes）和团体关联性（gemeinschaftsgebundenes）思想所起的是澄清作用。如果这种思想是思想家“带着全部的个性”投入的团体所固有的，那么他精心构造出来的思想只不过是阐明和解释了那些已经被人深知而又没有明确表达出来的思想，而他正在向这些人阐述他的思想。曼海姆把这一概念从萨维尼追溯到尤斯图斯·默泽，它与“联合性”思想十分相似，而后者在曼海姆早期有关文化社会学的理论文章中已经是范式性的了。在《保守主义》中，曼海姆也从萨维尼一直讨论到他自己时代的文化社会学所从事的主要工作。这成为他本人研究的一个方面。

曼海姆在亚当·米勒那里发现了关于思想功能的第二个概念的保守主义范式。曼海姆称这一概念为“中介”。其主要特征是：第一，它认为事物都是互相对立的；第二，它把思想与实践者的主观判断相等同，这些实践者试图就某一冲突提出一种行之有效的解决方式，而这种解决方式在某种程度上要从有关的对立过程中引申出来。曼海姆认为这种思想方式是重要的，可以替代“理性-进步”的理解概念，他认为后者完全依赖于根据一般规律对个别进行的系统归纳，而他注重的是它的实践性。它的有效性不仅取决于它对对立力量的洞察和对两者的不完全的调和，而且还取决于对某一判断适用于某一对立状态的一种审
16 美意识。这样的判断解决实际问题，但它并不因此就取消对立或将其诉诸逻辑的系统化。曼海姆注意到，在解释接近于被强加的男-女二极性的事物中的对立时，米勒本人显得充满先验的幻想，他先是把中介点罗曼蒂克化，再将其物化——比如在奥地利他就这么做过一次。尽管米勒的计划失败了，曼海姆还是认为这种设想是富有成效的，因为它有

助于计划动态思想的发展,并能以一种有目的的方式处理无法消解的矛盾。

曼海姆使用"综合"这个术语来指构成这种思想方式的判断,但是他强调,每一个判断的特性都取决于它由以起源的出发点,或者更主观一些,取决于它所实施的设计。对矛盾进行调和与整合的运动是存在的,但是不可能重新结合成一个新的无所不包的总体,借以取消旧有的对立,而这一点在完全辩证的思想中是必定要发生的。曼海姆发现,这种对"中介"的冲动在自己时代的学术领域中以一种令人惊奇的含蓄方式存在着,这一点极为明显。他认为,生命哲学(Lebensphilosophie)倾向于将在一个对立世界中运动并做出生命判断所获得的双重经验绝对化,以至于对现实自身说不出什么。然而,可以说,通过反对各种形式的自由的理性主义,它显示了自己的生命力。

由于这种生命主义的持续影响,曼海姆把尚未完成的著作看作对正在进行的学术探讨的一个真实记录,想将其发表。然而,"中介"这个概念在组织他自己的思想时的作用,更多地源于这个概念的早期形式。他把保守主义的历史看成是一个聚合点(Knotenpunkte)系列,每一聚合点都代表着对一种有偏见的、派性的类型的综合,他将这种类型同米勒联系起来。保守主义的冲动与传统和自由理性主义之间的对立互相结合,每一结合都具有鲜明的特点,与其所达到的发展阶段和其他历史环境,以及占主导地位的保守主义因素相适应。当保守主义在理解事物运动上不断遭受失败时,曼海姆确实提出了一个探讨这些较后阶段的计划,但是他对这些阶段的考察远未完备就停止了。在散见于全文中的对他自己时代的解释中,保守主义要么是包括自由主义和社会主义在内的政治-学术领域的一个主要角色,要么是组成"当代思想状态"的因素的一个整体。在两种场合,曼海姆描述的都是似乎不可调和的对立面的一种遭遇,而不像在几年后撰写的《意识形态与乌托邦》里那样,

17 是一种危机。几种具有不同可能性的结合为占据主导地位而斗争,但争斗者都局限在一个共同的领域,问题继续向前运动。死胡同是不存在的。自由主义和保守主义的因素虽然互相对立,但从来不可能彼此完全分离,这种一贯性就存在于保守主义作为一种传统主义冲动的理性化方式这个概念之中,这也是这个研究的出发点。① 曼海姆有关当代问题的讨论的一个显著特点,是他充满信心地一再讲到社会主义思想和保守主义思想之间的相似点和亲缘关系,尽管两者在社会和政治问题上是对立的。事物的每一实际的转向——简而言之,时间中的实际运动——都是米勒意义上的中介的产物,都是各个获得了足够的支持而暂时有效的判断的结果,这些判断并不否认它们的偏颇的出发点,也不声称要取消或吸收对立面。保守主义的计划作为各种各样的结合中的一个因素,在保罗·冯·兴登堡当选为总统和保守主义的德意志民族人民党(Deutschnationale Volkspartei)参加根据魏玛宪法组成的联合政府的那一年写了出来,这并不是一桩历史怪事。无论如何,曼海姆在著作中表达的对事物的这种看法,几年后在《意识形态与乌托邦》中重新修正为现实辩证法(Realdialektik)("经验辩证法"可能最为贴切),但是,在那里,这一过程所不得不处理的,是在曼海姆看来已露端倪的危机和停滞不前,以及一种通过对总体的彻底的重新组合而在较高层次上实现对立面的统一的更为迫切的理论需要。这种与后来作品的矛盾,更为明晰地表现了《保守主义》的相对主义式谦虚和怀疑主义式节制。在某些情况下,人们也许可以说这是一种镇定的乐观主义。

至于他所概括的萨维尼的保守主义思想,曼海姆试图通过采取米

---

① 特勒尔奇——曼海姆在《历史主义》中非常推崇其思想——在 1922 年的一次演讲中,曾经呼吁将对自由主义类型的更加"自然-法"化的思想注入德国复古主义法学中,曼海姆在其早期著作中引用了这一思想。参阅特勒尔奇:《世界政治中的自然法和人性》(1923)。

勒的中介模式而把政治上甚至形而上学上有趣的信息带给保守主义的读者,同时又不明确抛弃他一再重申的一点,即本文只记录保守主义思想的事实,并且是以一种避免价值判断的科学的方式。这一点至少好像正是他的意图。

这种意义上的“中介”也影响着《保守主义》的许多内在组织。形态学的阐释和社会学的解释这两种因素并驾齐驱,然后在历史性的阐述中结合起来。但是,那种阐述并不使讨论完全变为社会-历史性的, 18
保守主义的许多特点,如现在正在评论的几种思想方式,都被看成是特定历史背景下具有意义的结构性实体,与那些导致它们出现的原因完全不同。保守主义的出现本身对把握“当前”就具有范式性的重要意义。曼海姆意识到了他的方法的这种互补性,即便是后来,他更为坚定地要去克服这一点时也是这样。根据1929年2月由曼海姆和阿尔弗雷德·韦伯联合举行的研修班的一份记录,曼海姆在研修班结束时承认,“形态学”与他正在维护的——韦伯却一直将其作为“理智主义”来指责——对思想的功能主义的历史解释一样“具有自己的合理性”。他说道:“作为事物的互补的方面,形态学和理智主义有共同的合理性。”①然而,我们必须考虑到他做出这一陈述的场合——在有关格奥尔格·卢卡奇的问题上与阿尔弗雷德·韦伯一起出场,我们在开始时讨论过曼海姆在《保守主义》的成书过程中谨慎和讲究策略的重要性。

介于黑格尔和韦伯之间的曼海姆

只有在考察了第三种思想类型——曼海姆将其追溯到保守主

① 《阿尔弗雷德·韦伯教授与曼海姆博士联合主持之研修班记录》,1929年2月21日,打印稿,第7页。

义——在其著作中的地位之后，才能回答这些问题。在曼海姆看来，米勒的思想方式中所具有的部分、暂时的综合特点，并不表示保守主义思想的可能局限。曼海姆也不认为它们是他自己的方法论思想的最终阶段。对保守主义的研究一再涉及黑格尔，并且曼海姆屡次提到辩证法源于保守主义前辈的第三种思想模式。在他看来，辩证法思想源于对米勒提出的对立和运动的意识，但是，它把综合看成是无所不包的和在本体论上基于现实推动的。曼海姆称辩证思想成功地把浪漫主义和启蒙主义的成就理性化了，把它连接成为保守主义所支持的一个全面发展的理论，这一发现后来被马克思改造成为一种有关一个阶级的思想研究法，这个阶级在对付资本主义-自由主义的理性化中处于更有利的地位。

对保守主义发展的这一阐述是曼海姆研究中最为大胆的一面，因为它指出了保守主义与新历史主义之间的一种关系。这种关系完全超
19 越了保守主义思想的其他两个方面，并掩盖了保守主义的全部历史政治内容。从这一点来看，并且也体现在曼海姆那些年写作的其他著作中的是，对保守主义的分析最终会以功能转换(Funktionswandel)这个概念为轴心。保守主义的贡献最终会被看成是起源于某一特定历史背景下的因素，实际上，令人迷惑的是它们的功能在后来的发展过程中发生了彻底的改变。这种研究观点必定会判定保守主义已经过时，其社会主义继承者的观点必定会以对保守主义无上的知识成就的辩证颠倒为基础。

这种事情在计划之中，并在几个提纲性的部分里提出来过(当然没有这么大胆)，但这样的计划从来没有充分展开。正如上面所说，手稿的最后一个句子提到的有关黑格尔的那个部分从来没有写出来。实际上，曼海姆在讨论哲学问题时给予黑格尔的辩证法的终极意义有时似乎又被否认，因为他把黑格尔包括在一个有关其他六个话题的名单中，

其中有些话题只具有极有限的历史意义，留待以后再研究。然而，考虑到其他证据，这种隐含的否定是不可信的。曼海姆没有实现有关黑格尔的许多承诺，也没有完成自己作品的辩证统一，这是必须加以研究的。

当时的个人情况和历史环境再一次提出了显而易见的解释。如果曼海姆确信，他对保守主义之于当代历史主义的贡献的解释会导致与（作为黑格尔和马克思的辩证继续的）卢卡奇对当前问题的理解相类似的理解，那么，终止两种对为什么要尊重当代历史主义所举出的主要是保守主义的理由的分析，而相信马克思主义的分析模式最终会占主导地位，这从政治以及职业的角度来看岂不是不谨慎吗？明确发出这种完备的、政治上爆炸性的、职业上破坏性的信息，难道不是一种毫无必要的触犯众怒之举吗？这种解释虽然貌似合理并且确实也不是离题万里，却没有合理解释曼海姆的意识与困惑。

曼海姆一直接受卢卡奇的这一说法，即辩证思想的社会主义形式取决于对必定会采取下一个历史行动的现代工业无产阶级的一个承诺。然而，曼海姆永远不会做出这一承诺。如果他要将这种来自他的哲学反思的计划进行下去，他的困难就是要找出另一种辩证统一的方 20
式，黑格尔把它建立在保守主义承诺和形而上学推理的基础之上，马克思把它建立在社会主义承诺和经济分析基础之上，这两种方式都是他不能接受的。如果缺乏这样一种方式，辩证法对他来说就是一个未完成的大纲，就是一种想法。

他真正的动机是学术原则所固有的那种悬搁判断——这被他自豪地接受。这一点在那篇后来（1929 年）写成的有关作为一门科学的政治学的论文中，在讨论政治学派时简略地有所阐明。但是，最令人感兴趣的提法出现在一封信中，因为这封信是写给曼海姆的自由主义导师奥斯卡·亚兹的共产主义儿子的，并且是在希特勒被任命为总理的前两周写成的。

> 我们能够提供给你的是一个相当深入的研究群体，与教师关系密切，却很少持有教条主义的信条。我们并不认为自己是一个政治党派，但我们必须有所行动，就好像我们时间充足并能够就对每一个问题是赞成还是反对展开从容的讨论一样。另外，我认为非常重要的是，不仅要继续讨论辩证法，而且要看到事实，要仔细观察社会现实的个别问题与方面，而不仅仅是谈论它们。[①]

曼海姆没有充分讨论黑格尔是有充分根据的，同样他也没有充分讨论马克斯·韦伯。曼海姆在写于1921年的《海德堡通信》[②]中把那里的社会学家说成是马克斯·韦伯的追随者，并把他们看成是整个大学的代表，与忠于斯特凡·格奥尔格（Stefan George）的文学圈正相反对。[③] 曼海姆当时选择社会学作为自己研究的学科背景，这就引出了他与去世的马克斯·韦伯的关系问题，这个问题比他与马克斯·韦伯的兄弟阿尔弗雷德·韦伯的生前交往问题更为重要。曼海姆在其早期著作中对马克斯·韦伯文化社会学的不同方面作过批判性的评论，后来又多次尝试要弄清继承和改变韦伯的社会学研究的方式。《意识形态与乌托邦》中有一个著名的章题（“政治学作为一门科学是可能的吗？”）就是用一种挑战的方式指向韦伯的两篇最为有名的论文。在结

---

① 1933年4月16日给吉里·亚兹的信，藏于哥伦比亚大学图书馆，稀有书籍手稿分馆。

② “Heidelbergi levél I”.

③ 戴维·凯特勒尔、弗尔克尔·梅亚和尼可·施特尔：《卡尔·曼海姆早期文化社会学著作》，载《思想的结构》，第12页。

尾的参考文献中也提到了韦伯，并且，曼海姆《重建时代的人与社会》①的中心论题就与韦伯的理性概念有关。虽然曼海姆对韦伯的许多观点的评价不断变化，但是，他在这门学科的建设和在这所大学的象征说明（Symbolic representation）中给予韦伯的中心地位，却使得以下这一点尤 21
其值得人们注意，即他从来没有兑现一个由来已久的诺言：对韦伯作长篇论述。他曾经把马克斯·韦伯作为他在海德堡任编外教师的首次讲课的三个可能题目之一提出来。在1928—1932年间，他首先要求J. C. B. 摩尔公司的出版商保罗·西贝克等待他的一篇有关韦伯的论文，然后又要他等一整本书。但是这样的作品却从来没有露头儿。曼海姆有关韦伯的评论是零散的、断断续续的、前后不一致的。

曼海姆以一种好奇的、引人注目的方式把韦伯带进《保守主义》，他也以一种同样显著的方式把自己与他区别开来。萨维尼相信某些非理性的力量是社会意义的最终保证者，曼海姆对此进行分析时，追溯到了一位较早的德国法学家古斯塔夫·胡果。同时，他这样来刻画胡果的思想：他是某种艰涩地、毫无希望地接受一个事实世界的代表，在这个世界里，所有的原则都是相对的，所有的发展最终都是偶然的。曼海姆在解释这种痛苦的现实性观点时指出了一种情形，在这种情形下，两个互相竞争的社会阶层势均力敌，研究者各自使用对方的见解来诋毁对方："在这里，'价值自由'与'不存在空想'就成为客观性和是否接近现实的标准。"②他称这种心理状态为幻灭现实主义（Desillusionrealismus），并发现马克斯·韦伯时代的德国思想中正好流行这种东西。这种具有现代形式的现实主义，赞成社会主义对自由主义幻想的揭露，但是又反

① 卡尔·曼海姆：《重建时代的人与社会：现代社会结构研究》。后经作者修改补充，爱德华·希尔斯英译。

② 本书[边码]第175页。

过来用这种使幻想破灭的方法反对社会主义者的乌托邦主义。在曼海姆看来,马克斯·韦伯是这种思想方式最为重要的代表,他的现实概念和科学方法概念都留有这种基本态度的深深痕迹。

曼海姆没有明确表示自己也属此列,但是看看他对萨维尼超越胡果现实主义的运动所作的解释是非常有意思的:

> 在胡果和萨维尼两种论证方式之间,我们谈到过耶拿战役的失败、外国统治和解放战争,这样,理论探讨就转化成实际的探讨,一个民族的兴起……成为现实。①

差别在于"代的不同"。曼海姆认为事情的这一方面也具有当代意义,他在这个问题上最为关心和确信的是代的命运:

22
> 在我们的时代,自我反思和多方面的相对主义正不断归于荒谬,对于所有这一切将导向哪里的本能恐惧在增加。怎样去克服历史上的相对主义?如果我们能学习(萨维尼这个)榜样,那么答案就必定是:不是以内在理论的方式而是以集体命运的方式——不是通过对相对主义思想的拒绝,而是通过对新的不断出现的内容进行阐释。文化的代的成长在此具有巨大意义。尽管相当大的个体自由是可能的,但是,可以从现象学的角度确定的是,最新兴起的信仰在大多数最新一代人那里所具有的特点,与在那些没有参与这种兴起的较早一代人那里所具有的特点有很大差别。②

---

① 本书[边码]第179页。
② 本书[边码]第180页。

有关曼海姆自己这一代与韦伯那一代之间的这样一种生命主义的区分原则，早就出现在他早期的主要论文之中。虽然如此，这仍然不是对他与韦伯关系的一个满意的澄清。并且，完全地弄清这种区分必然要求对无产阶级的社会主义运动做出承诺。与曾经受韦伯保护的格奥尔格·卢卡奇不同，曼海姆不会做出这种承诺。因此，这种区分原则就更加显得不够充分了。

代的问题是曼海姆要研究的下一个主要问题。随后几年他研究了乌托邦、幻灭以及社会知识和理想的互相诋毁。熟悉这些复杂、费力和最终没有完成的著作的人都不能否认，曼海姆克服他所发现的存在于韦伯经验主义原则之中的悲观主义的各种努力，都不是通过辩证跳跃或代的兴起而进行的。《保守主义》的状况、形式和内容，都证实了他的事业的严肃性和艰巨性。它学术上的保留有这样一个最终解释。

曼海姆在一封给奥斯卡·亚兹的信中痛苦地回忆起他那一代的承诺，荒谬的是这个承诺本身就是1933年所谓的德国复兴的一个主题。这封信在1933年4月由社会主义政党的信差偷带出德国。

> 可惜的是，这里的一切都毁坏了；正在行动的一代人本来可以在德意志民族的范围之内行动，把历史引向一个不同的方向，然而，他们却被成功地鼓动了起来。这是我第二次经历此类事情，但是，我总是有勇气重新开始，百折不挠。①

曼海姆准备在英国争取另一个机会。这个国家的保守主义先是使他愤怒，后来又令他高兴。他晚年咄咄逼人的社会学主义（sociologism）预 23

① 1933年4月25日给吉里·亚兹的信，藏于哥伦比亚大学图书馆，稀有书籍手稿分馆。

设了这样一群听众，他们被对现代主义的理性所进行的传统抵制深深打动。20 世纪 30 年代知识分子被迫移民的悲剧之一就是，他们常常被迫选择，要么接受被当成外国人和神秘的预言家，最多在他们所聚集的国家正在进行的学术事业中被授予“启发的”价值的命运，要么按照新模式重新塑造他们的思想，这些模式的细微之处却不是轻易就能掌握的。泰奥多·W. 阿多诺曾经先后做出了这两种选择，是一个完全有资格说话的人，他写道：

> 每一个流亡的知识分子都毫无例外地遭受了打击。如果他不想把这种苦涩教训带进他禁闭的自尊的大门，那么他最好承认这一点。无论他多么善于应付各种劳工组织或交通，他都生活在难以理解的环境里。他不断地处于困惑之中……他的语言被剥夺了，曾经滋养他的知识的历史资源枯竭了。①

移民的代价对卡尔·曼海姆来说也是沉重的，这既体现在他的英文著作中，也体现在他对早期著作的翻译之中。他以及他恪尽职守的继承人努力使一些著作成为严格意义上“经验的”，使它们合乎新环境下对科学意义的各种要求；这些著作不如贯穿其中的思想那么细微，那么有趣，尤其是，这些调整的尝试没有完全成功过。这一点最为鲜明地体现在《意识形态与乌托邦》的英文版中。② 另一方面，贯穿在他的德语著作中的对经验方法以及对社会科学的韦伯式反思的兴趣模糊了。然而，自相矛盾的是，对曼海姆原初著作的全部复杂性的历史发掘，有助于将其成就带出博物馆，使之有益于当今的科学目的。

---

① 泰奥多·W. 阿多诺：《最低限度的道德：来自受损生活的反思》，第 32 页。
② 参阅戴维·凯特勒尔、弗尔克尔·梅亚和尼可·施特尔：《卡尔·曼海姆》。

第一部分 31

一 般 问 题

1. 问 题 的 提 出[①]

我们希望在一开始就阐明最本质的问题：我们下面将要进行的研

① 英文版编者注：

曼海姆的《保守主义思想》（“Das konservative Denken”），最早发表在《社会科学和社会政治档案》（*Archiv für Sozialwissenschaft und Sozialpolitik*）上［《保守主义思想：社会学和社会心理学文集》（*Conservative Thought: Essays on Sociology and Social Psychology*），保罗·凯斯科梅蒂编，伦敦：Routledge & Kegan Paul, 1953］。该文是目前这本著作的节选，曼海姆为文章作了一个导言，在导言中他写道：

［一种明确的保守主义的思想风格（尽管存在几种倾向）的出现，是德国 19 世纪上半叶精神生活中最有影响力的事件。

知识社会学在研究这么一种思想的方向时面临着一系列任务：确定这种思想风格的特殊的形态学；重建它的历史和社会根基；在与负载群体的社会命运的关系中考查这种思想风格的形式的变化；展示它迄今为止在德国整个精神生活中的流布和影响范围。这是一个很广泛的研究背景，在此，我们着重研究其中少数几组问题，相信这对整个答案是一个贡献。

对历史和政治思想进行这么一种涉及更为深远的知识社会学的考查是必要的，因为仅凭借它我们就可以在活生生的生活中认识现代意识的形成。哲学家和思想史家们仍然在那样描写思想的形成，似乎它是一种依照自身的内在逻辑展开的聚合体，或者更简单地说，思想的历史只是简单地从一本书进到另一本书。与此不同，社会学家则执迷于相反的观点。他们试图表明，就算那些学者们在密室里创造的、看起来完全远离生活 （转下页）

究是要表明，思想与存在在一定的历史领域里是紧密联系在一起的。我们谈论的不是一般的思想与认识，而是确定的生活空间中的确定的思想与认识。本著作具有明确主题，那就是要确立如下事实：19 世纪的前半期，在德国已经形成了一种可以被称作“早期保守主义”的具有内聚力的思想潮流，这种思想潮流为特定的社会阶层所代表，具有明显不同于其他思想潮流的构造，并可以明确地追溯到其社会学起源。

（接上页）世界（因此也自命没有时间性和空间性）的著作，本身也是一个更加错综复杂的超越他们自身的经验聚合体的一部分。

正像语言不仅仅是那个碰巧说着话的个体的语言，而是某种从他的背后升起的东西一样，可以说，个体借以接近历史现实的问题定义、概念和范畴并不是什么别的东西，只不过是从那些已成历史的经验之网中取出的样品。但是，这些经验的聚合体自身也只不过是先期发生的、试图在一个社会的与精神的现实永远变动不居的世界里为其定位的努力的、由历史合力实现的结果。

“日常生活经验”以及与它非常合拍的人文科学，代表了一种与“严格”自然科学的知识非常不同的知识类型，而且，它们企图包容自然科学的范式的想法是否行得通也是很成问题的。难道社会科学与人文科学的强大的吸引力不正是因为它们贴近生活吗？它们借以使用的观点、视角、概念、分类原则和范畴，是作为自我改变和起改造作用的追寻自身澄明的生活造化而生的，不正是因为这一点它们才更加精妙而且更具有穿透力吗？

因此，我们不得不留意历史上形形色色的激发生活自身而产生的思想方式。对政治思想史的社会学研究还有更广的含义，其原因就在于以下事实：它正好在意志动力——其他方面是潜在的——取得突破、思想变得活跃以及成长的力量展现它们的社会根基方面向我们提供历史知识。

每一点政治知识都对特定看法片面夸大，但它只有在我们对不同的偏见进行比较并允许它们互相解释时才能得到克服。在这个意义上，对不同的思想方式与不同的立场一起进行彻底的梳理同样会有助于修正所有那些基本概念和范畴，而我们今天正是凭借这些概念和范畴在对历史生活进行思考和研究。只有通过这种对比，才能揭示出在所有历史知识中特定视角在多大程度上不可避免以及宣传的夸大在什么地方发生作用。

为此我们必须从保守主义思想开始，因为现代历史观念正好主要是这种潮流的创造，也因为在我们看来这种思想风格最有意义的成就可以清楚地从以下这个事实中看到。在这里，现代宗教意识以及其他为现代理性主义所取代的思想方式变成了理解历史中的非理性因素的研究法。这个成就，纵使自由主义和社会主义仍然对它们的原初冲动充满信心，它们也从未在这方面下过功夫。

另一方面，也正是在保守主义的历史概念以及与之相连的整个范畴机制（它在很大程度上影响着我们对历史的写法）中，充斥着与生俱来的偏见。正因为如此，对历史人文科学的批判变得越来越紧迫。］［《社会科学和社会政治档案》（1927），57：68—142、470—495］

眼下的专题研究的任务也只限于一定的范围，就是要通过现象学描述和类型学分类说明这种独特的构成，并确立这种思想潮流的物质性的社会学根基。但是为了给正确理解下面的专题研究作好准备，说明一下我们在研究更为一般的问题时的立场是这个导言的分内之事。 32

2. 德国保守主义与历史问题

一切知识社会学和意识形态研究的中心问题都是这样一种关系：思想和认知是其中的一方，存在则是另一方。哲学原理和思想史所研究的，是思想中可以被称作内在性的东西，而不是思想史各自的历史-社会学起源。知识社会学却有完全不同的任务，它要追溯收集起来的思想素材所由以产生的历史-社会学格局，在总体进程的基础上理解它们的形成。

*思想和认知可以成为各种各样的科学研究的课题，而且在转向我们这里关心的思想的社会学问题之前，我们至少应该指出哲学所探究的与思想相关的课题、思想史和社会学三者之间的本质区别。哲学与思想史的共同之处在于，它们都始于一个假设，即思想的产物总是可以与它的心理学或社会学起源相分离，因此它们的研究计划也总是从内在实体的水平出发，独立于它们的起源。当哲学原理研究这些独立的内在实体的结构和内容以获得它们的根据和有效性时，思想史则企图对时间发展的交互关系进行历史的重建，但是又独立于具体事件的后果。（例如，一组思想从另一组思想中的逐步展开，或者它们的一同出现。）虽然一般而言这两门学科彼此之间存在很大的差异，但是有一点是共同的，那就是它们都没有考虑到总体的社会-历史进程。这个进程作为单个的

> 理论构建的历史发祥地隐藏在它们的后面。
>
> 但正是这种被哲学和思想史忽视了的思想以及思想的形式从总体社会-历史进程中的起源，被知识社会学纳入了自己的研究领域。因为社会学家在研究思想的背景时的兴趣焦点与哲学家和思想史家的兴趣焦点是如此地迥然不同，所以对诸如一个认识如何最终与另一个认识相联系这一类的纯粹哲学问题，我们在此不必费心。在这一点上只需说明，人们赋予发生学论断的体系意义一般来说取决于人们据以接近这个悖论的特殊哲学观。这后一个结论，即使在牵涉到社会-发生学认识的哲学意义时也可能被证明是
> 33 完全消极的，对目前的研究也可以看成是无关紧要的，因为即使最为彻底的体系哲学的态度都不能将关于理智实体的社会起源问题当作一个纯粹的经验问题而否认其合法性。目前的研究工作精力全都集中在这种事实问题(questions of fact)上。*①

思想与认知的哲学研究和社会学研究之间的第二个本质区别是，哲学倾向于将自己建立在一种无时间性的、永不变化的理性之上，或者至少假设理性(特别是范畴)的形式属性不可改变。知识社会学②，作为一门专门的经验科学，不允许接受这么一个假设而自束手脚。对它来说，这些问题是纯粹的经验问题。如果经验的探究表明思想的形式随着历史和社会的进程在发生变化，知识社会学就会简单地认为这是一个经验科学的发现。尽管哲学的假设在原则上并不会因此而损害经

---

① 英文版编者注：在原始的德文手稿中，以上的附录被放在一个脚注里。但是因为它是正文的直接而有价值的补充，在这里和其他几处重要的附录一样被放到了文章的主体之中，像引文一样被缩排并用＊号标注首尾。

② 我们交替使用"知识社会学"(Wissenssoziologie)、"思想社会学"(Denksoziologie)、"认知社会学"(Erkenntnissoziologie)，因为根据我们的意见，在未引入认识论的问题之前，这些术语之间的区别是可以被忽略的。

验的专门科学的研究，情况仍然是这样的，那就是：关于理性形式规定性的同一性和无时间性的哲学学科，并不会阻碍关于思想形式发展的历史和社会学研究。在关于无时间性的理性的哲学王国里，对这类问题很反感，这种反感使它不可能提出思想形式在总体社会进程中的植根性问题。

但是，因为这种障碍在意识和无意识之中的作用，我们迄今一直未能深入研究一个特别有趣的问题，即历史和政治思想方式的性质。在这个领域，最清楚不过的是，知识的客体既是由日常经验构成的，也是由带着随历史变化并因社会不同而不同的范畴机制的政治文化科学构成的，而且，它们提出的问题和关注的客体都与它们所由以产生的特殊历史与社会背景密不可分。

自从李凯尔特在哲学和方法论层面上确立自然科学和历史文化科学的区别[1]以来，有许多人努力从不同的侧面去巩固和加深这种区别。但是，这种区别并不只是在方法论研究和科学理论体系的层面上才显得重要，它还是一种新的思想史研究的出发点。历史研究和体系研究 34
几乎是同时上的路。[2]

像在哲学研究中那样，问题不仅仅是作为科学的历史是如何可能的、现代历史学是如何产生的，而且还有我们在多长时间里拥有（或者，至少将其视作一个问题）“自然”和“历史”的对立。

这种更为一般的关怀将我们带回到了我们的特殊问题上来。因为

[1] 海茵里希·李凯尔特：《自然科学概念建构的界限》。也请参阅文德尔班之《序幕》，第1—2卷：《批判的还是遗传学的方法?》、《历史与自然科学》。对同一问题，狄尔泰的追随者开创了从一个不同角度展开的方法论研究。

[2] 也就是说，只有当态度的二重性和思想方式的二重性在直接和自我反思的经验中都被理解并获得肯定时，这种强烈的对比才作为一个问题向方法论的自我反思意识呈现出来。文德尔班（《哲学史教程》，第543页以下，即第45节“自然与历史”）将这种对比定位于法国的传统主义中。

我们很想却无法弄清自然和历史之间区分的由来，而这对当前的思想状况有很大影响。在历史考察中，我们被引到了这么一个时刻，在这里对立的东西第一次得到了激进的表述和彰显，即回到了法国大革命时期的政治和意识形态斗争中。在寻找这种对立的开端时，姑且不论维柯和赫尔德，有人回到了法国传统主义，而另一些人回到了伯克，然后又回到了德国浪漫主义、历史学派，不一而足——简而言之，回到了构成我们当前研究主题的历史人物与格局。

起初，我们的研究也只是集中在思想史方面。但是，我们并不满足于对自然与历史对立的内在理智起源作细密的考察，而是自问：这种对立是从什么样的社会学总格局中产生的，又是什么样的社会力量在加剧这种对立及其逐步展开？这时它便显示出了我们的研究作为思想社会学的明显特征。为什么这种研究途径恰巧在那个特殊的历史时刻出现？或者至少，这种对立为什么在那个特殊的时刻获得了自己的现代特征？还有，我们通常称之为“历史主义”的那种形式为什么恰恰在德国出现？

一旦确立了这种方式，类似的追问就将起初的思想史问题变成了思想社会学问题。随着对上述问题强调的变化，随之而来的是其意义方面的相应变化。**自然与历史之间的对立，将自己展示为更为激进的对立的前哨，这种对立根植于两种根本不同的世界观间的两种根本不同的思想方式。**

当我们停止在思想的纯粹内在问题序列中考量思想史和世界观所出现的这种区别时；当我们追问这个问题是在什么样的历史情势下产生的，从而将视野扩展到思想社会学的方向时；尤其是，当我们在可能和适当的范围内，在各种活跃的社会力量之间的竞争的基础上，开始理
35 解思想风格和世界观中的区别时；整个研究就不可避免地会呈现出另一种模样。

这种研究不再关心自然与历史之间的对立，因为这种对立可能在知识问题的历史中产生。我们的研究关注的是那种由各种社会力量所致的两种世界观和思想方式之间的矛盾：**自由主义和保守主义思想之间的对立**。这种对立形成于19世纪初，与对法国大革命的具体的政治和哲学反思直接相关。

如果社会学的第一步是要将社会与政治的分裂确立为精神潮流中可观测的区别的源泉，那么下一步任务则是联系社会的一般进程来考察这种差异随后的命运并综合两种思想风格。① 如果社会与政治格局在两种思想模式最初的分裂中所起的基本作用是很清楚的，那么至少有一点是可能的，即社会学将同样继续在实现它们的综合的过程中发挥作用。但是这种假设只不过是一种可能，因为一方面，一种确定的社会学状况是否仅仅在新的意识形态因素——这些意识形态因素一旦产生就会根据其内在逻辑完全对立于社会进程往前发展——的滥觞之处才是重要的；另一方面，意识形态的进程是不是在与物质的社会学背景的不断接触中展开的，始终是一个只能通过一个个的事件经验地加以决定的问题。对我们而言，第二种可能更合适。不仅仅是“历史思想”

① 当思想中可知觉的区别不仅仅指涉理论区别，而且这种很容易就能弄清楚的理论区别奠基在包罗万象的世界观的区别上时；还有——更重要的——当我们能确立一种不同的观点和一种不同的与知识客体的存在性联系时；我们就称之为一种“思想的风格”，以区别于纯粹的思想流派的类型。这里的假设是，不是所有的思想都是同一种意义上的思想，而是在这个消除差异的欺骗性概念之后隐藏着最具多样性的存在关联，这些关联需要思想也以最多样的方式来研究，而且，所有活的思想都从这种存在作用中获得了自己独特的构成。

这些区别可以被纯理论忽略。但是，知识社会学，作为关于思想的存在关联的科学，必须强调这些区别。

因为缺少更好的表达，我们就用“思想风格”，这里的“风格”一词取材于艺术史的术语。在意识中，我们除将思想与艺术创造进行“类比”外，不能走得更远。尽管存在区别，那些关于理智与文化的历史的原理还是具有一定的共性，我们只能在这样的范围内从风格的历史中学到一些东西。

被保守主义的社会因素用来反对“一般化”、“自然法”和“革命”思想，而且，角色的区分也继续在更远的发展进程中发挥作用（有例外，后面将详细讨论）。这种状况几乎一直持续到19世纪40年代。在这个时期，德国的社会和政治机体经历了重要的重建。只是到了这个时刻，精神领域也才呈现出了新的格局，对这种格局进行研究，为知识社会学确立了一项全新的任务。

可以将我们的论点简单地归结为：19世纪上半叶，在德国，相应于当时的社会与政治分化，出现了一种思想风格的分化；而且这种分化继
36 续存在并有各种各样的调整。只有在这个基础上，我们才能对如今盛行于方法论领域的自然科学思想和历史思想之间的区别有一种发展的理解。

我们试图考究其全部复杂性的问题，正是这样出现在原始大纲中的。但是，对这些事项进行细致的考察，需要我们在为研究的目的点明问题和具体进行历史-社会学研究中做出许多区分。只要知识社会学还将自己限制在形式化了的发现里，它就不能研究现实世界中非常复杂的关系之网，“基础”和“上层建筑”之间的互动正是通过这张网发生的；而且，只要这种相互联系还局限在先验图式种类里，它的发现就不可能被提升到能够得出权威结论的科学辩论的水平。详尽的研究是必要的，应该一步一步地来实现，这将日益改进和修正论文最初的观点，并使其在形式上越来越复杂。但是，如果我们并不一开始就摆出这种临时的简单化了的形式，那只能是因为，为了避免在具体事实的旋涡中迷失自己，我们应该像坚持研究的主调（letimotif）一样坚持这样一种形式。

为了使问题精练，需要做的第一件事情是，对开头已经系统地并置在一起的思想风格的不同属性作更精确的刻画。要一丝不苟地完成这一任务，我们只有首先详尽地表明，我们称之为“历史思想”的东西是一

种其组成部分之间具有一致性的思想潮流，它与“普遍化”和“自由主义”思想相对立。证明这一点的途径在于，从各种各样的作家的作品中尽可能地抽出这种思想风格所独有的基本概念，同时观察和揭示这种思想风格所固有的**基本设计**（Grundintention）对它们的影响。也就是说，在详尽地考察这种思想风格所依赖的基本概念时，我们发现我们正在处理的是一种逐步形成的独特的“逻辑”，这种逻辑如此具有内在的一贯性，以至于它能够修正那些从别处引进自己领地的概念。仅举最重要的例子，“民族精神”（Volksgeist）和“自由”概念，在具有“自然法”取向的思想家那里的意义和在“历史思想家”那里的意义并不一样；纵然对后一类人而言，当它们为不同的历史思想潮流所运用时，在意义上也有细微区别。所以，第一件事情是要**按其生成原则把握**思想风格的 37
统一性，意义分析——不是作为自身的目的，而是作为研究和证据的手段——是一种可靠的线索。①

如果我们只是在思想史的固有意义上进行意义分析，而且想通过这种方式确立我们工在谈论的思想潮流的“风格统 性”，那么很显然，在这个阶段，我们处理的仍然是一种特殊“逻辑”的发展进程和详尽细节。可以这样说，这种逻辑是作为前面提到过的自然法思想的对立面出现的。某种类似这样的东西，也就是说，两种对立的思想风格共同分享相同的历史生活空间是如何可能的？如果考虑到环境的因素，这一点就更容易理解。阅读一下当时的著作就会明白，在反对“1789 年”这个理念时，“反革命”不仅处心积虑地企图用反题来对抗自由主义对手的实质论题，还发展了一种对抗“雅各宾派”建立在自然法基础上的思

① 对语言学家来说，意义分析和意义转换理论同样是一个特殊的问题。近来，胡塞尔的现象学将意义分析的方法发展到了完美的程度。但是在两种情况下，它都确立了自身的目的。对我们来说，意义分析必须成为知识社会学的研究工具，通过它我们才能在历史总体里从形成过程方面论证概念因素的一贯变化。

想方式的反逻辑。

“反革命”的意识形态战役呈现为两个并不必然与其年代顺序吻合的阶段（下面将详细讨论）。

在第一阶段，他们试图在与对手遭遇的推理层面上，从对手的前提假设上将其击败。正题与反题互相角逐，但是他们形式上的假设和对手是一样的，譬如，他们都从自然法的前提出发，但是从中得出了不同的结论。

意识形态战役的第二阶段在——常常是有意识而且明确地——做出某个决定的地方才是可辨别的，即决定将“反革命”连根拔起。因此，不仅要推翻“雅各宾派”思想的教义，而且要确立一种与导致这种反革命后果的“错误思想方法”相反的思想方式或方法。

这个说明本身已经揭示出，当历史思想是保守主义潮流的一种创造或者发现时，这个正题无论如何是不精确的。正好相反，并不是所有的保守主义思想都是历史思想。当我们出发从总体上去追寻19世纪上半叶保守主义思想风格的踪迹并描画其主要阶段时，有必要强调保守主义流派所注重的那些仍然奠基于自然法的反历史的趋势。由于这种限制，原初的论题失去了清晰的轮廓。但是，更为重要的是，不要为了寻找清晰的线索就歪曲历史事实，而要承认事情的复杂性。尽管关
38 于我们所感兴趣的那个时期的历史思想具有保守主义的根源这一论题仍然有效，但是论题的正面——所有保守主义思想都是历史的——无论如何也是不成立的。但是，正是这个从历史资料中产生的限制，给知识社会学提出了新问题。也就是说，当我们按需要根据不同的趋势来对保守主义的思想方式做出区分时，我们马上遇到了另一个问题：在法国大革命前后的批判时期，保守主义思想中的哪些趋势是历史的？更进一步，哪个社会阶层“承载”了有历史因素出现的那种潮流，哪些阶层保持了自然法基础上的思想？

我们的研究结果会尽可能对这个问题给出一个答案。但是,这使我们接近了适合于知识社会学的研究界限。即使可以证明最**基本的意识形态变化能够归因于社会结构变化**,也绝对不能说,相应于意识形态层面上的每一个变化必定有一个社会基础方面的变化。

我们必须始终考虑到那种仿佛自觉地从一定的思想出发点产生出新特点的内在逻辑。而且,我们必须重视那种完全属于个人创造性成就的自由活动空间。但是另一方面,这不应该妨碍社会分析尽可能地洞穿精神的成就,以便能够在历史证据的基础上将这些成就中的一切可以正确地归因于社会因素的东西转嫁给它们。因此,社会学的根本任务就在于实现**社会学归因**(sociological imputation),并通过这样一种方式说明这些归因,即认知主体的理智成就没有被转换成社会学家的纯理论构建,而是被重建。

举例来说,有人宣称历史思想只不过是保守主义运动的一个创造,比如,它不足以确立两种运动(理智的运动和社会的运动)的同时出现,也不能征引似是而非的类推。在详细说明的时候,很有必要尽可能地对作为这个思想的个别成分的保守主义政治起源加以论证。

这样一来,就需要对思想的趋势和因素进行详细审查,其间必须逐 39
一确定这些思想因素应归因于哪一种政治和社会潮流。

* 实现一个充分的**社会学归因**,要经历两个阶段:(a) 揭示这种归因在意义层面的对应物,(b) 证明这种归因在经验因果性的水平上是充分的。①

例如,如果我们能够通过一个概念——如其在一个时代或被

① 我们对"意义层面的充分"和"因果充分"的区分,与马克斯·韦伯的区分是一致的(见《经济与社会》,德文版,第5页),但又不完全一样。[《经济与社会》,英文版第11页]

某位作家所使用的样子——所表达的意义，证明它是从基本的保守主义设计中生发出来的，这个归因就在意义水平上是充分的。对于这一点，以后将会有一些例证，比如，当保守主义思想利用一个“性质上的”自由概念来反对“自由主义的”自由概念时，或者当一种特定的认错式的特征被铸进“传统”概念时，或者当“具体”范畴被以肯定和标准化的方式强调并与“抽象”的空洞性形成对立时。

证明一种归因在意义水平上是充分的，是确立我们所说的归因精确性的第一步。但是，这无论如何是不够的，因为很可能存在一种证据能够在意义层面肯定对一个概念的归因的充分性，比如对保守主义思想，而事实上——也就是说，从历史方面看——这个概念的产生和运用在任何意义上都不是从保守主义的基本趋势中来的。只有当我们也能建立物质-因果的归因时，证明才是完全的。这样的证明一般是在这个时刻实现的，即我们成功地找到了历史证据来说明，那些被保守主义作家赋予了我们所说的意义的概念是如何从政治的和意识形态的冲突中产生出来的。如果对归因在意义层面的充分性及其因果充分性的正确性可以得到证明，能够提供的最大可能的证明就能成为现实。这种绝对的证明只有在出现一个幸运的例外时才是可能的——只有一个简单的理由，因为总是没有应手的证据来证明归因的因果充分性，原因在于新概念和新范畴的形成并不总是发生在文献之中。新的意义会在活生生的生活里，在言谈交流中涌现出来，而且由于缺乏书面的证据，已经不可能再重建它们直接的物质-因果起源。但是对这种状况还有一个补救办法，那就是间接证明的方法。对一些基本概念——可以说它们构成了一种思想风格的基石——我们不仅实现了意义层面的归因，而且提供了因果归因（假如仍以我们的保守主义思想为例，正被讨论的概念就应该包括关于自由和传统的保守

主义概念，以及“抽象-具体”二分法），对它们之中的保守主义基本 40
设计和保守主义思想中的形成原理做出译解总是可能的，而且可以译解得非常清楚，以至于如果对这些基本设计的归因的正确性得到证明，我们就可以认为这种设计形成的所有概念都同样地“保守主义”，但是对这些概念而言，因果充分性层面的归因不再能被直接证明。总之，只有一种思想风格的“基石”才需要这种可分为两个阶段的总体证明。一旦这些得到保证，就足以证明余下因素在意义层面的充分性。

如果社会学归因问题中包含有无法估计的东西——这些将留待研究者和读者用社会学-历史学直觉去仔细估量，余下的问题也不会比在任何一种别的研究中更大。通往武断和“完全似是而非”的构建的虚幻道路已经被一个事实堵死了，即任何一个归因的实现都必须在事实中逐一得到证明。双重归因的目的在于为知识社会学提供准则并使争论得到控制。

整个文化社会学都离不开归因问题。这个问题构成了它的方法论轴线。归因无疑是构建，但是任何一门别的历史科学都同样是构建，因为它从遗留档案中重建过去，并因此被迫根据现存的东西去重建过去曾经存在的东西。关键问题只能是，实现的重建是否建立在事实的物质基础之上。仅仅建立在意义相关性基础之上的重建面临一种危险：仅仅是重建——固守在历史哲学的层面上。

文化社会学只有在历史因果性中巩固了在意义层面充分的诠释，并认识到一个事实，即纯粹的意义的充分性（内在逻辑性）仅仅是历史学-社会学结论的出发点时，才能成为一门积极的科学。

在意义充分性层面的归因，其最大危险在于：凭直觉将内容丰 41
富的诠释过分一般化。人们很容易被误导而断言历史主义和保守主义之间存在一种固定联系——回到我们的例子——因为固有的似是而非支持一种主张,即认为历史性和对历史性的强调出自一种保守主义的基本冲动。但没有什么比这离真理更远的了。保守主义的历史概念——可以说,对我们而言它好像是"自明"的——是一种特殊的社会学格局(Constellation)的结果,其影响一直延续到今天。最好的反证在于这样一个事实,即革命的启蒙运动对历史也有浓厚的兴趣。[①] 但是,关于历史的这个启蒙概念完全不同于传统主义者和历史主义者的概念;而且这是一个我们不能先验演绎的区别,它只能在历史事实中,在这个概念的社会学嵌入性中,通过对所涉及的意义进行分析来译解。

防止将意义自明性基础之上的归因过度一般化的另一个保证,在于对智力活动的历史的熟悉,因为这将使我们得以弄清概念的意义是在什么时候获得特殊形式,从而以某种方式变得可以归因的。总之,为了得出正确的结论,必须尽可能地提炼方法,在一个历史生活空间的总体发展范围里找到独特的相互联系。

如果一方面存在由肤浅的一般化——从完全似是而非的意义中构建必然联系——而来的危险,那么在相反的方面也存在危险,即在我们能证明什么的问题上对方法论之严谨性的过分夸大。在其只仰仗物质证据(Realbeweise)的范围内,陷入了不可知论。因此从历史事件现实进程的角度看,只相信一个归因的物质-因果证据,例如,仅仅将那些能够证明其政治起源的概念归因于保守主义思想,是极其错误的。为了实现这种研究思想的空想目标,就需要对保守主义作家们使用过的概念进行统计,并试图在此基础上归

① 参阅狄尔泰:《18世纪与历史世界》,载《德国周报》,(1901)108:481—493。

因。但是,这样一种严格性——如果在总体上是可行的——只是一种虚假的严格性,因为它忽略了在意义相关性基础上做出归因的重要性。毕竟归因中的问题不在于一个概念“多么频繁地”被保守主义作家使用,而在于它“如何”被使用。基本设计、思想意志(Denkwollen)的倾向和一种思想潮流的风格原则才是决定性的——总之,每一种倾向都在概念的构建中发生作用。这种考虑所指向的事实很有分量,以至于当一个概念偶然被自由主义作家用到时,它甚至也具有保守主义的特征。所以,对这种倾向及其可以揭示出来的基础原理加以强调就具有本质的意义。 42

自由主宰着思想和精神的领域。从逻辑上讲,个体能够很好地采取一种与其实际思想习惯导向完全不同的政治姿态。好像基本上只有在**集体主义运动**中,思想的设计和风格才能统一起来。但是,正是因为在每一事件中只有个体才拥有在任何具体情况下进行自由选择的能力,依据现实历史的标准在思想的现实承载者中为归因找到唯一准则才是错误的(参照社会学因素的)。归因本身比意义充分基础上的归因更加不可靠。如果进一步抛开一些明显的限制条件,常常弄不清一个个体是该被视为保守的还是该视为进步的。个体自己的知识并不总是正确的。这一点几乎用不着强调。幻象以及缺乏掌握自己存在特征的能力,常常妨碍准确的自我评价。这样一来,要判断一个人是“保守”还是“进步”,就应该考虑到意义层面的充分性。这样,关于意义充分性的问题就回到了因果归因(Zurechnung)阶段。如果一个历史人物的政治和社会类属(Zurechnung)[①]不确定,对他的思想方式和思想风格进行分

① 曼海姆在这里令人吃惊地利用了一个模糊的术语。他一直在使用“归因”(Zurechnung)这个术语来指称两种分析,在他看来,这两种分析一起构成了知识社会学,以及更广泛的文化社会学。一种分析认为,一些已经分析的事件和另一些可能 (转下页)

43 析就具有决定性的意义。

在这种情况下,我们明确假定概念的社会-政治特征和那个时代的思想模式是由一些别的因素确定的。对此的直接反对,可能是认为我们在一个圆圈上循环,因为比如说在一种情况下,我们确立了从一种思想风格的现实承载者来进行归因,而在另一种情况下,我们又通过一个特殊的承载者的思想风格来解释对他的归因。事实上这种循环性的确存在,但是它也存在于别的文化科学比如艺术史中。一个艺术史方法学家曾写道:“对一部创作期不明的著作,一开始,我们将其风格中的确定特征追溯到一个特殊的艺术时期,以此来确定其类属;在别的时候,我们又通过这部特殊的著作来提高我们关于这个时期的风格的知识。”①

但是,这种状况只有在抽象地陈述问题时才显得这么无助。当联系到实际研究和研究中的具体课题时,正是这种互惠的阐发实现了对素材最全面的分析。*

一旦我们能够确定那些最重要的基本概念以及思想的其他基本形式应该归因于何种社会和政治潮流,我们就能实现对它们随后命运的认识,因为将意义的可察知的变化与它的“承载”阶层的政治和社会命运联系起来始终是可能的。对思想内容中的因素而言,关于意义的变

(接上页)会更加复杂或体系化的结构之间只有意义相关性;另一种分析认为,具体理智现象与由社会学和/或历史学研究构建的分析统一体之间具有经验联系。但是在目前的问题上,为了论证这两种分析方式是互相依赖的,他转而起用了一个与对关系的解释或说明(将一些结果“归因”于一个先前实体的逻辑或经验运作)没有多大关系的术语。类属问题,可能有趣而现实,但不同于归因问题。在这里如果将“Zurechnung”翻译为归因(imputation)会导致误解,但是如果不能标识出这种语言学上的联系,也将模糊曼海姆在这一点上的论证模式。——英译注

① 约翰·艾希内(Johann Eichner):《艺术史中的作品问题》,第 203 页。

化与社会政治格局中的变化相关联的假设是相当容易确立的。保守阶层的意识形态(他们的目标、政治信念等)与他们必须在其中维护自己的总体格局一起变化。而且,所有那些能被追溯到新阶层是被推到保守主义立场的这个事实的变化,总是能在意识形态中表达自己。相应于“承载”阶层的结构变化,保守主义也具有不同的形式。恰当地说,贵族、小资产者、官僚和君王的保守主义各不相同。根据他们相互关系的形式,根据他们的保守主义与教会的保守主义的关系,他们自己在变化,也一同发生变化。

当新的阶层加入保守主义,比如当资产阶级站到保守主义的立场时,意识形态也会发生变化。当然这样的变化不是飞跃而是逐步实现的,而且总是与先前就存在于这个传统中的因素保持最密切的联系。 44

但是,我们眼下的兴趣主要不在于我们刚刚略微勾勒过的关于保守主义的**内容**的那些方面,而在于这种思想方式的**形式**规定性。这里的问题是,这种“反逻辑”一旦出现,它是会被视作 种负担着事件的更远进程中的变化的统一性,还是会迅速消解而被看成一种独特状况的短命产品?因此问题在于,是否只有保守主义思想的内容受社会学的限定,而且这种内容在其发展中根据自己与存在的联系改变自身,或者说,这种改变方式是否适用于思想的总体方式及其相应的思想形式?我们相信也能确立这样一个维度,即我们正在研究的那个时期思想形式的社会关联。

我们将德国保守主义作为这么一种特殊的分析对象,是因为在我们看来这种思想创造性地实现了对思想形式的“反革命化”。正是由于这个原因,可以说,这种思想的基本倾向在这里能够在其纯然状态下被把握。恰恰是在德国,直到 19 世纪中叶这两类“逻辑”之间还不是泾渭分明的。这有其原因,可以通过社会学分析来确定。首先,其原因包括前社会学的因素，即德意志精神自然具有一种特殊的哲学和逻辑化倾向，因此存在基础中的骚动(disturbances in the existential foundation)甚至使他们觉得自己生活在哲学和逻辑的空间里。对各种各样的浪漫主义作一个比较，就能很清楚地证明这一点。

浪漫主义经验在欧洲是一种普遍现象，它几乎同时出现在所有的欧洲国家。这一方面是对理性化的资本主义世界的真正反动，另一方面是附属意识形态影响的结果。所以它的基本原因——整个现代西方世界的总体状况的普遍相似——到处都是一样的，但是共同的历史因素在不同国家的实现途径因这些国家的社会和文化特性的不同而不同。而且在对不同国家浪漫主义的比较中有一点是令人吃惊的，比如说，浪漫主义在法国通过诗歌来表现自己，在德国哲学却是其特殊的实
45 现形式。德国浪漫主义的代表不是浪漫主义诗歌，而是浪漫主义思想。这个特殊现象仅仅被当作一个事实的征兆：在德国对社会和理智基础中的变化的哲学层面上的反动，要比在别的国家激烈得多。因为马克思的作用[1]，在实践中接受德国在哲学的层面上经历了法国大革命这个结论，已经成了对现代发展的一切解释的必然出发点。

虽然这事实上就是德国唯心主义的一般情形，反面的论题却能提出甚至更具有效性的主张：在德国，反革命或“革命的反面”(用一个法国传统主义的术语)[2]发展了其理智空间的逻辑和哲学部分，比别的任何地方都更加彻底。因为法国为意识中所有启蒙和理性主义因素提供了最激进的详细的阐述，并因此成了“抽象思想”的公认载体，德国可以

---

① 卡尔·马克思：《〈黑格尔法哲学批判〉导言》，载弗兰茨·梅林《德国社会民主党史》，第72页。(也请参阅《马克思恩格斯选集》中文第1版第1卷，第1—16页。——中译注)

② 参阅德·梅斯特(de Maistre)：“我们需要的不是反革命，而是革命的反面。”(Nous ne voulons pas la contre-révolution mais le contraire de la révolution.)

说起到了一种补充的作用,因为她将保守-物质-历史的思想变成了精神武器,同时赋予其内在的一致性和自己的逻辑。

但是,即使不同国家之间的这种意识形态区别也有自己的社会历史成分。[①] 一般人都将英国视为进步发展的故乡,浪漫主义者同时将英国描述成进步的和保守的,这更给我们造成了一种印象,即保守主义的转向是属于这种进步主义的。毫无疑问这在某种程度上是正确的——尤其是将英国与法国相比较的时候,后者实际上是新时代激进革命的国家策源地。但是如果我们把注意力转到德国,我们也能看到这些进步的特征——以其发展了的现代形式。直到现在德国也没有发生激进的法国意义上的革命,却面临着最大的日益增加的内在痛苦和暂时的狂乱。不过,英国的进步基于这样一个事实,即面对新的环境保守阶层显示出了非凡的韧性和适应性,并因此在持续不断的变化中保持了自己的活力;而德国发展的进步性依靠的却是统治集团对下层的高压,他们以此来防止反动。这种强有力的防护内在狂乱的障碍,其存在当然与军事阶层构成了德国社会的内核这么一个事实密不可分。(这反过来又与地理状况,尤其是与处于两个敌对国家之间的普鲁士的地理状况相关,这导致了一个军事政权的形成。)[②]这对保守主义运动以及它的 46
情感和理智世界都意味着一个大的倒退。

总结一下以上的比较,可以说英国的进步靠的是保守阶层的韧性

① 当然这些意识形态区别并没有得到充分研究。只要完成了详细刻画德国保守主义的独特特征的任务,我们就能对保守主义的不同类型进行比较。尽管此前的几项研究使上述断言看起来行得通,它仍然缺乏充分的基础。参阅特勒尔奇《历史主义及其问题》、特勒尔奇《世界政治中的自然法和人性》,以及彼得·理查德·罗登(Peter R. Rohden)的《德国和法国的保守主义》。

② 奥托·欣策(Otto Hintze):《君主制原则与宪法》,载《普鲁士年鉴》(1911)144:387。

精神——英国的贵族政治从未变成一种等级制度[1],这就是韧性精神的一个缩影。德国发展的连续性则依赖于作为德国保守主义特征的相对较强的独断与统治。尽管这两个国家的发展都不是通过突发性事件,但是它们使自己进步的不同方式必定要影响各自意识形态的形式和结构。从我们所关注的这个时段初期的强烈的政治对比中,能极为明显地看到这一点。

在很长的一段时间里,德国的自由主义都没能损害保守主义,并且对它的影响甚微。一直到了施塔尔我们才发现自由主义影响保守主义的最早痕迹。因此,自由主义和保守主义相互之间是尖锐对立的——确切地说,它们就像正题和反题。与此相反,英国的辉格党和托利党之间的关系直到1790年都还根本不可能通过德国的政治术语来充分把握。具体来讲,辉格主义并不对应于德国所谓的自由主义。[2]

德国思想中基础性的保守主义设计能够以如此范式般的尖锐性坚持己见,这必须归功于德国政治生活近乎对立的结构,在那里政党和社会阶层之间的互相渗透就像在英国一样无论如何是不可能的,而且——作为补充但更为重要——保守主义能够严格坚持自己的内在动

---

① “英国是唯一一个这样的国家,它彻底摧毁而不仅仅是修正了等级制度。”托克维尔:《旧制度与大革命》法文版,第125页[英文版第82页]。

② 参阅弗里茨·莫伊泽尔(Fritz Meusel)关于这个问题的论述,见《埃德蒙·伯克与法国大革命:关于历史-政治思想(尤其是英国的)之出现》(柏林:Weidmann,1913),第13、14、143页;戈特弗里德·扎洛蒙(Gottfried Salomon):《作为浪漫主义理想的中世纪》,第47、59页。也请参阅卢克瓦尔特(Luckwaldt)的《奥地利历史研究学院报告》(1903)24:第325页及其后。均为莫伊泽尔所引用。甚至这些政党的社会组成同德国的相比也是不一样的。17世纪末期,辉格党成了大贸易商、工业家和农场主的党[参阅费利克斯·扎洛蒙(Felix Salomon)《英国史》第134页及其后];于是,从德国的角度看,这便构成了一个“保守的”阶层,而且正是因为两个党事实上同时既是“保守的”又是“进步的”,我们无法给它们作一个意识形态的区分。从我们的观点看,它们的相似之处如此广泛,以至于只有托利党对王国和教堂的坚决拥护才可以被看成他们的永恒特性[参阅休·塞西尔勋爵(Lord Hugh Cecil)《保守主义》第41页]。

力。就我们所知而言,即使以后因为法国大革命而加剧了对立,英国也从未出现过任何接近于这类两极对立的抽象图表的东西。

而且在德国,大约有半个世纪的时间,保守主义意识形态的发展没有受到干扰。这样它就有时间提高自己,在哲学上变得成熟,而不必去理会议会生活的要求,后者作为不可避免的实际冲突的结果当然会降低它的纯粹性和意识形态一贯性。只要议会制政体一开始[①],世界观和意识形态的轮廓就会越来越失去其尖锐性。[②] 到现在,这些情形尽管有所淡化但仍然存在,这是因为形成意识形态的"孵化期"相当长,因此意识形态在形成过程中有时间依照自己的逻辑原则彻 47
底、一贯地发展。意识形态压力只达到了必要的最低限度:法国大革命的遥远威胁正好可以引导、刺激人们注重政治和世界观问题,而现实又还没有成熟到需要行动。我们知道,行动往往总是导致妥协和逻辑上的不一致。

所以情况是这样的:在法国大革命的意识形态冲击之下,德国出现了一场纯粹逻辑性的精神反运动(counter-movement),它按照自己的安排用很长时间将保守主义的冲动变成了现实,并对其进行**彻底的思考**直至其逻辑结局。反对战争的口号没有在德国出现。在德国这虽然没有成为真正的现实,却在思想中实现了其逻辑的结局。

主要刺激来自英国这块当时远比德国更加政治化的土地,来自伯克。发生在德国的是"直至终结的彻底思想"进程——对伯克首倡观点的哲学深化,这在当时是与现实的德国因素相联系的。就连接受伯克

① 1847 年的普鲁士会议(Vereinigter Landtag)可以视作保守主义议会党派工作的一个开端。

② 参阅 A. W. D. 冯·马丁《早期保守主义思想的世界观动机》,载保罗·文茨克(Paul Wentzcke)编的《德国政权与德国政党:弗里德里希·梅涅克纪念文集》,第 382 页及其后。

的方式也是有启发意义的。伯克可以是任何别的样子，但绝不是他的第一个德国译者根茨和他的好朋友亚当·米勒所认为的那样。米勒将他说成反动分子，但是伯克即使在随着年龄的增加变得越来越保守时仍保持着如此多的自由主义因素，以至于当代英国的自由主义者都能将他视为同路人。①

一句话，德国得到了法国为进步的启蒙运动所实现了的保守主义的意识形态——她最为充分地实现了它的逻辑结局。启蒙运动在英国这个资本主义发展最进步的地方以真实的姿态开始，然后转移到法国，只是为了在那里实现其最激进的、抽象的、无神论的唯物主义形式。对法国大革命的反革命批判同样肇始于英国，却在德国的大地上得到了最一贯的阐述。比如说，"历史主义"最重要的理智种子可以在伯克那里发现。但是如我们所知，"历史主义"作为一种方法却是德国保守主义精神的产物；而当它很久以后确实在英国出现时，又是德国影响的结果。梅因成了萨维尼理论的使徒，这一点清楚地体现在他的《古代法》(1861)中。②

保守主义能够在德国被推至其逻辑结局，当时起主导作用的世界观和思想方式之间的两极性也清晰可见，这部分是因为（我们将会看到）缺乏一个坚强的不妥协的中间阶层（Mittelschicht），这样的阶层能

---

① 参阅弗里茨·莫伊泽尔《埃德蒙·伯克与法国大革命》，第141页；以及弗里达·布劳内（Frieda Braune）《伯克在德国》。

② 参见欧内斯特·巴克（Ernest Barker）《从斯宾塞至今英国的政治思想》，第161页及其后。法国也有一个"历史学派"，但是它只是一种进口的东西[参阅加纳·雷克修斯《历史学派国家学说研究》，载《历史杂志》(1911)107：第497、537页及其后]。教条主义者鲁瓦耶-科拉德（Royer-Collard）和基佐（Guizot）的党在伯克和德国的影响下，曾企图通过历史来使这个章程合法化。但是因为政治发展的结构，这种"历史主义"既不是真实的，也没有在法国获得一贯的形式。雷克修斯已经令人信服地证明了这一点。

同样，在《世界政治中的自然法和人性》中，特勒尔奇也对德国精神的这种独特特征加以强调。

够根据自己的社会中心实现一种综合，找到一个平衡点。只要这么一个中间阶层存在，它的思想或者在保守主义的框架内表达自己，在那里它主要起一种调节作用——对此我们以后还得再次提到；或者屈从于一种极端自由主义的、学究式的教条主义的立场，这反过来又会加剧两极分化。为了做出区分，必须在这些因素中加上另一种地理学因素。如果说普鲁士和奥地利是保守主义的大本营，那么当莱茵地区和南部德国受到法国的直接影响时，自由主义也在这里拥有了自己的位置。这种地理上的区别，与经济上的区别无关，也加剧了我们关注的那种两极分化。 48

综合考虑这些因素，就能够明白，为什么在19世纪上半叶的德国能够发现自由主义思想和保守主义思想之间的对立最具逻辑一致性的形式，为什么那些在法国和英国要以复杂得多的形式展现自己的东西，在德国由于各种社会学力量的促进作用却能获得某种逻辑结构的一致性。这也是为什么正是在德国，我们能以近乎范式般的澄明度考察各种社会力量对思想自身的逻辑结构的冲击，以及为什么我们选择这个题目作为分析政治因素对思想发展所起重要作用的出发点的原因。

3. 现代结构关系

我们考察了选择德国文化体系中各种主要思想风格来进行研究的原因，并对这些思想与存在发生关联的方式作了说明。现在，我们就回到知识社会学分析的一些更为一般的问题上来，这些问题将给我们的专题研究提供更大的背景。

我们的主要兴趣在于研究一种结构关系，在这种结构关系中一个特殊的精神宇宙和思想宇宙涌现并成形。这就要求我们首先要像对待知识社会学问题一样来考虑思想史问题：所有的思想方式、思想潮流、概念意义以及思想范畴是怎样以及以何种方式使我们的知识和世界观总体呈现今天这种状况的？与那些科学原则下的思想或者那些一般来说“严格”合乎自然科学的思想相比，我们对日常生活中的思想，以及与
49 此紧密相连的历史文化科学思想更感兴趣。简单地说，我们感兴趣的是**历史思想**。

我们之所以将这种“历史思想”与自然科学思想区别开来，是因为它具有一种与自然科学知识非常不一样的发展结构。在“严格”的科学里，思想和认识好像更接近于脱离社会机体而只按照自己的动力学在发展。在这些科学里，我们似乎看到的是这么一种发展，只要基本设计、原初问题和公理体系给定了，思想就会根据矛盾律层层展开。但是，从社会学的观点来看，这种思想也不是“与社会分离的”，因为严格科学所由之产生的基本冲动是与特定的社会发展和某种一般的格局紧密相连的①，而且社会总体的要求还会不断地进入其研究领域并影响其研究方向。但是除了这些决定研究日程的框架之外，思想是通过内在展开的方式前进的。根据主题事件和逻辑中的一贯顺序，一个问题紧接着另一个问题，社会学规定性只在开始和转折关头才会作为重要且可以理解的东西影响我们。但是在“历史思想”的领域绝对不是这样，它总是植根于历史实体定义其历史和社会问题的方式之中，而且它是一个对这个实体的成长具有直接作用的领域。就像我们已经提到的那样，这种历史思想来源于日常生活。历史文化科学代表的是一种更加精炼、详尽和一贯的知识，但是这种知识是在一种与日常生活的经验知识有关，并因此而成为社会增长必不可少的一部分的态度中产生和发

① 这种联系对西方科学的出现具有重要意义，这也是马克斯·韦伯感兴趣的问题。参阅马克斯·韦伯《宗教社会学论文全集》第1页及其后，以及更近一些的马克斯·舍勒编的《知识社会学研究》。

展的。历史思想尤其是一种与存在相关联的思想。根据我们的看法，它不会降低它所获得的知识的有效性，而只是将理智世界的这个部分的结构和属性，同与技术和自然科学所关注的东西相连的思想区分开来。①

如果说理智宇宙的这一半代表了存在关联现象最完备的形式，根据其结构研究这种知识的内部增长就必然成为我们的任务。我们可以尝试着通过一般观察的途径来做这件事。但是我们的观点是，因为结构关系在历史中总是呈现出不同的形式，所以将问题定位在具体分析 50
特定时期的框架之中看起来会更有成效。

在以后的研究过程中我们会将“保守主义”、“自由主义”以及“社会主义”思想一类的范畴当作政治范畴来处理，对此有必要作一些说明。这并不意味着在我们看来政治因素在精神宇宙的发展中总是起着决定性的作用，而只是表明我们研究的这个时期的基本思想潮流可以在政治潮流的基础上得到最好的刻画和理解。

特定时期的带着现存知识形式和储备的精神宇宙，其结构之复杂令人无法想象。只有我们能首先在思想史的帮助下，将那些源自思想史的其他时期的概念因素和思想形式，根据其历史起源分入不同的类别，我们才能想象并研究这种结构的成长。但是我们不会满足于这样一种图表式的分类。我们必须进一步确定，不同的概念和思想因素是在什么样的存在关联之中，通过什么样的现实世界的冲动产生出来的。可以肯定的东西似乎很多：观点、思想的内容和形式不是孤立地、零星

① 关于这个问题请参阅卡尔·曼海姆《历史主义》，载《社会科学和社会政治档案》(1924)52：1—60。(英译本：《历史主义》，载《知识社会学论文集》，保罗·凯斯科梅蒂编、译，第84—133页)；《知识社会学问题》，载《社会科学和社会政治档案》(1925)53：577—652，英文本同上书，第134—190页；阿尔弗雷德·韦伯《文化社会学原理》，载《社会科学和社会政治档案》(1921)47：1—49。

地以单个念头的形式出现的。它们是通过集体设计的力量,并始终作为一种更大的完整的思想潮流的设计的部分或“因素”出现的。通过它们的产生和命运要研究的不是孤立的思想片段,而是思想丛(它们的内容和形式等),后者作为一个群体连贯地围绕着一个既定的生活问题背景形成和发展。

即使最孤独的思想家也不是通过离散的知觉,而是在一个更广泛的、以某种方式影响其生活的思想设计的基础上来思考的。而且这个属于他自己的设计,总是一个远远超出其自身的集体设计的一部分。这个事实并不否认创造的现实性,也不缩小我们生活中非理性因素的领地。它只是说,即使“天才”也不会在真空中思考,他只能在历史提供
51 给他的概念和问题之中选择其思想的起点。这些概念和问题反映了一种精神和经验状况,这种状况与我们生活的其他组成部分一样,植根于历史之流。不管他给生活带来多么激进的新奇思想,思想家始终是在当时生活问题的主导状况的基础上展开其思想的;他的概念储备只是对这笔集体财富的一种修改,而且在历史的滚滚潮流中革新不可避免地还要发生。

* 即使经验主体相信“顿悟”和“设计”从他自己一个人身上“灵感般地”“突然一闪”地产生,它们仍然是从一个集体的基本设计中产生的,这个基本设计就存在于他自己身上,尽管他没有通过自我反思意识到这一点。但是,思想社会学的一项最重要的工作就是要将这种集体设计——它仿佛只在个体的背后发挥着作用而不进入其反思意识——的水平向前推进,并发掘出在一个时代或一种潮流中出现的离散的个体认识的深层背景。这就是重建。*

对创造性天才(其现实性我们一点也不怀疑),可能传记作家感

兴趣的是其英雄般的独一无二性，但社会学家对他的“思想总体”和“构造世界的冲动”更感兴趣，后面这些属于作为一个总体的那个时代。

如果在思想史中假设这种集体设计（人们长期认为它们存在于精神的每一层面），我们马上就面临一个问题：是什么将这么多的思想以及随之发展的思想形式——尽管它们一般既相对立又彼此重叠——集合到一起的？这些不同的认知潮流和思想风格所由之形成的、独自允许我们认识社会和精神宇宙的设计的意志，中心何在？

任何一个稍微有点复杂的时代都不止有一种思想潮流和风格，不止一种立场；即使在看起来似乎始终如一的中世纪思想中，也充斥着多种思想潮流和立场。但是现代发展的不同特色在于：**所有意识形态潮流越来越围绕政治因素这个中心来形成**，这一点从17世纪开始，到19世纪达到顶峰。

在中世纪，所有问题的宗教定义构成了这种思想聚合的内核。你可能有一个印象，各种各样的潮流就像地球表面上的线，互相交叉，没有任何明显的方向标志。但是与此相反，看看现代初期，有人会告诉你 52
各种思想潮流在这里是可以更加明确地理解的，只是因为它们与总体社会政治进程处在一种可以理解的明确关系之中。

至少一种趋势是存在的，即每一种意识形态因素，特别是每一种更容易理解的潮流，都或多或少直接将自己定义为某种社会政治潮流的一种作用，并因此在发展中同它保持密切的关系。

但是这同时意味着，具有全球统一性的世界观宇宙曾经融合了差异极大的不同因素，现在却发生分裂，那些进入了新联盟的因素现在从它们过去的关系中获得解放，并且围绕那些由社会决定的、现在已成为中心的基本设计聚集了起来。这就出现了一种意识形态宇宙的分裂与重建，其中的潮流越来越成为社会总体及其主要趋势的反映。

反思一下这个进程的结果,你可能会对事实情况作如下描述:我们不再关心一种统一的、尽管内在多样化的世界观;从现在起,与社会总体中的多数阶层相一致,不同世界将互相面对。

政治和社会设计从宗教框架中的这种逐步脱离,可以从17世纪英国革命的进程中得到最好的研究。从现在起变得越来越自治的政治一旦获得解放,就会变成统一各种各样的潮流的因素,这些通过宗教世界观的分裂产生的潮流将从此弥漫整个世界。这并不意味着从那时起每一个思想家个体都有意识地在关心政治,而是说从集体的观点看,处于所有潮流中的整个精神宇宙乃是政治设计的产物。

这并不是说中世纪的意识形态宇宙是自由漂流的,它仅仅表明"社会问题"并没有起到这么一种密切的主导作用,而且意识形态与"基础"的关系是一种需要许多"中介"的关系,不能通过直接因果关系的术语来理解。

简言之,我们认为,与从等级社会向阶级社会的转变相适应,在精神和知识的世界里存在一种再结盟,一种对思想世界增长结构的再结
53 盟和重新排列;这种精神世界中的再结盟发生在与阶级分层的关系中,很复杂但是能被直接地追踪和归因。

现代精神和社会生活结构的最重要的变化可以简要归结如下:

(a) 现代世界的结构不再是一个封闭的宇宙的结构,而是一个过程。历史即使是一种基本设计的复调的实现,也不是一种循环,而是从一种状况向后一种"更高"状况的不断进步。

*强调这个进步因素正好刻画了启蒙运动(这个资产阶级世界的解释者)的特征,因为它把自己作为新生力量增长的载体的这部分功能神圣化了,将这种功能提升为世界总体的结构。孔多塞是这种进步思想的主要代表。在他的思想的进步的、过程性的宇宙概念中,被资产阶级思想神圣化的不仅有其作为"进步因素"的这部分功能,还有它的科学和"文明领域"的定向,这两个因素事实上具有同样的进步结构。但是他将部分当作总体,这一点是言过其实的,因为文化形式(艺术、宗教等)即使在一种完全过程性的发展中也未成为过程性的。

进步思想将现在仍活着的旧因素当作"垂死的残余"。这是一种典型的、受具体立场限制的狭隘观点。任何"现在"都往往同时是保存下来的过去,是现在和将来之间的一个交叉部分。过去并没有消失,而是变得与即将到来的新东西一致了起来。

在分析德国的保守主义思想时我们将会看到,与新的状况相适应,存在着一种现代保守主义思想。事实上,保守主义的问题只是从这里才开始的。现在,"保守"和"进步"理想之间的区别主要在于以下这个事实,即在一个进步的世界里,保守主义因素并不是在本真的创造性的意义上,而是在"反动"的意义上成为事件的载体,因为它首先意识到自己是一个反题,一个对新生事物的反题,并且只有在这种形式下它才能是创造性的。*

(b) 历史发展具有类似过程的特征,但它不是直线性的,而是充满着矛盾:它是辩证的。① 相互反作用的潮流产生新的潮流。过程本

① 浪漫主义的特征在于它吸收了不受法则控制的概念,并因此超出了启蒙运动的线性发展概念。这种思想结构的出现及其命运,我们将在以后详加讨论。

身和过程中越来越多的因素一样，在增长过程中要么起促进作用要
54 么起阻碍作用。每个因素都必须被当作一个部分来考虑，而且只有在考虑到它对正在出现的总体的作用时才能被理解。一个因素指向将来，另一个将过去带到现在，第三个则促使现在的状况保持稳定。

（c）这样的事情之所以有可能发生，精神世界中的所有因素之所以有可能越来越功能化，是因为上述事实，即社会进程本身被重建成了与阶级有关的社会发展阶层。这个转变中的一个重要因素是，较小的领地逐步聚集以形成一个协同的、更加排他的历史单元。绝对统一的国家这种民族国家的先驱的出现，已经通过国际权力平衡体系引申出了更加复杂的人民联盟问题，但是它的直接效果是使独立的领土发展的丰富意义相对化，像马赛克一样将一种完全排他的发展急流的动力学范围内的实体都包括在内。这种统一首先需要对经济发展做出解释，这一点无须多说。任何情况下，通过这个过程，膜状的分片的组织都越来越被分层的组织所取代。从现在起，历史单元不是根据其领土构成，而是根据其社会构成对外在刺激做出反应。在文化层面，这意味着一种统一文化的实现或者至少是朝向这种文化的趋势。这是在两个意义上讲的：第一，在地区差别的改善（不是废除）的意义上；第二，在文化进程中对越来越多的阶层的逐步包容的意义上。但是，首先还是在这些阶层的基本设计和世界方案进入并影响作为结果的总体动力学的意义上讲的。在积极力量之间的相互作用下，继起的运动呈现出这么一种形式：一些阶级为了维护自己的主要利益迫切希望社会总体恢复其更早的状况（比如，这样一来，地主阶级很容易就成了反动力量的中心）；别的一些阶级成了新世界的支持者（在商业、工业和金融资本家那里就是这样）；还有一些——他们在新的世界中处于不利地位，但是又不能回到过去，因为他们曾经赖以存在的等级制度的框架已经被毁

灭了——则成了一种新生力量(即无产阶级)的载体。[1]

(d) 将社会总体根据阶级进行动力学重建的过程,并不必然导致世界观的分裂。可能只有一个单一的世界观(意识形态宇宙)存在,这很容易想象得到。即使在不同的阶级互相反对时,为了追逐各自的利 55
益,他们在原则问题上仍保持一致,只是简单地从同样的意识形态原因出发得出不同的结论。但情况是这样的,比如,政治保守主义为了维护利益会持一种保守主义的世界观,在世界概念的历史后期出现政治上的进步,如此等等。事情很简单,不仅是利益在反对利益:世界同世界也在作斗争。

保守主义不仅希望自身利益得到满足,还想要一个自己的世界,一个自己的利益不受约束的世界。资产阶级不仅希望自己的要求得到满足,还想要一个由自己的精神塑造的世界。无产阶级不会满足于自己的将来得到保障,他们还想要一个合乎自己精神的将来。

现在,通过对如下事实的揭示,这一点已有充分的理由。各个政党的政治理论都历史地植根于不同的世界观,而且这种历史植根的内核——对正在出现的新世界显示出令人难以置信的适应能力——继续作为未来发展的基础和出发点而存在。自由主义理论的基础是 18 世纪的启蒙运动精神[2],而保守主义理论则首先建立在浪漫主义之上[3],尽管必须注意到保守主义对以前的基本设计进行了加工利用。这样,**不同阶级就不仅仅是不同世界设计的承载者,同时还是过去不同历史阶段的代表**。随着作为目标的"新事物"不断形成,我们正在谈论的文化实体的各个历史阶段之间的斗争也伴随着互相对立阶级的力量和设

---

① 这里完全是草图式的勾勒。经过具体研究以后,我们将会清楚地看到,这个图式很需要根据历史因素的具体格局作准确的区别。

② 参阅路德维希·伯格斯特莱瑟(Ludwig Bergsträsser):《德国政党史》,第 8 页。

③ 同上书,第 22 页。

计之间的较量。

（e）对这个特殊的知识社会学问题而言，所有这些意味着：**每一种基本的世界观设计总伴有一种特殊的思想设计**。理性主义的思想风格与浪漫主义的完全不同；通过保持世界观的不同因素，思想的独有特征和不同历史阶段的公理在很大程度上也得到了保持。保守主义的思想风格和推理方式仍然区别于自由主义或社会主义的思想风格和推理方式，即使在后期也是如此。自然，这种连续性在**思想形式上**比在思想内容中有更多的表现，所以持续性在形式问题上比在内容的变动中要明显，也更容易追寻。但是也不能在这种关系中假设绝对的连续性：保守主义和自由主义的思想风格甚至在逻辑结构上也随着时间在改变。而
56 且它们经常互相渗透，这又尤其增加了我们研究的复杂性。对我们而言，重要的不仅是要关注不同思想风格的离析和区分，还应该对可能出现的每一个综合给予同等的重视。

保守主义思想从自由主义（反之亦然）“学到”或接受的东西不应被低估，但是必须而且已经指出的是：**一种完全的融合从未发生**。历史出发点和基本设计之间的区别太大，完全的综合不可能。与此有关的任何别的问题留待以后再处理。下一章我们就会回到这些题目，保守主义的性质将在那里得到更加详尽的说明。现在，为了给最近的一个实质性的论断追加一些支持，我们将请大家注意思想风格间的区别，这种区别表现在它们对各自的中心问题的定义上。

（f）定义问题的水平的区别，比任何东西都更能全面刻画思想风格之间的区别。在讨论一些同样的问题，比如对规则的证实和对历史的解释时，注意到论者如何提出问题（如何定义问题），常常比注意他如何回答问题更加重要。我们现在关注的思想风格之间的区别可以通过以下三种定义问题时的理想型方案得到描述，其中的每一种都和另一种

不同的思想风格具有密切关系。①

保守主义思想在提出统治的合法性问题时，喜欢作神学-神秘的或超验的定义。“神权”的观点位于保守主义思想的底层，即使后者已泛神论化——也就是说事实上不信仰什么——仍然如此。这样，历史就取代了神圣超验性。因此，保守主义的论证所遵循的研究路线首先在一个**神秘超验的**水平上操作。与此相反，资产阶级自由派的思想首先将问题定位在**法理学**层面上，更确切地说，与自然法的联系上。一种统治形式的合法性是通过纯粹意识形态的、假定的构建来得到论证的，这种构建始终在**法理学的有效性**（社会契约）水平上创造所需的意义。另一方面，社会主义思想首先在经济学层面上来定义问题。这样，它通过
定义使法理学的方法变得毫不相干，还诬蔑后者是意识形态。保守主 57
义思想中对神秘-形而上学的东西的神圣化，资产阶级思想中通过法理学有效性术语对问题的表述，以及无产阶级思想中对经济领域的神圣化——这些都是典型的可以理解的格局，它们表明，关于特定统治或政府形式的合法性的争论并不是沿着同一条道路行进的，其中的问题所得到的定义也有所不同。

造成这种现象的原因，在于不同思想风格的公理结构之间的区别。就现在的情形而言，资产阶级思想为了使作为一个总体的神秘-超验的方法相对化而将法理学的自然法因素神圣化。② 无产阶级出于同样的

① 下面的三种表述问题的方式就是“理想”的，所以我们不认为无法确立例外和过渡。但是，一旦主要的理想型潮流被确定以后，例外就只能作为特殊格局之中的例外得到理解和解释。

例如，为了保持相对于教会的自律性，启蒙绝对主义将自己建立在世俗化的自然法基础上，就是这样的例外。在危机情况下，君主原则也会寻求神学的庇护；也正是在施塔尔那里我们能看到保守主义的历史变种不止一次以一种非常激进的方式使规则合法化。这里也不应该忘记必须把启蒙绝对主义看成是进步的力量。

② 关于政治斗争中使各种定义问题相对化的逻辑手段问题，请参阅我的论文《知识社会学问题》，第 580 页及其后［英文本《知识社会学问题》，第 137 页及其后］。

原因使经济的因素神圣化，将自然法-法理学的方法作为意识形态的方法相对化。但是资产阶级喜欢停留在法理学的水平上，这也应该积极地理解。为了追求本阶级的利益，资产阶级不允许以经济政治自由和平等的名义超越法理学-自然法的推理。因为在这个层面上，私有财产仍然能作为自然权利被合法化；但是，只要自由和平等问题被定位在经济层面上，也就明确了资本主义世界最基本的目的。但是，这也正是为什么无产阶级推理不得不大力推进这类问题并使问题的经济定义神圣化的原因所在。

如果任务是要**解释历史**，在围绕统治的合法化或非法化而产生的意识形态冲突中能够直接被证明的东西，在各种各样定义问题的方法中就有其相似物。所有的思想潮流最终都必然面临一项解释历史进程的任务。但是同时，对历史的解释也成了一种武器，在政党冲突的最高领域使用，因为这里互相冲突的不是直接利益，而是——看起来几乎是一种选择——不同的本真的世界观和植根于社会和政治中的世界设计。

从超验方面看问题，这个基本的保守主义设计也在这里发挥作用，与它相对应的是**形而上学的历史哲学**。资产阶级思想注重法理学问题，将国家变成历史事物的载体。所有历史都成了国家史，所有事件都构建在与国家的关系之上。甚至当资产阶级的历史是文化史时，它也
58 竭力在“有效性水平”上来理解其主要问题，就像在解释法律一样。“无产阶级思想”也作为第三种竞争者在这里出现，它也在这里将经济层面神圣化——就像别的思想将超验或国家神圣化一样——而且它还用对历史的所谓“唯物主义”解释对抗其余两种解释，认为它们都是纯粹的意识形态解释。[1]

---

① 我们在此只关心一般趋势的确立，这些例子也是作为理想型情况被引用的。当然，对每种特殊的具体情况必须进行独立分析。

从这个例子我们已经可以看出，不同的思想风格在意识形态冲突中是如何被创造或被保持的了。我们还可以看到，不仅不同的重要因素根据冲突中阶级的基本设计得到不同的理解，而且形式的逻辑因素（也就是说，问题的定义和不同本体论水平的神圣化：神秘-超验性、法理学或经济因素的神圣化）也通过这些不同的设计而显示出来。

如果在此之外还考虑到，那些在各种各样的政治推理中耸立着的哲学和逻辑因素，本身就相应地设定了各种各样的哲学体系和世界观，就能清楚地看到，与社会进程相连的哲学和世界观背景也在这种政治媒介中拥有自身的发展。但是不应该这样来看待这种状况，好像每一种特殊的哲学在营造体系时总是故意为政治和社会潮流捏造意识形态——尽管这种情形常常在发生。问题在于，进行着哲学思考的个体的思想成就，无论看起来多么非政治和“孤独”，由于其出发点的作用，总是一个更广泛地被分享的思想目的设计的一部分，这个设计反过来又通过一个社会目的设计发生作用。

哲学工作本身就是要在结构上成为那些被直接给予的东西的基础建筑；哲学家所做的只不过是，为了其中固有的假设，对那些日常生活不加怀疑的东西进行分析和解释。[①] 但是无论如何，这些既定的东西不是永恒的，而只是被历史-社会学决定的因素。所以，**从社会学的观点看**，任何特殊的哲学都只不过是我们正在讨论的那种哲学家所代表的那种思想风格的逐步的体系化展开。[②] 当康德构造他的体系时，他并不是在为资产阶级思想发明一种意识形态，而是通过他的理智成就确立公理般的前提，并吸收了那些通过历史传到他那里的思想潮流，而产生

① 比如，请注意在“‘严格’的科学是如何可能的”这个问题的构成中，特性的转折。

② 这是作为经验的研究者的知识社会学家必须接受的理智立场。对思想的这么一种理解并不意味着相对主义。但是现在我们无须对此详加说明，因为我们在这里避开了所有的知识论问题。

这些思想潮流的，除了资产阶级的世界设计和资产阶级的理性主义再
59 无他物。而且他所完成的也仅仅是在一个广大的范围里，对那些内在于这种思想设计的体系前提作一种追溯解释；也就是说，他为“事实”提供了一种系统的“基础建筑”，后者只对一种特殊的思想潮流才毫无疑问是自明的。因此，一种思想体系的彻底超验性从来就不是建立在体系自身所由以创造的基础之上，而是建立在一种不同的存在状况的基础之上，这样的状况大多依赖于完全相反的历史力量，而且体系在其中作为自明的事实而接受的因素可以作为问题提出来。①

因此，一个哲学家——除非他同时也是一个公开的政治作家——只有当特殊的政治和社会的世界设计在集体层面上所产生的思想潮流在他那里得到最深刻、最生动的体现时，才可以被称为是代表了一种政治思想潮流。于是政治因素——这也是我们在研究的这个阶段能够比较明确地加以说明的问题——并不必然是首创性的基本因素。它也不是一种思想潮流产生与发展的初始原因。从研究者的观点来看，政治因素只是在说明某个历史阶段占主导地位的世界设计和思想潮流时最容易明确把握的因素。世界设计比政治设计更加复杂。严格地讲，特殊的政治设计是包含在广泛的世界设计之中的，对我们来说，没有什么比从政治中推演一切更遥不可及。我们之所以将政治因素作为分析的出发点，只是因为存在于理论因素和社会事件之间的至关重要的联系（共存）在政治领域最为明显，而且最终也因为在我们研究的历史阶段，就像我们已经提到的那样，政治事实上的确在很大程度上成了各种世界观的理智立场汇集的中心。

① 关于这个问题请参阅我的文章《历史主义》，第 7 页及其后［英译本《历史主义》，第 88 页及其后］。

4. 现代理性化问题

我们将把那些关于我们感兴趣的历史时段的意识形态世界的研究资料用于最后一项预备研究，用于一个为许多个人论点所支持的设想，即与社会潮流向几个互相作用、互相对立的阶级的分化相对应，不仅在思想的片段里，而且在意识的其他维度，都存在 60 一种分裂。简而言之，与社会分化相对应的不仅有思想结构的重组，还有紧密相连的经验结构的转换。接下来就是对这一一般论断的解释。

我们已经注意到这个事实，即现代发展的不同特征应该在世界的彻底理性化中寻找。因此，严格科学的出现不过就是对这个基本的理智设计的一种详细的阐述。毫无疑问，类似这样的努力以前就有过，但是直到现代才以这种严格的一贯性得到了实现。没有人能够断言在以前的时代（比如在欧洲的中世纪）或者在西方诸国以外的地方完全没有理性的因素；但是问题在于，那些时代、那些地方的理性化只是一种不完全的理性化，所有这些理性化都过于迅速地再度陷入了非理性。[①] 资产阶级-资本主义的意识的标志在于以下这个事实，即它不知道这样的理性化有任何的原则界限。

世界的这种彻底的理性化明显地存在于特殊的**思想设计**中，并具有一种与其相对应的特殊的**经验形式**。世界的目前状况就是通过二者的联合来实现的。

就思想设计而言，它在现代严格的科学里能最直接地以最彻底的

① 参阅格奥尔格·卢卡奇《历史与阶级意识：马克思主义辩证法研究》第 125 页及其后［英译本第 113 页及其后］。

表达被把握。要把握存在于严格科学中的新的思想设计的独特特征，以及它相对于紧连着它的旧设计所具有的新颖性，最明晰的办法在于，研究它是为了取得主导地位所超越的力量。这样的研究表明新近兴起的自然科学的两大敌人，一是中世纪的**亚里士多德经院哲学**，二是**文艺复兴时期的自然哲学**。

亚里士多德的世界概念遭到反对是因为它定位在质料上，因为它企图将每一物都当作拥有自己独特属性的东西，于是要在内在于其中的目的因基础上，在内在的形式规定性基础上来把握它。与此相反，新的理智规划产生了一种新的世界概念，后者试图在**普遍原因和法则**的
61 基础上来解释个体事物，力求把世界描述成一个质料和力量的复合体。正是为了超越这种**以质定位的**思想，人们又回到了数学，并将其作为自然知识的基础。

但是对于曾经强烈影响先驱们的文艺复兴时期的自然哲学，人们攻击的目标正是它的**神秘类推因素**。反对神秘类推思想的斗争，通过它对目标的选择揭示了现代理性化的另一个侧面。事实上，这场斗争在两个方向上赋予了理性化双重的特征。

作为对具体质料的经验和理解的对立物的理性化和作为神秘物的反题的理性化，是两种根本不同的现象，可是它们在这里联系在了一起。

有一种基本潮流在它们之后出现并将二者统一了起来。这是一种只在这样的范围内寻求关于事物的知识（而且，在很大的程度上，也是展示其中的存在兴趣）的潮流，即要求关于事物的发现是普遍有效并可以普遍证明的。它努力将任何只建立在特殊人格基础上或只能被特殊的经验群体证明的东西排除在认知结果之外，只保留那些能普遍传达的规定性。与那些只能为特殊的、受到更大限制的**经验群体**接受的见识相反，这是一种寻求**可社会化的知识的**努力。寻求的只是这种可以

普遍证明的,而不是只对相信者群体才有效的确定性。[1] 而且,因为可计算的是意识中可以普遍证明的“层面”,知识的乌托邦理想就是数学家达到确定性感觉的方式。

这给我们提供了一种特殊的确认**普遍有效的真理**的方法。对事物的认识基于一个完全无法证明的成见,即一个人只有在他的知识能向任何人证明时才算认知。于是,在利用质的和反对神秘的这两种类型的理性化中,社会学家发现了对知识的**非人格化**和**非局部化**,而且这些发展对应于一种朝着数个方向发展的**抽象**。

这种知识对客体中的一切具体的特殊因素,对所有使主体得以理解世界却又不同时让这种理解能普遍传达的对知识的敏感,都漠不关心。它甚至进而消除与人、自然和事物——这是每一点知识所植根的东西——的一切特殊存在的相关性。就像后来所表达的那样,在人类当中,只有认识论建立的主体才具有认知能力。换句话说,这个理论只 62
注意普遍经验,而且这在两个意义上是一般性的:它指向许多客体并对许多主体有效。在客体中,只对一般层面感兴趣;在主体中,则只关注能使它一般化,也就是说能使它“社会化”的东西。后者就是所谓的“理性”。

这种可能的认知类型之所以终究能够出现[2],尤其是,它之所以用这样的严格性实现其最终结论,真正的原因在于一种整体主体的存在转换。这种“理性化”和“数量化”的思想,包含在一种精神态度之中,并且构成了关于事物和世界的经验,这种经验自身可以被描述为“抽象的”,而且它在某种意义上与那些属于思想的东西有所区别——如果不

① 关于这个问题,请参阅我在第三部分第一章中对默泽的分析。

② 这种情况在古代已经存在,现代只是继续了那时就发展起来了的可能性。关于这一点,请参阅埃里希·弗兰克(Erich Frank)《柏拉图和所谓的毕达哥拉斯学派》第143页及其后。

是与其无关的话。就其自身而言，与自然的数量化同步前进的，是对世界的泛神论感觉的失落，或者至少是压抑；这就是征兆。

在现代的严格科学中展现自身的理性主义，在经济体系中拥有其对应物，这一点经常有人指出。随着商品生产体系对需求物品生产的取代，在思考自然时从质向量转变的过程中，对待事物的态度也发生类似的结构转变。同样，在这里质的定位，使用价值的定位，被另一种重量的定位所取代。这就是交换价值的定位，这种定位只在货币等价物的意义上考虑物品。相应地，我们一直在讨论的抽象定位，在两种情况下都有表现并起着主导作用。就像在任何经验形式中一样，这里甚至也存在着一种扩展的趋势。这种“抽象”的定位模式，首先表现在自然和商品世界里，而后它逐渐扩展，进入一种普遍的经验形式：它也成为理解外来主体，即“他者”的基础形式。在一个通过家族制或封建制组织起来的世界里①，“他者”在某种方式上就是按等级构成的群体的总体，或者至少是它的一个成员，但是在商品生产社会里，“他”也是一种商品，“他”的劳动力就像所有别的数量一样是一种人们可以计算的商品。

这样一来，人作为扩张着的资本主义组织的一种功能发挥作用的罗盘越是广泛地建立在计算的基础之上，他就越是一般地被经验为一种抽象的计算数量，他也会越是经常地被经验为他周围的充斥着这些
63 抽象关系的世界。在心理学上接近于作为与货币等价物不一样的东西

① “于是，在这样一个社会里（马克思指的是中世纪），无论我们如何看待人们在相互冲突中的不同作用，他们在实现自己的劳动力时相互间的社会关系在任何情况下都表现为他们自己的人身关系，而不是伪装成事物之间、劳动产品之间的社会关系。”卡尔·马克思：《资本论》第一卷，第 44 页[英译本《资本论》，第一卷，第 170 页]。（也请参阅《马克思恩格斯全集》中文第 1 版第 23 卷，第 94 页。“人们在劳动中的社会关系始终表现为他们本身之间的个人关系，而没有披上物之间的即劳动产品之间的社会关系的外衣。”——中译注）

的任何事物的可能性当然还存在，但是从现在起，也存在只从数量的角度逻辑地、一贯地解释整个世界的可能性。如果有人问，一种彻底一贯的理性主义的出现和展开应归因于哪一种社会学因素，你只好坚持那种经常被重复表达的观点，即它是整个现代资本主义世界的载体——不断攀升的资产阶级的产物。

但是在做出这种归因的时候，避免一种虚假的自然主义是很重要的。这并不意味着每一个资产阶级个体在任何地方对周围的世界都始终毫无例外地抱有这种态度。谨慎地说，问题在于这个新兴的社会阶级的世界计划（Weltwollen）最主要的特征——资本主义的出现正基于此——给可能性王国带来了一种完全新奇的经验形式，后者系统地一贯定位于数量化和对作为抽象的世界的经历。其他社会阶级对世界和他们的环境也同样表现并越来越表现出了这种态度；但是，在那些通过自己每一天的生活和工作而直接处于这种关系的社会阶级——这种关系创造的世界已成为其直接和普遍的环境——中，这种态度越来越占据主导地位，压制着其他的潮流。

5. 反资本主义的反对派和非理性派

绝大多数试图勾勒出现代世界的一般趋势的人，都倾向于将自己局限在理性主义的发展脉络上。作为其结果的一幅当代世界的图画使我们感到陌生，因为它同我们对周围世界的现实理解，同我们认识的事实与世界不相符。这个机械的世界以及这些抽象的经验和思想模式绝不是我们时代的全部。在试图全面把握现在时，你很快就会怀疑这么一种素描只不过是考虑问题时的一种潮流，无疑这种潮流确实存在，但是与其共存的还有类似力量的补充现象。

这是我们的研究真正开始，也是我们的保守主义思想研究名副其

实地变得有意义的地方。我们想知道：**在所有那些被这种越来越彻底的理性化所取代的至关重要的关系和态度以及相应的思想形式中发生**
64 **了什么**？它们是简单地消失在了过去，还是保存在什么地方？如果它们被保留了下来，又是以何种形式流传给我们的？

如你能想到的，事实上它们的确在继续，但是正如历史上常有的情形，它们的存在是潜在的，最多表现为相对于主流的补充潮流。首先，它们被那些没有卷进资本主义理性化进程，或者说至少不是其主角的社会和理智阶级所接受并得到再生。以前占主导地位的个人的具体的人类关系，通过各种各样的可以在现象学中列举的形式以不同的强烈程度发生作用，主要是在农民阶级中，在那些与工艺经验保持着联系的小资产阶级集团中，在贵族传统里。

尤其是，我们发现诸如虔信派教徒①一类的宗教派别的大量内在的未曾中断的传统保留了下来，特别是在他们的心理生活、生活方式、生活态度和从经验中学习的方式中，而这些东西是注定要从资产阶级的生活风格——随着它越来越深地卷入资本主义的进程——中，从工业工人的生活中消失的。

但是，即使是这些阶级，尽管一开始就卷入了资本主义的理性化进程，也没有完全失去自己对生活的最初理解。这种理解仅仅是从那个我们可以称之为他们的公共和正式生活的前景的地方消失了。他们的亲密关系，在其未被资本主义进程触及的范围内，以非计算化、非理性化的方式继续着。在这些领域，生活关系没有变得抽象化。事实上，在某些以前的公众关心的领域（人身和宗教感情起主导作用的生活领域）出现的**逐步回归亲密**的现象，正如马克斯·韦伯已经表明的，补充了在

① 关于浪漫主义运动背后的阶级，请参阅戈特弗里德·扎洛蒙《作为浪漫主义理想的中世纪》，第118页及其后。也请参阅弗兰茨·奥本海默（Franz Oppenheimer）《社会学体系》之“普通社会学”，第1卷，第3页及其后。

一般公共生活领域、工厂、市场、政治以及诸如此类的地方不断加深的理性化。

这样，“非理性”就和人与人之间以及人与物之间的原初关系一道，处在了一种资本主义化了的生活的**边缘**——在世界的双重意义上。首先，非理性处在个体生活的边缘，因为其中只有亲密的人类关系在其古老意义上保持着重要性和生命力，而有影响力的经验在结构上变得越来越理性化。其次，从狭义的社会满意的观点看它也处在边缘，因为是资产阶级和无产阶级在支撑着新的世界，是他们在思想风格和生活风格上沉浸在自己越来越广阔的意识天地里，而且只有在新世界的边 65
缘——在农民、贵族和小资产阶级的生活里——古老的胚胎和传统仍然在起着创造作用。

曾经构建世界的思想和生活风格的胚胎，在两种意义上的外围里休眠。在较长的一个时期里，这些胚胎都是潜在的，直到后来当这些被压制的因素为社会斗争所接纳，它们才会作为某种显著的东西表现为一种“潮流”。那时它们就被反革命的力量激活了，后者把它们写在了自己的旗帜上。

浪漫主义作为启蒙思想（资产阶级-资本主义在哲学上的支持者）的经验反动，在社会学上的重要性在于它的成就。它站在理性主义思想风格的反面，抓住了生活的早期的、衰退的形式和内容，并在意识层面上对它们进行了详细阐述。浪漫主义正好寄居于那些仅仅作为资产阶级理性主义威胁要制服的残余潜流的生活态度和领域中。它让抢救这些因素、赋予它们新的尊严并使它们免于灭绝成了自己的使命。固定在群体上的经验以各种各样的形式反对社会转向的出现（用蒂内斯的术语来形容这种状况）：家庭反对契约，直觉确定性反对理性，作为知识来源的内在经验反对机械论。所有构成——有的是不知不觉地构成——生活基础的物质和内容突然都要受到反思。它们也受到捍卫。

众所周知,浪漫主义是从启蒙运动发展而来的,就像反题对正题一样。[①] 因为每一个反题都是由它所反对的正题决定的,浪漫主义作为一种反运动也经历了这种自相矛盾的命运,即它的结构基本上决定于这种驱使它产生的启蒙运动。

浪漫主义希望通过吸收这些被取代了的非理性的生活力量来挽救自己,但是它没能认识到对它们有意识的留意本身就已经将其理性化了。浪漫主义实现了一种资产阶级的理性启蒙运动从来不可能完成的理性化,不仅仅是因为启蒙运动的方法被证明不足以完成这项使命,还因为它也不能充分有力地保护正被讨论的内容。同任何别的东西一
66 样,非理性主义注定只能在时代的水平上被理解。正因为理性主义是支撑和支配时代的力量,即使非理性也只能在理性的水平上、在反思的水平上才变得明显。

这样一来,浪漫主义便接受和聚集了所有从根本上产生于宗教意识的、已经被资本主义的理性主义列车甩在一边的生活因素和方式。但它又是这些因素的总聚集以及与它们在反思水平上的一次碰撞。浪漫主义者所取得的成就无论如何也不是中世纪、宗教或者说那些曾经使他们进入生活基础的非理性物的重建或复苏;它毋宁是对这些内容的自我反思式的理解,把它们纳入了视野和知识。这是一种与浪漫主义的目标迥然不同的成就。它建立了方法、知识模式、概念可能性以及

① 奥本海默建议用“精神反革命”(《社会学体系》,第 4 页及其后)这个术语来取代“浪漫主义”,并根据塔尔德(Tarde)的“通过反对来模仿”原则来解释其起源。如果浪漫主义仅仅是种否定而没有自己的积极内容,即那些从以往的年代保留下来的东西,这本没有什么错(奥本海默很偶然地注意到了这一点)。因此我们必须对浪漫主义中的两个因素加以区分:第一,使浪漫主义呈现为启蒙运动的一种反运动的因素(在所有这些问题上它都决定于它斗争的对手);第二,它作为一种资本主义已经抛弃的思想和生活风格的继承人的作用。

一种能够将所有始终逃避启蒙运动的生活力量理论化的语言。这样一来，所有的因素、生活方式和对人们的态度、事物以及曾经整整一个时代在很大程度上都看不见的世界，都被再度带到了表面上。但是它们在本质上不是作为腐殖质、作为塑造存在的根基，而是作为一项任务、作为一个追求的目标被魔法召集起来的。

现在我们必须详细说明，从社会学的观点看，这些内容一旦在反思层面上被保留并得到彰显，是如何与敌视资本主义的社会潮流联系起来的。

所有对资本主义的进程不感兴趣，甚至因它而感到消亡威胁，此外还被传统绑到了已经消逝的前资本主义时期的各个阶段所失去的世界形式（Weltgestalten）之上，因此对这些内容拥有更大的受传统决定的生活真实性的社会阶级，都利用浪漫主义的这些发现来反对资产阶级和工业化。如果没有别的什么，启蒙后的王权和企业主便是由于其与理性主义的历史联系而对它感兴趣。但是封建权力、小农场主和建立在行会基础上的小资产阶级，都在某种程度上被拉向了浪漫主义。[①] 这些阶级已经对自我反思知识的内容做出贡献。但是在对与此类似的内容进行有意识的评价时，尤其是在由社会决定的关于文化的斗争中，这些阶级的代表将从浪漫主义中取来的东西融进了他们的意识形态。

于是我们的研究最重要的任务，就是要考察政治和社会“右翼反对
派”反对正在上升的资本主义时，是如何不仅攻击其政治经济体系，而
且还同时预示了其精神世界的第一反对派的；它是如何同时吸收所有 67
那些要是资产阶级理性世界独自统治就可能被取代的精神内容的；最
后，对反对力量的这种吸收是如何达到对一种“反逻辑”的详尽阐述的。

---

① 请参阅戈特弗里德·扎洛蒙《作为浪漫主义理想的中世纪》，第 111、188 页及其后。

我们一般倾向于将对资本主义的批判归于后来才出现的无产阶级社会主义运动。但是有很多迹象表明，这种批判肇始于“右翼反对派”，并且随后才由此转变为“左翼反对派”的设计。这样一来，对使这种“转变”成为可能的批判在方向上的变化进行研究自然就很重要了。但是正是在这里，我们首先要注意思想的形式及其命运，因为思想的形式比内容更能彻底地刻画一种立场。即使我们首先把自己限制在德国范围内，我们也会遇到很有趣的迹象（不必详细讨论），即思想风格与贯穿社会总体的基本社会设计之间的关系。

尽管从与无产阶级的世界规划的联系中、从它的基本设计里产生的思想类型，与资本主义世界的“右翼反对派”有很多共同的特征，也不应忽视他们之间结构上的区别。无产阶级产生于资本主义；它只是资本主义的产物，没有别的传统。“第四阶层”不是一个阶层，而是一个阶级。当它的成员被从他们的祖先生活过的有机阶层联合中抽出时，他们融入了一种阶级组成。尽管所有阶层的结构都与新世界的出现是分离的，并且稳固地转变成了具有阶级特征的社会单元，尽管集体行为越来越建立在阶级的确定性而不是等级的传统上，这种转变对有些阶级，尤其对那些仍然深深植根于土壤中的阶级来说，只是一种渐进的转变。同样，工匠的经验一般被保留在与行会相连的思想里；但是无产阶级——他们最初被投进工厂时只是大众，后来才成了阶级——创造自己的传统，他们是激进的新颖的创造物，是一个纯粹的阶级。因为这种新颖的社会实体的出现就发生在理性主义的时代，无产阶级的思想将理性主义展现到了一种甚至可能比资产阶级还要大的程度。但是认为无产阶级的理性主义只不过是资产阶级理性主义的变体，将是一个错误。

借助自己的动力机制和冲动，无产阶级理性将自己转化成了一种不同类型的非理性。事实上，无产阶级的行为模式是如此理性，它甚至通过计划和计算来设计适合新世界的起义——而且这还是在一个比资产阶级革命已经完成的更大的程度上。无产阶级甚至将它的反抗也官僚机构化,使其变成一种"社会运动"。但是这种理性化和官僚化不具有资产阶级新贵世界所追寻的那种可计算性。只要无产阶级理性化还在发生,它就不能离开任何"行动"都必不可少的非理性因素而进行。所有资产阶级行动的乌托邦理想,在于使一切事业都变得可以计算,以便将所有危险因素都予以消除。如果说这种理想还没有实现,如果说危险和不确定性仍然伴随着所有典型的资本主义事业,这只是因为资本主义世界仍然只有部分理性化了,还没有全部建立在计划的基础上。

与此相反,无产阶级则不把自己的行动限制在计算所表明的乐观前景的范围之内,即使通过罢工统计学和其他的分析有可能计算出罢工的成功概率,因为如事实所表明的,革命冲动的不确定因素使对胜利或失败的可能性的计算无法实现。

通过其社会定位向非理性的开放,"无产阶级经验"正是在这一点上变得最为明晰。在革命的外表下,它与非理性和原始的千年福音因素有着联系。也是在这种联系中,它与反革命的密切关系能得到更加精确的刻画。

无产阶级思想与保守的和反动的思想在很多方面都具有一种重要的密切关系,这种关系展现了对资产阶级-资本主义世界设计及其抽象的一般反对,尽管在这两种情况下的反对分别是从本身极端对立的设计中产生出来的。[①] 以后我们将会看到,对无产阶级的和非理性的世界之间关系的任何探究,都不得不探求非理性的、原初的"千年福音的"、最终是从一种可以被称作"狂喜意识"(ecstatic consciousness)的东西中

---

① 请参阅戈特弗里德·扎洛蒙《作为浪漫主义理想的中世纪》,第 111、188 页及其后。

产生出来的因素的命运。但是,这项探究不能在这里进行。无论这种观点可能多么理性化,我们不得不说明它如何成为农民革命以来的所有革命的起源,又如何及时进入“无产阶级世界观”。这里存在着一种最极端的理性主义和同样极端的非理性因素之间的融合,而且这表明,一经深入考察,“非理性”比我们起初设想的要更加多样化。

69 更详尽的分析[①]必定表明,构成“狂喜意识”的非理性因素与我们曾简要概括为宗教意识的迹线(trace)、后来又成为浪漫意识的参照点的因素在根本上是不同的。

但是,无产阶级革命意识同德国保守主义有着紧密联系。正是在这一点上,受自己逻辑立场的推动,马克思得以确立一种与保守的黑格尔的联系。这就是辩证法。

表面上,辩证法这个想法——正题、反题和合题等逻辑的三元素——好像是极端理性主义的,因为它表现的无非是这样的努力,即试图将总体的发展进程概括成一个简单的逻辑公式,使历史现实的总体成为理性演绎的课题。但是,这种理性主义类型与自然科学和旨在寻求普遍规律性的研究在资产阶级精神发展脉络中所显示的类型是根本不同的。以下事实就是明证:所有自然科学和民主思想都敌视辩证法;倾向于自然科学和民主的社会主义最新一代——从他们的观点看非常一贯地——企图把辩证法因素从马克思那里去掉。

更进一步的审查会发现,我们必须对不同的理性化类型加以区分,就像我们过去经引导在非理性的王国里,在“千年福音的”和冥想的神秘因素(它诉诸浪漫意识)之间做出区分一样。

以后我们将会更清楚地看到,在黑格尔那里已经存在的辩证法,为的是要解决那些事实上是浪漫主义的却也存在于历史学派中的问题。

---

① 对此的详尽分析将在下文进行(第三部分,第二节)。

辩证法最主要的功能,首先是要为"历史个体"提供一种理性的把握。在所有那些追寻一般化和普遍规律的方法中迷失了的个体的独特性,在辩证思想中却成了历史这个独一无二的成长体不可分割的部分。辩证法要做的是从自身导出一种理性主义从中超越自身的理性化形式。

所有辩证法的第二项功能——更多的是与其内在意义而不是与其外在图式相关——是努力探寻文化领域增长的**内在脉络**。也是在这个方面,我们发现一种非理性维度的理性化类型,对它的理解与自然主义思想背道而驰。

第三方面,每一种辩证方法都是一种寻求在进程中认识意义的方 70
法。它是历史的一种理性化,而且作为这么一种理性形式,它与定位于自然科学的"价值中立"和非形而上学精神很难调和。

考虑到所有这些因素以后,就得承认在黑格尔那里理性主义已经进入了一种与保守主义思想的特殊联盟,而且这可以是任何别的事情,但偏不是计算一切或至少是渴求计算一切的自然主义的理性化类型直截了当的表达。马克思主义能够披着黑格尔主义的外衣与历史主义走这么远,并且像历史学派一样——如果说也是从另外一个方面——通过自然法取向具体表达了一种对资产阶级意识的反对,这些事实都显示了不可忽视的共性。①

但是,当所有这些"无产阶级"和"保守主义"思想之间在被资产阶级意识压制的非理性维度上的紧密联系得到承认以后,"无产阶级"的终极姿态仍然保持为严格的理性主义的,而且在基调上与资产阶级哲学的实证主义倾向密切相关。这种实证主义的内核首先可以在以下背

① 紧接下来最重要的一个问题是:为什么马克思能够精确地吸收黑格尔的历史主义思想?

景下得到显示,即像已经提到的那样,在无产阶级的历史哲学中历史解释的参照点被移到了社会和经济领域,而且被看作以经济为中心的理念的运动也要通过社会的运动来说明。在接受这个参照点时,至少,无产阶级思想采用了在资产阶级意识里已经逐步变得与现实等同的等级体系。因此,在必须经历资本主义的范围内,无产阶级思想是理性主义的;在某种意义上它甚至还更加理性主义,因为它不仅必须接受资本主义的发展,还必须加速其发展。但是,在依赖于对资本主义的一种"颠覆"的范围内,它又是非理性的;当这种颠覆表现为某种内在非理性时,从建立在资产阶级理性基础之上的个体因果性链条方面看,甚至过于非理性。

但是,我们这里的工作不是要对所有这些作详细的说明。我们发现有必要向前考察无产阶级思想的奠基方案,只是为了通过考察其后的事件对我们感兴趣的过去获得一种更好的理解。

我们限定了自己的视线。我们要专门从社会学观点出发,处理思想发展中的一个严格限定了的阶段。我们现在的问题是要专门跟踪"早期保守主义"(das 'altkonservative' Denken)思想的发展,即 19 世纪
71 上半叶德国的保守主义思想,分析它所有的分支和各种各样的命运,为的是在时代的社会背景的基础上来解释这些分支和命运。

第二部分 72

保守主义：概念和本质

1. 传统主义与保守主义

与“保守主义”这个词所包含的意义相当的历史学和社会学实体存在吗？一种能够在现象学上加以确认并能够确切地被称为“保守主义”的感觉方式、思想方式和行为方式存在吗？

我们在开始研究时，必须避免文字游戏的危险，否则，我们会发现自己总是把握不住文字的实体，最终甚至发现它们在经验和知识中没有意义。虽然仅仅在文化科学的范围内给概念下定义是不可能的，但是我们可以招来并展示概念所指称的内容。如果保守主义的经验方式和思想方式确实存在的话，它也一定是一种非常特别的经验和思想，一种具有特别性质的思想方式和经验方式。如果保守主义确实存在的话，人们就必须要问，“保守主义”这个词指的是一种无时间的、一切人类都普遍具有的现象，还是一种由历史和社会所决定的现代新现象。

[只有在保守主义作为一个统一的政治和精神流派存在时，我们才能把保守主义的思想风格视为一个现代思想史上的统一流派；但是，这是最近才发生的事情。

为了避免混乱,应该把**历史社会学**概念与**一般社会学**概念区别开
73 来,因此,引进两个不同术语势在必行。我们把**传统主义**与**保守主义**区分开来,前者指的是一种普遍的人类属性,后者指的是一种特殊的历史和现代现象。

我们常常固守旧方式,不愿意接受新发明,这是一种普遍存在的心理倾向。这种特性也被称为“**自然保守主义**”。[1] 但是我们宁愿避免使用“自然”这一危险的术语,而用马克斯·韦伯所喜欢的“传统主义”这个表述方式来取而代之。][2]

可以确切地说,这样的保守主义指的仅是一种对旧方式的依恋,它是一种比任何种类的革新主义,比任何刻意的创新尝试都更为古老的行为模式。还可以进一步地论断这种模式是“人类普遍具有的”,其最初的形式与神秘意识有关;“原始”人固守代代相传的生活方式,这与对带来变化的神秘邪恶的恐惧密切相关。[3] 这一事实正是对上述论断的证明。这种类型的传统主义在现代仍然存在,甚至在今天也常常与我们意识中神秘思想的残余有关。因此,传统主义的行为甚至在今天也与政治保守主义或任何其他种类的保守主义毫不相干。例如,政治上“进步的”个体,无论他们的政治信仰如何,都可能在某些生活领域以保

---

① 请参阅塞西尔《保守主义》,第 9 页及其后;以及 P. R. 罗登《德国和法国的保守主义》,第 94 页及其后。

② 英文版编者注:方括号内的段落引自《档案》文本,其取代的《大学授课资格论文》中的相应部分,如下:

[我们的答案是:两者都存在,即一种大体上可以被视为一般人类的保守主义,和一种作为在特定的历史状况下产生的、拥有独特结构和形式的传统的一部分的“现代保守主义”。如果“自然”这个词不是所指太多的话,前一种类型可以称为“自然保守主义”,后一种可以称为“现代保守主义”。因此,我们更喜欢用马克斯·韦伯经常使用的表达——“传统主义”——来指称前一种现象,而在讲到保守主义时,我们指的是一种与纯粹的传统主义有重要区别的一种现代形态。]

③ 请参阅马克斯·韦伯《经济与社会》,第 19 页[英文版第 37 页]。无须强调,这种传统主义与德·梅斯特和德·博纳尔(de Bonald)的“法国传统主义”毫无关系。

守主义的方式行事。

以上所说表明，与传统主义相反，“保守主义”并不能被理解为一种普遍存在的心理状态。某人可能在政治上是进步的，而在私人事务和商业事务上却非常传统；相反的可能性也存在，某人可能像一个政治上的保守主义者那样思想和感觉，但往往在日常生活习惯上非常进步。这个例子表明，在“传统主义”与“保守主义”的概念之间一定存在根本的不同。

很明显，**传统主义**指的是一种在每一个人那里都多少存在的**形式的心理属性**，而像**保守主义者一样行事**指的则是与一种客观存在的**结构性环境相一致**地行动。在某一特定历史时期以一种政治上的保守主义方式行事，这是一种其结构不可能事先决定的行为。但是，传统主义行为将怎样通过一定事例体现出来，则能够根据“一般的行为模式”的形式规定性来相当准确地预测。当某个新事物——比如说，铁路——刚出现时，可以毫无疑问地知道传统主义者会做出什么反应。但是，一个保守主义者，或一个恪守某一时期的政治保守主义原则而行事的人会如何行动，我们只有在了解这一阶段以及这个国家的**保守主义运动的特点和结构的基础上**才能做出评价。某些因素被视为在某一国家的某一时期出现的某种保守主义的结构和特点的决定因素，对此我们还 74
不急于列举出清单，至于一种特殊的传统、一种特殊的历史状况或一个特殊的社会阶层如何影响了某种具体的形态，我们也不急于做出评价。在此已经清楚的是，“保守主义行为”（暂时只指政治意义上的）并不**仅仅是反应的一种形式的行为**，而是在有意或无意间表露出来的某种思想方式和行为方式倾向，其内容和形式常常能够通过历史的深层因素而得到解释，虽然在它到达某一特殊的个体那里时，可能已经经历了许多变迁。这种思想方式和行为方式的命运和形式通过这个个体的干预和参与也许会在某种程度上有所改变，但是，一旦这个我们很感兴趣的个体不再存在，它就会继续拥有自己的历史和发展。

因此，政治保守主义是一种与孤立个体的“主观性”相对立的客观的精神结构复合体(Strukturzusammenhang)。这种客观不是永恒和普遍有效意义上的，也不是可以从保守主义原则得出的无时间性的**先天**演绎意义上的。它不可能离开使其现实化并借助他们的行动而得以表现出来的个体而独立存在。它不是一种内在原理，也不是无论个体是否对它有所意识都不可能对它加以解释的自明的内在发展规律。总之，虽然保守主义的客观不是在**任何柏拉图主义(不管理解得正确与否)的先验理念意义上的**客观，但是，它确实在某种程度上具有一种与特殊个体的当下(hic et nunc)经验相关的客观性。

为了把握这种精神实体独特的存在方式，首先有必要对无时间性和客观性作一番明确的区分。某物可以在客观上与此时此地的直接经验分开，从其中抽象出来，并把其存在作为经验所指向的内容，同时又不成为无时间性的。一种精神结构复合体之所以是客观的，是因为它超越了在一定的时期把它吸收进自己的经验之流的特殊个体，但是它是暂时性的，在历史中变动不居，是对作为其载体的社团的命运的反映。**心理内容和精神内容在这种精神结构复合体中以独特的方式彼此适应**。虽然永远也不可能设想它能够独立于其心理载体而存在，因为它只能通过其经验和自发性而得以产生、再生和成形，然而，它是客观的，
75 因为孤立的个体永远也不可能自生自长，进入其历史存在的某个阶段，还因为它比任何孤立的个体都长寿。

唯名论和唯实论都忽视了精神结构复合体的存在方式：唯名论总是试图把它分解为个体经验的孤立行为[如马克斯·韦伯的实指意义(intended meaning)]，而唯实论则总是用“客观性”“有效性”指某个被形而上学神圣化了的东西，某个**完成了**的、独立于作为其载体的孤立个体的经验和存在而存在的东西，一种规范性的永恒的常在(某个先验的

东西）。

除了唯名论和唯实论之外，还存在着第三种解决方式，我们把它称为“**历史动态结构复合体**”：**一种于某一时间点开始，随时间而变迁并在时间中找到其终点的客观化**，它与人类群体的实际存在和命运休戚相关并作为其产物而出现。这种结构复合体是客观的，因为它“先于”任何特殊个体而存在。**它在与经验的特殊过程的关系中展现自身独特的结构总体**。虽然这种意义上的“结构复合体”所展示的总是可能经验和内容的一种当前的客观次序、序列和彼此依赖，但是这种结构上的彼此依赖性不能被看成是“静态的”。这种彼此依赖的经验和内容的一定形式和一定结构只能在一定的时间交汇点存在，因此只能**在大体上**展示出来，因为这种结构实体是**动态的**、变动不居的。

它既是历史的又是动态的，因为结构性变化的每一个较后阶段都与前一个阶段休戚相关。它是一种处于**这种明确的**先在的结构性相互依赖中的变化；它不是某个新东西的突然出现。在这种意义上它就是我们所说的展开过程。但是，它只是某个只有**通过回顾才**可能解释的、其核心只有在事件发生之后才可能把握的东西。

在每一个历史动态结构复合体的内部都栖息着一个**根本的设计**或一种风格原理，当人们对它感兴趣并把它并入自己的经验方式之后，人们才得以占有这个复合体本身。但是，这种“萌芽”，这种根本设计，这种风格原理，并不是超时间和超历史的。相反，它是一个在历史中生成，并在与活生生的人类的具体命运的休戚与共中不断变化的东西。

“保守主义”就是这样一种客观的、历史嵌入的、动态变化的结构复合体，总是某一特定时期的社会历史现实的总的心理-精神结构复合体的一部分。个体之所以以一种“保守主义的”方式经验和行动（与“传 76
统主义的”方式不同），是因为并且只是因为他以这种“保守主义的”结构复合体的某一阶段（通常是当代保守主义）为**取向**，并把自己的行动建基于这种结构复合体，或者只是全部或部分地对它进行重建，或者通过使它与某一特殊的生活状态相适应而对它加以进一步的发展。

除非我们已经对这种动态的结构复合体的特殊客观性有所了解，否则，我们就不能对“保守主义的”行为方式与“传统主义的”行为方式加以区别。

传统主义行为大多只是反应性行为①**，而保守主义行为则是具有意义取向的行为，**它总是以包含着不同时期、不同历史阶段、一直变动不居的不同客观内容的意义复合体为取向。这种对比使我们了解到，一个在政治上进步的人会在日常生活中以保守主义的方式行事，这中间并没有什么矛盾之处。② 在政治领域他以客观的结构复合体为取向，而在日常生活中他却仅仅做出反应。但是，在这一点上仍有两个值得思考之处。第一，我们不能在下面的讨论中把保守主义理解为一种纯粹的政治内容和行为方式的结构复合体，虽然其政治上的一面也将受到一定程度的重视。“保守主义”这个结构复合体还具有世界观因素以及更为一般的感觉因素的相互依赖的意义，这一切都走得很远，以至于形成了一种独特的思想方式。第二，我们不能说“保守主义”作为一种历史结构复合体不能同化传统主义因素——恰恰相反。实际上，我们看到保守主义正在试图对传统主义的某种历史形式进行改造，以至于它具有了方法论的一致性。

对一种现象向另一种现象的转化，我们在此不再赘述，不过很明显，有了它的帮助，我们现在轻而易举地就能指出传统主义的行为与保守主义的行为根本不同。传统主义行为由于其形式上明显的半反应性而没有历史，至少可以说没有明确的有迹可循的历史。相反，“保守主

① 关于反应性行为，请参阅马克斯·韦伯《经济与社会》，第 2 页[英文版第 4 页]。
② 即使对一种进步的政治纲领的坚持也是建立在传统主义的形式基础之上的。

义”指的是一种**可以从历史上和社会学上加以把握的连续性，它在一定的社会历史状态下产生，并在与生活史的直接联系中发展。**保守主义和传统主义是不同的现象，保守主义首先产生于一定的社会历史状态之中，这种事实已经由语言这种最为可靠的历史线索表现出来。谁也 77
不能否认“保守主义”这个词是在发展的最近阶段才首先开始使用的。

首次给予这个词以明确意义的是夏多布里昂。他把自己旨在宣传僧侣与政治复辟观念的期刊取名为《保守主义》（*Le Conservateur*）。[①] 这个词直到19世纪30年代才被德国采用[②]，直到1835年才在英国获得正式的认可。[③]

虽然我们用这一新出现的用法来指我们正在讨论的一种新奇的历史形态，但是很明显，这本身并不能使我们把握这种现象的独特的社会学特征。在开始对这种现象进行社会学和现象学分析之前，我们认为回顾几种确定保守主义本质的尝试会大有益处。在当代反思的镜像中追踪一种社会现象的生涯，这常常是非常有趣也非常有用的。我们将从曾经对党派的本质有所论述的理论家中挑选出三个典型的人物——尤利乌斯·施塔尔、康斯坦丁·弗兰茨以及拉德布鲁赫——努力向他们学习，努力从他们可能已经正确地看到的东西中吸取对我们的研究

---

① 请参阅拉克普法尔（Rackpfahl）的《保守》，载保罗·赫尔（Paul Herre）所编的《政治手册》。

② 出处同上。

③ 请参阅塞西尔勋爵《保守主义》，第64页。刻画保守主义政党组织的其他术语——“正统主义”——出现在更晚的维也纳会议上。关于这一点，请参阅H. O. 迈斯内（Meissner）《复辟时期和德国联邦时期的君主政治原则理论》，载奥托·冯·吉尔克（Otto v. Gierke）所编《德国国家和法律历史研究》，第122辑，第116页，注释2。关于“自由主义”这一术语，请参阅阿达尔伯特·瓦尔（Adalbert Wahl）《19世纪德国政党史文集》，载《历史杂志》（1910）104：537—594。关于“反动的”这一术语——在“他们是反动的，他们企图倒转历史的车轮”（《共产党宣言》）的意义上——请参阅《政治手册》。也请参阅奥斯卡·斯蒂利希（Oskar Stillich）《保守派》，载《德国政党》，第1卷。

有用的东西。[1]

2. 政治保守主义概念的历史注释

我们从尤利乌斯·施塔尔的《当代国家与教会中的政党》来开始这个批判性补论。我们之所以对这本书特别感兴趣,是因为正是在施塔尔写作该书前后的时期,德国政党生活在议会工作的进程得以形成,施塔尔自己也在这个发展过程中创建了保守主义政党。

施塔尔从意识形态的角度来看待不同政党的特点[2],并试图通过比较当时政党各自的纲领性目标来对它们加以分类。他将不同的政党归为两组:革命政党和正统政党。

但是他通过以下的特殊方式来定义革命:“我在世界历史的意义上来看待革命,这样,它就与反叛并不是一回事,不仅是事实和事件,更是一种政治体系。”[3]对我们来说,这个定义的重要性就在于,只有当反叛瞄准的是社会体系的总体(施塔尔称之为政治体系),因此它反抗的
78 是一种本质已经暴露的秩序,而且这种反抗针对原有秩序提出了一种不同的、或多或少更为明确的政治体系时,我们面对的才是革命。

---

① 在这里,我们没有对政党研究中的所有尝试[罗默(Rohmer)、阿普特(Abt)、特赖奇克等]加以研究,而只是将自己限制在那些与我们的问题相关的范围内。阿尔弗雷德·梅尔克尔(Alfred Merkel)在他的杰作《社会科学片段》中,对政党的概念定义的内在困难作了很好的阐释,该书体现了一种关于问题术语的新努力。

② 他并不与社会学观点背道而驰,因为他在为政治理念查找他所谓的“自然载体”方面从未失败过。但是,他除了提到它们外从未走得更远。

③ 施塔尔:《当代国家与教会中的政党》,第2页。对征引的这一段我们完全同意。但是,这还没有表明施塔尔全部的立场。我们故意没有考虑以下段落:“反叛意味着摆脱既有规则,革命意味着取消权利关系自身:权威和法律现在从根本上永远地臣服于人而不再是他们的主宰。”(出处同上)我们忽略这些段落是因为他的保守主义权威理论在其中已经很明显。

然后，施塔尔根据这种组织原则编造了一个与众不同的体系，它从自由主义的理念开始，通过“立宪”体系、然后“民主”体系直到“社会主义和共产主义”体系，所包括的革命思想一个比一个更激进。与此相应，他试图通过同样的方法为保守主义政党——从右翼“正统政党”到左翼“正统政党”，从“绝对”君主制到“等级”君主制到“立宪”君主制——创造系统的理念世界。

对施塔尔而言，革命和保守主义作为不同的“体系”——这个带有伟大的体系思想家以及他们的精神状态的所有优点和缺点的概念仍然在当时的德国留恋徘徊——互相对立。① 从社会学上讲，这个见解的积极贡献在于：只有当反叛以理性主义的方式进行，不仅起义高举的那些理念而且起义反对的理念都瞄准一个总体时，现代时代才开始了。

把这些总体称作“体系”是极其危险的，因为“体系”意味着某种固定的东西，意味着一个理念组织，随着时间的推移其中的每一个组成部分都会保持自身的同一性。但是，如果这些部分保持不变，它们的“体系”组织也会保持不变。相反的论点则应该表明，各个互相冲突的政党所拥有的理念世界当然是一个某种类型的总体，可它也是一个变化的、成长的、动态的总体。

每个政党都在根据现实因素的格局不断地修正自己的纲领，在一个特定的时期每个理智因素都可能改变。但是只要一个政党的理智世界在构成活生生的历史运动的历史延续性的交叉点上仍具有一贯的组织，它就仍然是一个我们正在谈论的总体。这种一贯性可以追溯到以下这个事实（还存在其他事实），比如说学科理论的发展是原有理论的延续，新旧理论通过同一种基本设计（尽管这种设计也在不断地加速发展）联系在一起。我们把这种随着时间的推移不断改变自己的部分却

① 施塔尔是谢林的门徒。尽管攻击黑格尔，他仍然从后者那里学到了很多东西。

又始终保持一贯性的理智总体称为动态总体,在某些情况下又称它们为动态结构综合体。在将"动态总体"等同于"体系"时,施塔尔犯了两个错误。首先,尽管他本人经历了1830年和1848年的革命,他仍然把1789年的法国大革命神圣化。这些革命就像不同政党的理智世界以及
79 不同的历史阶段一样,在他的脑袋中都融合在一起了。

于是,施塔尔将单个的历史运动神圣化,把它抬到超越时间之上,而且认为政党在体系上超越时间的僵硬的区别都来源于这一重要的行动。随之而来,那些不仅在时间序列上而且在历史"阶段"上"后在"的理念,都在时间上被安排在后面。这样他的确正确地认识了两样东西——即使没有将其派上正确的用场。第一,他看到在政治理念的发展中必须给予1789年法国大革命优先地位,因为它实际上的确是一个象征性的历史转折点。在这一点上,施塔尔似乎是通过假设整个理智世界在革命问题上的分歧,预见了某种已经在逐步展开但是显而易见现在正在形成的东西。强调1789年法国大革命还有一个理由,即在构建总体进程时政治自主以及中央集权的形成在这种情况下最容易加以把握。①

而且这一观点的正确性还在于,政党立场之间的明确分歧**一开始**就在以后的历史阶段占据了某种主导地位。施塔尔还正确地指出,具体政党产生以后在原则问题上就不再具有建设性的积极作用。当然,这并不是严格意义上的,因为就像已经表明的那样,变化总在发生;但是开端的作用更大,因为在这里一种此前一直潜在地成长着的趋势首

① 英国也是这样。当然,英国也早在17世纪就经历了革命,但是在与法国大革命的内在关联中它还见证了一场更为激进的意识形态间的断裂。英国革命发生时,政治还被紧紧地包裹在改革时期的宗教问题之中。塞西尔勋爵在《保守主义》第393页及其后把1790年定为保守主义产生的年份,因为这一年里关于法国大革命所发表的意见唤出了一种完全不同的分类法。

次以体系的明晰性意识到了自身，而且它至少确定了**所有重要的出发点**，以后的一切都将**据此**展开。

施塔尔这种非历史的、纯体系化的处理问题的方式让一些人惊奇，因为他不仅注意到了“历史学派”的成就，还在他的《法哲学》中用光辉灿烂的词汇对他们大肆褒扬。不过，在他自己的著作中，因为他的体系忽视了理智世界的民族差别和时间差别（更不用说社会学差别了），所以他对历史的正确预见至多只不过是偶尔为之。

更令人吃惊的是他对理智主义有研究。作为非理性主义的先驱，施塔尔在描述政党时是一个极端的理性主义者，以至于读者形成了这么一种印象：政治冲突只不过是理念体系之间的冲突，而不是任何别的东西。 80

对这部著作的当代解读不可避免地要提出一个问题，即对这些“理念体系”所由以产生的**基本设计**加以把握，这是否不可能？由于现代历史-政治有机论的出现，一些问题也被提了出来。对围绕这些问题而彼此区别开来的集体设计加以把握，这是否可能？他在考虑这些问题时，还没有意识到政治意志形式和**前**理智因素的作用。

但这正是康斯坦丁·弗兰茨的《政党批判》①所创立的研究新方向。他以一种与众不同的方式，针对对政党之间本质上的理性区别的忽视，把那些在社会进程中彼此区别开来的基本设计放在了最显著的位置。

弗兰茨是谢林的追随者，乐于在形而上学层面将那些纯粹经验的、只有在一个特殊时期才能显示出来的区别神圣化。他也没有逃脱从政党的概念演绎本质的危险。

比如，他这样定义保守主义：

如果词语和名称能保持某种意义而不是武断地使用的话，很

① 康斯坦丁·弗兰茨：《政党批判》。

> 显然保守主义除了如其所是的样子保存既有状况以外没有别的原则。……这么一种保存的动力，无论多么片面，就像前面已经提到的那样，在人类社会的经济中仍然是不可或缺的。保守主义代表社会的惰性力量(vis inertiae)，是一种自身没有行为冲动的被动力量。[①]

我们故意从书中挑出这些句子，只是想表明这种研究的与众不同。有一点马上就很清楚了，与施塔尔区别事情的方法不同，这种方法并不把自身说成是一种取得政党支持的理论，而是详细考察一切事情所遵循的理念的背后动力，并努力通过这种"动力"在社会进程中的作用来对其进行刻画。对我们来说，有价值的是弗兰茨在书中寻求深入理智主义因素背后的努力[②]，以及这一见解，即集体设计在功能上与社会进程息息相关。

我们将这个定义称作保守主义的**形式定义**。但是，我们的观点是，
81 只要人们能证明具体的社会事件符合进程的性质——其中总是既存在阻碍因素又存在促进因素——只要人们能证明这种功能上的区别存在于相关群体的设计之中，这个定义就是可靠的。而且这个定义是形式的，因为它仅仅表明在每一个过程中，都既存在着惰性因素也存在着推动进程的因素。但是关于这一点发生的条件以及政党分别是谁的问题，它未作任何规定。

这么一种说明保守主义性质的方法，始终是相对的和形式上的；弗兰茨很精确地评论道："这解释了为什么经验还教导我们：在进步力量自身中还会有保守力量的持续发展，这些小股力量总是想停留在刚刚到达的地方。"[③]作为一个纯粹的关系概念，这种形式定义自有其理由，

① 康斯坦丁·弗兰茨：《政党批判》，第16页。
② 但是，我们不能继续这个关于"动力"的谈话。
③ 康斯坦丁·弗兰茨：《政党批判》，第5页。

它注意到在历史的每一个交叉点上促进发展和阻碍发展的因素同时并存。但是，究竟是哪些因素促进或阻碍了发展，则依赖于当时的环境。今天进步的东西明天可能会变得保守。

我们把“保守”和“进步”的这种关系概念当作“有用的”，但也指出这不是我们讨论的概念。我们关心的不是所有类型的保守主义的一般特征，而是一个特殊时期的特殊保守主义的性质。我们使用的是特殊时代的保守主义的历史概念。

弗兰茨的观点使我们注意到两件我们的研究必须加以考虑的事情：(a) 在政治理论中，任何给定内容的背后都存在着一种前理性的因素——一种基本设计——我们必须始终通过这种设计的当前内容来对其进行刻画；(b) 这种因素可以通过它在社会进程中所起的作用（即它是保守的还是进步的）得到研究。

关于刻画保守主义的三种努力中的最后一个，我们想介绍一种当代的分析，之所以选择它是因为它可用来为我们的研究作准备。这样一来，我们就可以通过讨论拉德布鲁赫的《法哲学基础》来作结。这本书在一个非常有趣的研究框架的基础上对政党进行了刻画。

在这本书的中间部分（“法的目标”），拉德布鲁赫试图联系一种先前论述了的哲学价值体系来刻画现代政党趋势。“只有通过先验（a priori）法哲学的可能出发点与经验的现实政党的分类之间的一致，先前 82
的体系才能得到最终的确认。”①他故意在法哲学研究中选择了一个狭隘的观点。“与法哲学有关的，**只有处于与隐藏于其后的世界观的体系关系中**的政党意识形态，而不是与经济利益处于遗传关系中的政党现实。”②使我们着迷的是其他对隐藏在政治意识形态之后的世界观的研

① 康斯坦丁·弗兰茨：《政党批判》，第 96 页。
② 同上书，第 97 页［强调为曼海姆所加］。

究。对于政治目标和体现在世界观中的热望之间的体系关系，我们有了充分的考量，而在施塔尔那里却没有，至少没有到这个程度。这是我们可以和拉德布鲁赫共同前进的那部分道路。但是他对我们的指导意义还在于，他试图指明进入属于不同政党的思想的模式和结构的道路。

我们自己沿着思想社会学的路线进行的研究与他的不同之处在于，我们不想假设先验哲学的价值体系。这个出发点迫使他像施塔尔一样，为了体系化而改进在政党方向不变的情况下存在着且互相斗争着的基本设计，并且将发展的阶段神圣化。关于保守主义思想，他常常捡起德国保守党的“蒂福利(Tivoli)纲领”①来充当证据，于是把1892年当作保守主义从纲领上被确定下来的标志。

我们也假设在世界观和“政治”理论之间存在“体系”关系，但是我们假定各种趋势是通过作为动态的、历史地变化着的总体的世界观，通过与它紧密相连的逐步变化着的思想模式来区别的。我们关心的**不是世界观和思想方法的一般类型学，而是一种随着历史发展而发展的思想和总体关系结构的逐步推移和分层**。归根结底，我们的兴趣不仅在于这种逐步的推移是如何进行的，而且在于这些推移是如何与社会学背景发生联系的，以及在这整个过程中一般的发展模式是如何展现自身的。

83 拉德布鲁赫远远超过施塔尔的地方在于，他不仅认识到现代政党体现了理念体系，而且感觉到在与这些政治理论最紧密的联系中，不同政党的整个世界处在冲突之中。

---

① 参阅费利克斯·扎洛蒙：《德国政党纲领》，载《德国历史史料集》第2卷，第VI页及其后。

3. 保守主义的社会学背景

如果我们把这些把握现代保守主义的努力看作参与者在进程中对进程本身的反思，我们就会有幸从他们的见解中学到东西，因为这时我们就会把这些见解当作关于正在出现的历史产物本身的社会知识的累积性进展。这些努力中的每一个都认识到一些关于新出现的实体的东西，但是每一个又都被具体的体系假设所特有的偏见误导，走向了一种非常片面的观点。不要为这样一种想法所迷惑，即认为我们可以处理我们自己对之提不出观点的问题。我们现在想利用的是我们自己对那些东西的分析，这些东西在我们已经分析的文献中看来是正确的。

我们已经看到，“现代保守主义”与“一般传统主义”的区别首先在于，前者是一种特殊的历史和社会学状况的功能，而“一般传统主义”指的却是一种一般的心理态度，这种态度为坚持旧有方式的个体所拥有，表现为对革新的恐惧；这种基本倾向(fundamental inclination, Grundintention)①在现代发展进程中在塑造作为一个总体的进程方面获得了一种特殊的功能。先前在所有人当中以某种方式发生作用的东西，现在成了总体进程范围内各种特殊潮流的统一因素。因此，现在这种心理态度影响到了事件总体的一个侧面。

为了成为一种特殊潮流的核心，这种对于生活的传统主义态度转变成了一种历史状况的功能，这个转变并不是自发进行的，而是对此前 84
“进步的”基本设计的功能化的一种回应。传统主义变成保守主义，换句话说，传统主义从一种或多或少在所有个体中存在的形式态度，变成

① 在其他地方，Grundintention 几乎都被译作 fundamental design(基本设计)，为的是与曼海姆故意避免使用明确的心理学(或社会心理学)概念相一致，但是在这里更加心理学化的术语显然更加适合。——英译注

了一种在其精神和心理学内涵中展现着一种确定的(虽然也历史地变化着的)结构组织的运动的发散中心和激励源泉,其原因在于此前刚刚发生的类似转变,即"进步意志"向拥有自己独特实质结构的"潮流"的转变。传统主义曾经是一种在所有个体中起主导作用的潮流,不过它以这种有生长力的特征的原初形式存在,根本没有意识到自身。相反,保守主义则是一种反运动,这个事实本身就使它成为反思性的:可以说,它终究是对经验和思想中"进步"因素的"自我组织"与凝聚的一种回应。

[于是,保守主义作为事件综合体(Gesamtgeschehen)中一种有意识的酝酿和设计的潮流,其出现已经昭示着在现代发展的进程中社会和精神世界产生的方式呈现出了一种完全不同的结构。仅仅是保守主义的存在就已经表明,历史进程越来越依赖于类似的宏大潮流和相关的反潮流,它们有的以进步的名义,有的则以克制的名义构建着自身。

但是,这种宏大潮流的出现,反过来又预设着一个结构事实,即社会和文化的发展越来越融合进了一个新颖的动态统一体,代价则是牺牲了先前占主导地位的、相对自我包容的地方的和等级制的(ständisch gebundenen)单位,后者的重要性尽管还未被完全取代,但是已经大大削弱了。地方单位结合成了民族单位。从社会和文化方面看,起初民族在很大程度上是自治的,所有现代国家的基本经济和社会问题的综合体在结构上是如此相似,以至于关注这些终极的社会命运问题的社会和理智的政党构成彼此相似就不奇怪了。

一切现代国家所共有的这些结构问题可以概括如下:(1) 单一民族国家的全面发展;(2) 人民对确立国家导向的参与;(3) 国家在世界经济秩序中的融合;(4) 社会问题的解决。[①]

对新生的文化和社会实体的社会和理智生活而言,正是这些结构

① 路德维希·伯格斯特莱瑟:《德国政党史》,第5页。

问题变得非常重要，以至于政党联盟到处都越来越显示出一种趋势，即他们自己要求助于这些结构问题导致的基本张力。就像宗教冲突逐渐演变成政治冲突一样，就像我们已经能透过英国革命时期宗教联盟的外衣看到其后的政治联盟一样，我们越走近18、19世纪之交这个时期， 85
就越来越可能通过政党联盟与这个社会和政治问题综合体的间接或直接关系来刻画残存的精神现象。

一旦一种有意识地功能化了的保守主义政治意志成为可能，这种保守主义倾向就不仅意味着一种向某种政治内涵的定位，还表明一种特殊的经验和思想方式。随着一门完整的保守主义政治学的出现，甚至可能更早些，一种相应的可以同样归为保守主义一类的世界观和思想方式也出现了。在讲到19世纪上半叶时，在我们的术语中，"保守主义"和"自由主义"指涉的是与不同哲学非常明确的紧密联系以及与此相连的思想方式上的独特性，而不仅仅是不同的政治渴求。于是可以说一种与众不同的全面的世界结构已隐含在"保守主义"这个术语里。这个术语的社会学定义不可避免地要比其历史政治定义广泛，它还必须提到这个为了指明新的事实而出现的术语产生的历史结构状况。］①

---

① 英文版编者注：方括号内的这几段是从《档案》中摘出来的。《大学授课资格论文》中的内容比这个简略，在这里被取代，原文如下：

［历史的进程越来越依赖于类似的复杂的潮流和反潮流，这些潮流可通过日常生活的直接境况得到区分，它们明确地以进步和克制的名义构建着自身，其基本上可归于这样的事实：当时存在的形式多样的领土单位、以其他方式分散了的单位以及分离的生活中心开始在某种程度上凝聚在一起，在民族层面上统一起来，但是随后又以拥有共同目标的社会共同体的形式变成一个还要更复杂的单位。

而且正是因为如此，越来越从文化方面统一起来的国家，其中多数必须各自解决同样的基本社会结构问题：(a) 民族统一的确立；(b) 人民在导引国家方面的参与；(c) 国家在世界经济秩序中的合作；(d) 社会问题的解决——在这个具有决定意义的问题上，精神世界变得越来越分裂和分散也就不奇怪了。

这样一来，如果我们问自己为什么"现代保守主义"这种特殊现象在历史中出现得这么晚，我们的注意力就会被吸引到对现代保守主义形成之前的特殊历史和社会学因素加以说明上来。］

简而言之,在我们看来,有助于保守主义出现的社会-历史方面的先决条件是以下因素的一种联合:(1)历史社会总体(Sozialkomplex)必须明确成为动态的(过程性的)。事件总体范围内的个别事件在每个领域都必须在越来越高的程度上定位于同一套关于社会总体成长的基本问题。对所有运动的中心问题的这种定位,起初是在不知不觉中发生的;但是后来它会变成有意识、有目的的,因此每个因素对于总体发展的意义会变得越来越清楚。于是,先前占主导地位的离散的自我包容的社会单位的数量会稳定下跌。甚至最平常的行为现在也会促进或阻碍——无论力度大小——这种发展,会成为一个简单的、统一的动力机制的一部分。[①] 这也是为什么越来越可能通过其对于总体的作用来对每一个事件和每一种精神态度加以描写的原因。

(2)现代保守主义出现的另一个条件是,这个动态进程必须越来越通过社会分化继续下去,也就是说,以或多或少类似的方式对事件做出反抗的基本社会阶级必须产生。其中的一些支持的是推动前进的潮流,而另一些则会(越来越有意识地)促进稳定甚至倒退。

86 (3)必须区分建基于其上的理念世界和基本设计,而且作为结果的思想潮流——无论可能产生什么联合体和综合体——必须以应该逐一得到分析的方式与社会分化相对应。

---

① 在中世纪,城镇是进步的中心、动态原则的载体。但是,它们仍然被一个更大的总体包围。它们后来成了更为复杂的成长潮流的细胞,这并没有改变它们与外界隔绝的事实。据我们所知,(如教会所代表的)国际宗教文化不具备这种每一种潮流在其间都对总体具有直接作用的类似进程的动态特征。

而且,在封建时代和等级时代的国家中都还存在着强有力的影响政党形成的障碍。卡尔·朗普莱希特(Karl G. Lamprecht)总结如下:"封建国家不能产生政党,因为那些国家内的每一种有效力量都宣誓效忠统治者。从统治者的观点看,也就是从国家的角度看,诸侯中的每一个政党组织因此立即表现为派系,构成了对国家的威胁,是一种党派主义的形式。这种观点对'等级'仍然有效,因为在这种秩序下大多数成员也像诸侯一样通过宣誓效忠而受君主的限制。"(卡尔·朗普莱希特:《德国史》,附录II,第2部分,第53页)

(4) 这种一方面促进改变另一方面又促进稳定的要素分化，必须越来越表现出政治的（后来是纯粹经济的）特征。[①] 这样，政治因素就成了形成新阶级的原始核心。

简而言之，不同国家中现代保守主义的发展和共有特征——与纯粹的传统主义完全不同——最终原因在于现代世界的动态特征；在于社会分化中的这种动力机制的基础；在于这种社会分化影响着整个理智宇宙；在于这样一个事实，即起决定作用的社会阶级的基本设计不仅把理念变成现实的思想运动，还创造着不同的敌对的世界观，其中体现了不同的敌对的思想风格。一句话，传统主义向保守主义的转变只能发生在一个阶级分化了的社会里。[②] 我们称为“保守主义”的现象只有在满足上述条件的情况下，在理智和社会的成长呈现出我们所描述的结构的阶段上，才可能出现。

分析了现代保守主义产生的社会学格局之后，我们现在转向它的内容。

---

① 关于经济因素在现代政党生活中越来越大的主导作用，请参阅埃米尔·莱德勒《现代政党属性中的经济因素和政治理念》，载《政治杂志》，1911 年第 5 期。心灵的哲学生活是政治的一项功能，这个观念只是在 1840 年以后才变得明显并进入德国人的意识。与此相连，一种法国大革命以来就已经存在的潮流终于进入了公众生活：根据政治的极性运作的思想风格和世界观之间的分野。在这个意义上，我们可以说在 19 世纪上半叶的德国已经存在自由主义和保守主义的思想风格，即使相应的政党组织还没有出现。在这个时期的德国，“意识形态”的发展先行于社会和政治的发展，这可以通过以下事实得到部分解释，即重要的意识形态刺激和精神潮流，从社会学上讲，在它自己的社会组织还没有成熟到适应这些内容时，源自社会进步的西方。只有这一点能够为以下事实提供一种解释，即精神世界已经包含了社会领域尚不明显的张力和结构关系，它们应该被视作只有在以后阶段才会出现的社会结构的早期征兆。

② 要确定相应阶段的早期形式是否在古代已经存在（如果存在）、在多大范围内存在，需要进行单独的研究。

4. 保守主义思想的形态学

一旦我们把保守主义于其中构建自身的社会学格局确立为一种全新的动态结构综合体和一种思想风格，我们就可以通过两种方式来刻画保守主义的本质。我们要么把它当作相对自足而且完全表现出来了的总体，要么强调它的历史成长并在其发展中跟踪这个动态总体。

我们必须对两种方式都加以考察。在本项研究的第二部分——该部分的目标是要对德国保守主义思想风格进行一般的刻画——我们试图通过肯定它的历史发展，通过考察其最终形式，找到它内在的一致性。然后在第三部分跟踪这种思想风格的现实命运。接下来的部分，通过将保守主义的每一种不同类型和变体都放到它们自己在成长进程
87 （Werdenprozess）中所独有的历史和社会学位置上去，试图再现成长进程本身的层次和结构。

但是，我们还不能进到这个纯粹历史的阶段，除非我们首先在遵守人文主义历史研究的正常程序的同时，为我们在全部发展中对个案进行的研究临时找到一些本质的参照点。所以，我们转向我们的第一项任务，对 19 世纪初德国保守主义思想的特征做出一般性说明，其时这种思想相对尚未分化。

我们将按照原初的样子来认识早期保守主义的思想风格，忽略它现有的具体分支。研究本身分为两个阶段。首先，我们试图考察这种思想风格所由产生的基本设计和前理论的、经验的因素。然后，转向从属于这种思想风格的成熟的理论构建，以便剥离出与统一的总体密不可分的、作为内在理论核心的中心问题综合体，该核心是其成长的根源，也是最能让我们理解其独特理论特征的参照点。

(a) 保守主义思想的基本设计

[如果我们想把握风格的统一、内在的形式原则，现在我们当然必须忽略那些区别不同潮流的特征，尽管在全面的理论重建进程中我们必须给它们以应有的重视。后面这一点将在下一章里讲到。

我们正努力把握统一性的原则，即精神的激励方向（intentio animi），它将古老阶层的保守主义者在他们的思想中不知不觉地同保守的浪漫主义者联系起来，将保守的黑格尔主义者同哈勒的追随者联系起来，如此等等。

为了避免只得到空洞的一般概念，我们没有在太大的范围内，而只是在德国的发展中描述这种风格的统一，即使在德国也只是在一个相对完整和统一的历史阶段：19 世纪上半叶。][①]

在精神组织的范围内来对这种同一进行分析时，通过解释性理解深入其内在核心的尝试具有不可替代的地位。在建构时，只有一种方法防止武断，即尽可能广泛地坚持我们所要考察的思想 88
潮流的客观展现和自我反思，在确立我们的论点时尽可能坚持这个证据。

现代保守主义的内核，其独特的思想设计，无疑与我们所谓的传统主义有着某种血缘关系——如前所示，保守主义在某种意义上是从传统主义中成长起来的。事实上，一开始就非常明显，除了传统主义没有别的东西变得自我反思。但是，两者并不是等同的。因为只是在当它成为一种十分明确的、被一贯保持的（反对革命经验和思想的）生活和思想态度的表现时，当它作为社会进程总体中一个相对自律的运动发

① 英文版编者注：方括号内的文本是从《档案》中摘出来的，取代《大学授课资格论文》中简短得多的版本，原文如下：

[我们称作保守主义的特殊思想潮流从中成长起来的前理论中心，只能是某种前理论的东西，精神的激励方向，它存在于客体化中，因此也必须从客观化中抽离出来。]

挥作用时,传统主义才呈现出明确的“保守主义”特色。

这种保守主义的经验和思想方式最本质的特征之一,似乎在于它通过实用的方式对直接事物和**具体事物**的坚持。这样做的结果,是一种新颖的、对具体事物近乎移情的经验,这一点通过“具体”这个现代术语一贯反对革命的内涵得到了反映。①

---

① 伯克对“抽象”和“道德”的区分被黑格尔继承并完成,关于这个区分请参阅莫伊泽尔《埃德蒙·伯克与法国大革命》,第12页,第137页注释7。

关于“抽象”概念的政治要点,黑格尔讲道:“第五段里讲的只是所描述的意志的一个侧面,即从所有我可能在我自身发现的或我可以在我自身设定的精神状态中抽象的无限可能性,像脱离限制一样脱离所有的内容。如果意志的自我规定性仅在于此,或者其代表性思想自身把这个侧面认作自由并固守于此,我们拥有的就只是否定的自由,或者说虚构的自由。这是拥有现实外形的上升到激情的虚空的自由;保持为理论时,它就像印度式的沉思狂热一样存在于宗教之中,可是一旦进入实践,它就作为毁灭狂热,就像对整个基础社会秩序的毁灭,就像对任何社会秩序所怀疑的个体的消灭,就像对一切试图从废墟中重新崛起的组织的灭绝,在宗教和政治中显形。只有在毁灭什么东西时,这种否定的自由才能找到自己存在的感觉。当然,它想象它在追求着事物的一些积极状态,比如普遍的平等或普遍的宗教生活,但是事实上它并不希望这些能积极地实现,因为此类现实至少会导致某些类型的秩序,导致类似组织和个体的特殊化;这种否定的自由正是从特殊性和客观特征的灭绝开始的。所以,否定的自由追求的永远不会是自身的什么东西而是抽象的理念,这个理念的影响只能是毁灭的狂潮。”[《法哲学原理》(1821),第5节,第28—29页。英文版第22页]

施塔尔讲道:“所以,不是无用的深思使我们假设这么一种创造性的自由,……而是实践的需要促使我们保留积极的、具体的、个体的东西的价值,事实的价值。”(施塔尔《法哲学》,第38页)

“具体”这个范畴,通常就像内容一样,取自保守主义思想的概念和范畴体系,后来为社会主义和共产主义思想所吸收。自由主义思想的“左翼反对派”同“右翼反对派”有共同点:资产阶级自由主义思想既反对“左派”的也反对“右派”的具体思想,只是右翼反对派的“具体性”建立在一种与左翼反对派迥然不同的本体论基础之上。在辩证的马克思主义者那里,“具体地”看待某物意味着在全部阶级斗争的名义下来理解被研究的历史现象。在这里,极其现实的“具体”与阶级斗争是一致的。于是,比如列宁就说道:“一个马克思主义者必须是一个唯物主义者,也就是说,是宗教的敌人,不过是一个在阶级斗争的基础上具体地,而不是在抽象的、纯理论的、永远不变的说教基础上抽象地反对宗教的辩证唯物主义者。”(列宁,《全集》,第281页)在黑格尔的用法里,“具体”主要是指一种不孤立地看待事物,而是全面地看问题的方式,比如说,“无论一般还是个别的立法,都不应被当作某种孤立和抽象的东西,而应被视为一个总体的从属部分……”(《法哲学原理》第21页;英文版第16页)

(转下页)

现在，**具体地**经验和思考指的是一种特殊的行为模式，一种只在某人所处的特殊的直接环境中有效的愿望，一种对所有仅仅是“可能”或“理论上的”东西的完全厌恶。非浪漫的保守主义总是从应手的个案出发，永远不将视野扩展到自己的特殊环境之外。它的目标是直接的行动、具体细节的变化，因此并不真正关心自己所处世界的**结构**。反之，一切进步的行动越来越受到对**可能性的**意识的鼓舞；它通过诉诸一种**体系的可能性**超越给定的直接性，不是寻求在原来的位置放上**不同的具体性**，而是希望**一种不同的体系的出发点**，以此来反对具体。

保守主义的改革主义（“改进”）重点在于一些具体事实对另一些的交换（取代）。[①] 为了处理一个简单的不希望发生的事实，进步的改革主义倾向于变革围绕这个事实建立的、类似的事实可能在其中发生的整个世界。**这个区别使我们得以理解进步派对体系和保守派对个案的喜好。**

保守派只有在被迫做出反应时才会以体系的方式思考，也许是因为他们被迫要建立一个体系以对抗进步派的体系，或者是因为历史进 89
程已经发展到他们与事物的当前状态失去了联系，所以不得不积极干

（接上页）　整个19世纪和20世纪的社会历史，在某种程度上反映在“具体”这个术语所经历的意义变迁之中。对与此相关的意义所作的彻底的社会学分析，必须坚持在每一种情况下都追问自己：这个术语是在精神进程和社会进程的哪一个时刻出现的，它表达的是什么特殊意义，以及是现实存在的哪个领域由此作为“具体”和“现实”在被经验。这很重要，因为社会和精神潮流给“具体的”（即现实的）现实性确定的位置正是它的本体论中心。但是，本体论的社会分化史也是精神的社会学历史的焦点。我们将在别的地方顺带提及这个问题。

①　“最后还有一件事，也许也是最重要的：我们将良好的管理建立在最好的宪法之上。”［法典学家贝克（Bekker）为伯劳（Böhlau）写的讣告，载《萨维尼基金杂志》，德国部分，第8卷，第VI页及其后。为格奥尔格·冯·比洛（Georg v. Below）所引用，《普鲁士保守党的起源》，载《国际科学、艺术和技术周刊》，1911。］也请参阅上注从黑格尔引用的段落。

预以扭转历史进程。①

事实上,具体和抽象之间的对立,是关于世界的经验之间的对立,而不仅仅是理智上的区别。可以证明,在这种逻辑对立的现代形式之下还隐藏着一种基本的政治经验。从以上两点可以很清楚地看到,在一个关键点上,两种经验类型在功能上与社会的关系是多么紧密。它的现代形式的变化,似乎要求整个阶层一起工作以使现在的框架变得宽松。他们的思想必然是抽象的:它依赖于可能性。相反,那些为保持

---

① 保守派即使拥有一个体系,也不愿意承认。比如梅特涅,他比任何别的保守派都更有一些类似体系的东西,但就是不想承认这一点。请参阅海因里希·冯·斯比克(Heinrich v. Srbik)《作为政治家和作为人的梅特涅》,第322页。那里参引的是梅特涅的《遗著》,第7卷,第6391页;第8卷,第200页。梅特涅的下面这个声明具有典型意义:"所谓的梅特涅体系并不是一个体系,而是一种世界秩序。革命建立在体系之上,但是永恒的法则不需要并超越那种有理由被称作体系的东西。"(克莱门斯·L. W. 菲斯特·冯·梅特涅,《思想功绩》,布兰特编,第2卷,第461页)

其他例子:亚当·米勒,《矛盾学说》[1804],载《文选》第4、89页及其后。兰克对体系的厌恶是著名的。萨维尼对法典编纂的反对也是这种情况。两个重要的例外是黑格尔和施塔尔(哈勒仅仅反抗,因而也是相当体系性的)。施塔尔有一个体系,但是在他看来,他的体系不追求从现实中演绎,是"名副其实的精神认知,是对每个人类个体或者说存在于世界中的每一个存在物的总体性的一种想象[!]"(《法哲学》,第62页)在一个注释中他评论道:"只有这个在构建真正的体系。"在黑格尔那里,演绎的倾向源自德国唯心主义,这种唯心主义本身源自革命的理性主义。黑格尔的体系化倾向不能归因于他保守主义的一面,而应归因于这种唯心主义的根源。

于是我们可以证明(对这些例子可以得出结论,应该远离各式各样的"体系"概念;关于这一点请参阅施塔尔的有趣讨论,出处同上),可以清楚界定自由主义的理性主义体系概念(我们在此只关注这一点)。而且,在关于思想家的思想是否不代表一种"综合立场"这个问题上,每一个特殊的思想家,比如这里讲到的黑格尔,都必须得到研究;还应该始终倡导对他的思想方式的组成部分的原因进行研究。在黑格尔那里好像非常清楚,如前所述,特殊的对体系化的理性主义欲望不是出于保守主义的原因:毕竟大多数保守派明确反对体系化。

在此我们无须进行具体而详细的分析。我们关心的不是细节,而是对一种基本设计的揭示。

只有风格历史中对个案进行的分析才有研究(更加复杂的)个案的结构和内在分层的任务。文化历史现象的魅力正在于,它们不能根据普遍法则得到结论性的理解,而只能被一种对其所包含的层次所作补充的风格历史的结构性分析全面神圣化。

现状和延缓进程而工作的人的思想和经验则是具体的，不会超出现存的生活框架。

这种对立和对事物具体的保守主义经验的独特特征，在对财产的保守主义经验——与对它的资产阶级现代经验相对比——中得到了最明白的显示。关于这种联系，我们拥有极富启示意义的资料——尤斯图斯·默泽的一篇文章，该文从现象学层面说明一种特殊的财产关系的消失，并将其与在他的时代已经取代了古老概念的现代财产概念作了对比。他在《关于真正的财产》一文中指出，古老的"真正的财产"是以一种同现代所有权完全不同的方式与其所有者联系在一起的。[①] 在所有者和财产之间有一种明确的、至关重要的互惠关系。在其古老的和真正的意义上，财产附带着其所有者的某种特权。比如，它使所有者有资格在政权中发表"意见"（voice），它使他有权收取租金，它可以确定陪审团的成员资格。因此，它与所有者的个人荣誉紧密相连，而且在这个意义上是不可让与的。即使所有者出卖了财产，像获取租金这样的权利也不能随着财产一起转移。原来的所有者建立在已经出卖了的财产之上的获取租金的权利，有力地证明了一个事实：新的主人并不是财产的"真正"所有者。反之亦然。就像一笔古老的财产不能赋予一个社会暴发户（homo novus）原本属于其真正所有者的荣誉一样，一个拥有古老荣誉的人，如果把一笔财产从这么一种纯粹的所有权[②]那里重新购买回来，他也不可能像享有自己的荣誉一样赋予这笔后天获得的财 90
产真正财产的特征。因此，在一笔特殊的财产和一个特殊的所有者之间存在着一种不可互换的互惠。在实践中所有财产都拥有这种人身相

① 尤斯图斯·默泽：《全集》，第 4 卷，第 159 页及其后。

② "纯粹的所有权"指的是与"真正的所有权"相对的后天获得的所有权。这里讲的是财产的真正所有者将财产出卖以后，再从财产的新所有者（只拥有纯粹的所有权）那里将其购回。——中译注

关性。

默泽在描述了这种经验模式之后又说了一句话表示遗憾——这里仅叙述而不评论——并表明一个事实：对这种模式的感觉依然存在于他的时代，但是对这种区别的语言表达已经消逝了。“当这些基本区别不能再以一种明确的方式表达时，语言和哲学会变得多么贫乏！”①

从这里我们清楚地看到，在一个等级社会里，存在于人和财产之间的最具体的与存在相关联的前理论关系是一笔什么样的财富。当时，为了压制经验的具体性，它被资产阶级抽象的财产观念取代。默泽在可能的最后一刻记录了对所有权的等级制保守主义经验的性质，随后的保守主义——尤其是浪漫主义类型的保守主义——喜欢回到这一点，尽管是以改变了的形式。

亚当·米勒把物看作人的肢体的扩展，将死亡描写成人和物的融合。② 他把这种状况的腐败归因于对罗马法的采用，还讲到了一种应该受到指责的“罗马-法国革命”。③

所有这些只是过去的公开辩护姿态的再现。它们的影响在于，这类扩展至物的活生生的关系的确曾经存在。这种对所有者和所有物之间“亲密关系”的强调一直延续到黑格尔。

在黑格尔看来，拥有意味着我把我的意志放入了某物④，而且“财产的理性不在于对需要的满足，而在于对个性的纯粹主体性的否定”。⑤在这里提一下我们以后还要讲到的一些东西也很有意思，即从左翼反对资产阶级经验事物的资本主义反对派，是如何向保守主义反对派学

① 尤斯图斯·默泽：《全集》，第 4 卷，第 159 页。

② 亚当·米勒：《政治艺术要素》，第 1 卷。请参阅第 1 卷，第 8 篇演讲，第 156、162 页及其后。

③ 同上书，第 281 页。

④ 黑格尔：《法哲学原理》，第 302 页[英文版第 44 节的补充，第 236 页]。

⑤ 同上书，第 297 页[英文版第 41 节的补充，第 235 页]。

习的。对早期等级制(altständischen)保守主义思想的发现，最初体现在马克思和其他人对资本主义世界中人类关系的抽象性的一再坚持之中。

我们不是说“具体”和“抽象”之间的区别以前没有被认识到；我们只是在唤起对一种特殊现象的注意，即两种经验历史的方式何以逐渐形成为对立的两极，并各自被融进不同的社会阶级的经验设计，根据各自在社会事件的大潮中的位置得到区分。

为了研究同一社会空间中不同思想和经验方式在另一个中心概念 91
上的区别，我们下一步将转向自由主义和保守主义的**自由概念**之间的区别。

在自由这个概念下，革命的自由主义在经济领域理解的是个体从国家或行会对他的所有束缚中得到解放。在政治领域，自由主义理解的自由是个体根据自己的愿望和思想行动的权利，特别是行使“人权”的可能性。这种自由被认为只受到伙伴公民①的自由和平等的限制。②

于是，这个自由概念只能在与作为它的补充的平等理念的关系中来理解；只有从所有人在政治上平等这个设定出发才能正确领会。而且，一种对革命思想的正确理解表明：它是将人的平等作为一个假设而不是作为对经验事实的一种陈述来建议的，而且它要求人只有在经济和政治领域的竞争中是平等的，而不是在所有的生活领域都平等化。如果保守主义思想用这个假设来描述一种事实主张，好像革命的自由主义已经宣称所有人在所有方面事实上都是平等的，就像我们前面在

① 指同自己一样享有公民权的其他公民。——中译注

② 请参阅法国《人权宣言》：“自由在于做任何不妨害他人的事；因此，对任何人的自然权利的仅有限制，是那些保证其他社会成员拥有同样的权利的限制。这些限制只能由法律来确定。”格奥尔格·耶利内克，再版，《人权宣言》，第21页及其后。

对与不同的政治思潮相关联的不同水平上的问题进行分析的过程中所描述的，这是一个典型的问题转换。

但是，这个社会学上的误解导致了一种对事物状态的新见解，在两方面的政治思想中这都是经常出现的。通过财产概念，保守主义的经验和思想在这里自我反思地把握了一种以前的经验事物的方式，而且使其保持着活力并因此可以为后来的思想所利用。因为政治的需要，保守主义不能不建立一个明确的与革命的概念相对的**保守主义的自由概念**①，一个新的自由概念就这样被提了出来。考虑到它反对革命的平等主义概念的独特方式，我们称之为**定性的自由概念**。凭借直觉，反革命派的反对并不攻击"自由"本身，而是攻击它依赖的平等原则。争论在于：从本性上说人类在他们的内心存在上是**不平等的**，而且自由在于这样一种状态，那就是使一个人根据他内心的原则来实现唯独属于他自己的发展规律。因此，米勒说：

92 没有什么东西，就像我已经描述过的一样……比外在平等的概念更与自由相对立。如果自由除了最多样化的自然物对成长和生命的普遍渴求别无他物，那么，我们将遇到以下这个最大的矛盾：在确立自由的那一刻就将所有独一无二的特殊性——这些自然物中所有的多样性——悬置起来。②

---

① 关于这一点也请参阅巴克萨在他编的亚当·米勒的《政治艺术要素》中的注释，第2卷，第334页。关于米勒的自由概念也请参阅《政治艺术要素》第1卷，第156、313页；更近的还有罗塔克的《萨维尼、格里姆和兰克：一部关于历史学派的关系问题的文集》，载《历史杂志》(1923)128：440，他正确地谈到了一个"早期保守主义的"自由概念。

② 亚当·米勒：《政治艺术要素》，第151页。这些论证在德文中比在英文中至少在文学效果上表达得要好，因为在inequality（不平等）和dissimilarity（不同）之间没有语言学上的联系，而Ungleichkeit（不对等、不同）却自然地使用于两种情况。翻译不可避免地要牺牲一些貌似有理的东西。——英译注

这也是浪漫保守主义的自由理念。尽管它明显带有亚里士多德、歌德和其他人的痕迹，在这种表达下它仍具有完全不同的政治内涵。那些抽象地进行思考、在可能性的基础上进行推理的自由主义思想家，在保持其革命功能的同时，顽强地坚持所有人一律平等的原则——或者至少，在一种"抽象乐观主义"的基础上，坚持所有人均拥有同等机会这一主题，而且仅仅用伙伴公民的自由来限制个体的自由。但是，浪漫主义的思想家发现，在每个人认识自己的潜能和极限的发展的"个体法则"①之中，已经有了这么一种对自由的限制。

但是，这类既定于个体性本身之中的自由是典型的浪漫主义，而且很危险地接近于无政府主义的主观主义。需求对内在生活的限制剥夺了它们改造世界的内涵，将外在的政治无政府状态转入了一种内在性的无政府状态。在保守主义的意义上，将问题转向内在领域是一种成就，但仍然存在着一种巨大的危险——内在化了的无政府状态会使国家陷入危机。（相反，自由主义思想自身并不关心内在性，而是将其视为一个"私人领域"，因此它只把"自由"问题定位在公共生活的水平上。）这种困难说明了一种不断发展的趋势，在浪漫主义思想变得保守时，其中已经存在这种趋势，即将这种"性质上的自由"从个体分开并为其找到一种真正的载体，一种自由的"真正主体"，在广泛的集体组织中是找到"有机共同体"，最终是找到阶级。正是阶级蕴涵着内在成长原则，据说自由便在于这种原则的展开。这里揭示的至少是自由的性质概念的一个根源，**及其**在阶级政权中的根源。显然，在自由的这种意义上，阶级的自由（Freiheiten）——这个词在这里也指"特权"，在结构上表 93
现为与性质相关且不平等——的内涵得到了再现。② 但是，在保守主

① 西梅尔（Simmel）的一种表达。

② 也请参阅阿尔弗雷德·冯·马丁（Alfred v. Martin）《早期保守主义思想的世界观动机》，第 345 页，注释。

义思想的发展进程中,其所有主要的潮流——即使在这种形式的浪漫主义概念中——都有维护国家和既有统治关系的危险,于是努力去选择这些个体或社团性质各异的自由,以便它们在一个高居其上的总体中同时得到体现。历史学派、施塔尔和黑格尔之间的区别仅仅在于关于这种总体的概念,他们解决这个问题的基本结构是一样的。

办法在于,在将外在关系诉诸秩序原则的同时,把自由原则内在化。但是这又提出了靠什么来保证两个领域——"内在性"和"秩序"的领域——不发生冲突的问题。对此的一种解决办法是假设一种要么直接依靠上帝要么直接依靠民族力量来保证的"预定和谐"。在这一点上,保守主义从自由主义思想中获得了教益,从后者那里采纳了两种思想方式,即"领域分离"与"和谐理念"。

在历史学派中,防止个体或各式各样的片面自由堕入纯粹武断的总体的,首先是"民族"(Volk)和"民族精神"(Volksgeist)。罗塔克近来指出了在兰克的著作中"国家"概念是多晚才取代"民族"概念的。[①] 在任何情况下,萨维尼和兰克为这个问题提供的解决办法都可以更加清楚地被称作一种向上的转换,即这种性质上的自由从个体和阶级分别向民族和国家转换。在发展规律设定的界限内,只有这种更高的实体才是完全自由的。这就束缚住了个体,后者的生命只有在这些包围着他的总体中根据它们构建的意义才有价值。[②]

在总是想将两方面一起保留的黑格尔那里,秩序和自由之间的张力达到了顶峰。他将革命的、否定的、抽象的自由概念(如他所称的)转换成了走向真正概念途中的一个中间阶段。

---

① 罗塔克:《萨维尼、格里姆和兰克:一部关于历史学派的关系问题的文集》,第433页。也请参阅那里的参考书目。

② 出处同上。

否定的自由[①]，或者说知性所理解的自由，是片面的；但是一个片面的观点总是包含着一个本质的规定性，因此并不应该被抛弃。但是知性在将一个简单的片面的规定性提升到唯一的最高的规定 94
性方面是有缺陷的。[②]

我们接着这段议论往下看，通过这种否定的、抽象的自由应该能理解，原因很快就变得明显了：

比如，在法国大革命的恐怖时期，天才之间的所有区别和权威之间的所有区别都认为被超越了。这个时期是一场剧变，一种激奋，是一种无法协调的对一切特殊事物的憎恨。因为狂热只喜欢抽象，没有什么得到了清晰的表达，于是在区别出现的时候，它就发现这些区别敌视自己的不确定性并将它们废除。[③]

黑格尔通往具体自由的道路由此打开。[④] 具体自由代表的是对直接外在的规定性的一种综合，是处于这种抽象自由与其对立物之间的一种第三因素：

现在这个第三因素的情况是，在它的界限内，在这个他者中，是其自身。在决定自己时，它仍然保持为自身，而且并不停止对一般的牢牢把握。于是，这个因素就是自由的具体概念，而前面的两

① 在亚当·米勒的《政治艺术要素》第2卷，第313页，它已经被称作“否定的自由”。也请参阅雷克修斯《历史学派的国家学说研究》。

② 黑格尔：《法哲学原理》，第5节的附录，第287页。

③ 同上书，第288页[英文版第227页及其后]。

④ 同上书，第288页[英文版第228页]。

> 个因素却被发现完全是抽象和片面的。①

回到我们的问题上，这意味着人是自由的，因为他毅然承担了作为总体的国家的意志。

施塔尔也不得不同浪漫主义的自由概念作斗争。② 同黑格尔一样，他试图包容全部的保守主义传统，但是他寻求在权威理念(Obrigkeitsgedanke)的基础上来实现这一点。他采取了以下形式：

> 自由不是指在无根据的偶然的决定基础上根据个人喜好行动的自由；自由是根据个人的内在自我生活和行动的能力。但是人类的内在自我就是他的个体性③，它不能忍受外在的规则或者规章，而政治自由的一个本质成分就是个体性权利，后者既构成一个独立的私人领域④，又是公共权威制定的规章的一部分。但是个体的内在自我不仅是个体性，还是他作为道德存在的属性。⑤

然后施塔尔继续陈述他对问题的解决：

> 政治领域的目标正是这种内涵丰富的自由[!]。不应该为了将国家建立在纯粹个体意志的基础上，而将个体从实在的国家权

---

① 黑格尔：《法哲学原理》，第288—289页[英文版第228页]。
② 关于施塔尔的自由概念，请参阅他的《法哲学》，第2卷，第26页及其后。
③ 这是对浪漫主义原则的承认，但是仍然害怕其后果。
④ 自由主义原则在这里被吸收和侵入了浪漫主义思想。
⑤ 施塔尔：《当代国家与教会中的政党》，第5页及其后。

> 力或者从它的伦理实质以及历史传统中孤立出来。①　95

例子已经很充分了。所有这些对随着保守主义思想产生的问题的不同解决办法，都呈现出一种相同的基本趋势。② 无论出发点是“内涵丰富的自由”（施塔尔），还是“具体的自由”（黑格尔），还是“积极的自由”（米勒），都倾向于“具体的”和“性质的”，就像保守主义的财产概念的情况一样。“具体的”“性质的”以及其他类似的表达，都不足以理解所有这些思想方式共有的基本设计。堆积例子只能是围着基本设计打转，而这种在它们中存在、发展的基本设计，可以被理解为对事物的基本态度不断增强的自我意识，它就像对财产的经验一样源于一种更早的面对世界的行为模式。

与“具体”和“抽象”之间的对立紧密相连的是从以下事实中产生的对立，即进步思想不仅通过潜在性，而且通过**标准**来看待现实。另一方面，保守派则力图在偶然性中理解现实或者通过存在来理解标准物。③

---

① 施塔尔：《当代国家与教会中的政党》，第 10 页。很偶然，正好是同样的对自由的限制——不过更多的是在宗教方面——出现在了耶德勒（Ludwig v. Gerlach E. Jedele）的《格尔拉赫的教会政治观》哲学博士论文中。它对格尔拉赫的自由概念刻画如下：“自由是个人自己的意志同上帝无上的意志的融合，是由从孤立的解脱构成的再生。”（第 13 页）

② 将它们之中的变化与社会总体的发展联系起来是下一部分的任务。

③ 请参阅黑格尔在《法哲学原理》的序言中的评论：“理解存在，这是哲学的任务，因为存在的是理性。无论发生什么情况，每个人都是时代的产儿；所以哲学也是思想所理解的它的时代。想象哲学可以超越它的当代世界，就像想象个人可以越过他自己的时代跳过罗得岛一样荒唐。如果理论真的超出了本然的世界并根据应然建立了理想的世界，这个世界当然存在，但只是在他的想法中，后者只是一种非实体的东西，在那里任何你喜欢的东西都可以在想象中建立起来。”（第 15 页；英文版第 11 页）

但是，在喜欢革命的年轻时期，黑格尔评论道：“随着事物应然的理想的展开，老练的市民按照本然来接受一切事物的冷漠倾向就会消失。”（黑格尔 1795 年 4 月 16 日从伯尔尼写给谢林的信。为弗兰茨·罗森茨魏格在他的《黑格尔与国家》中所引用，第 1 卷，第 31 页。）

（转下页）

在自由问题上同在财产问题上一样，我们最终会遭遇两种经验事物以及围绕它们的世界的原型方式。两种思想潮流就是从其中产生的。在经验水平上，我们对待事物、人和制度的态度已经不一样了。比如，当我们从他（它）们应该怎样或从他（它）们本来怎样的立场看他（它）们时，当我们把他（它）们当作"已经长成的某种东西"或者把他（它）们当作一种已经成为必然的"存在"来接受时，情况就不一样。在这些态度中，前者的结果是：除了扫视周围的世界外我们什么也不会多做——我们不会给它宽厚的爱，我们对它的存在缺乏兴趣，而这种兴趣是可能在与它的密切联系中产生的。但是另一方面，后一种态度则会始终诱使我们溺爱存在物。前一种经验和评判的方式总是关心制度的全体，而后一种则会在细节中迷失自己。为了弄懂这两种方式的意义，我们首先必须清楚地看到由于精神结构的本性，我们绝不可能孤立地从其"本身"把握它们，我们永远只能将它们拓展以形成更加复杂的总体性。某物是什么，它意味着什么——以及由其意义构成的一切**精神**客体的"存在"——只有在其作为一种追求方向的一个阶段或一种要素被经验时才是可知的。

由于对被动原则，即 quieta non movere（静止不动）的基本感觉，保
96 守主义的态度喜欢将意义一起避开；①它只是简单地把一切存在物当作

（接上页） 宗教保守派坚持认为具体存在的东西是出于另外一种完全不同的原因，因为他相信借此可以理解上帝的法令。施塔尔就是一个例子："纯粹的道德人只根据普遍的道德法则和他的个体性行动；此外，在保持不脱离与一般道德准则所描述的现实和他自己的个体性的关系的同时，宗教人还想探知上帝在每一个具体问题上的意志。"（《法哲学》，第 2 卷，第 4 版）

阿达尔伯特 · 瓦尔[《德国政党史文集》（*Beitraege zur deutschen Parteigeschichte*），载《历史杂志》（1910） 104：629，注释 1]已经寻求借助他们与标准领域的关系来确定自由派和保守派之间的区别。

① 在兰克的一部作品中，保守主义的代言人弗里德里希宣布："我希望我没有这样表达自己，好像我想描述的是理想的状况；我只是努力在刻画我们拥有的状况。"请参阅兰克《政治谈话以及其他科学理论论文》，第 29 页。

纯粹的存在来接受，并由此走向了宿命论。[①] 像保守主义思想的其他方面一样，对意义进行归因，通过其意义来看待事物的动力，是作为对意义的革命的归因和补充的对立物出现的。保守主义的“意义归因”也只能通过扩展个体以形成一个更加复杂的总体这种方式进行。但是，这种对给定物进行扩展的进程和“方法”与自由主义的革命经验和思想所使用的方法完全不同，这又证明：经验的形式在这个领域与存在相联系(seinsgebunden)而发展。保守主义这种扩展个体的方法可以通过以下事实得到刻画，即它在某种程度上从后面、从过去接近个体。对“进步思想”而言，所有个体事物的终极意义，常常都是从某种在其自身之上或之外的东西，从一个未来的乌托邦或从一种标准的超越的存在获得的。但是保守思想却从某种隐藏在其后面的东西，从过去或从在起源处就已经预示了的东西导出个体的意义。在对个体的解释中，将来的意义是一种情况，过去的意义是另一种情况；一种方法通过“标准”取得的成绩，另一种方法通过“起源处的预示”来实现。

于是看起来，这种“隐藏在我们后面的东西”可以通过两种方式来经验和表达：或者作为某种在时间上在先的存在于过去的东西，或者在“起源”、在“起源本质”的意义上。被理解的个体表现为后面这种本质的一种展开。在这些方法中，前者认为任何存在的东西之所以有意义，只是因为它是以往发展的一个结果；对后者来说，则是因为一切拥有共同历史的东西和一种文化的全部客观化都表现出一种单一的基本方向，表现出一种灵魂和精神中的有目的的增长趋势。

在后一种情况下，个体只能从“特征学”上来理解，即当作对一种基

① 这种宿命论重复出现在不同时期。起初它作为理论的宿命论(事物根据上帝的意志是其本然)出现；在自然主义的意识形态占主导地位的时期，它作为科学自然法的宿命论出现；“历史宿命论”可以被看作其最重要的形式。

本设计的展现，当作对最初起源的一种展开来理解。因此，对个体的两种保守主义扩展都喜欢一种对总体性的直觉（Totalitätsschau），而且通过这种方式达到的更广泛的总体经常是一个具体的总体性（anschauliche Totalität）。①

保守派采取的这种对个体的扩展主要来源于理性主义的乌托邦，导向的是一种关于存在并发展着的总体性的**结构性**观点。② 一个比喻
97 可能有助于使这个问题变得明了。当保守主义的经验方式被迫对总体形成一个复杂的形象时，它关于事物的观点就像是你从所有方面、角落和角度——从与生活的具体焦点有关的所有可以想象的观点看一所房子时对它形成的全图。但是与此相反，保守派特有的全面观点寻找的是**蓝图**，它搜寻一种并不是直观具体的而是可理性分析的关系模式。③

---

① 保守主义对总体性的建构花样繁多，以下是一些例子。

萨维尼："在我们最早发现有记载的历史的地方，民法已经具有了一种民族特有的特征，比如它的语言、用法和制度。事实上，这些现象并不具有独立的存在；它们只是民族各式各样的权力和活动，它们在本性上具有不可分割的关联，只是在我们的研究里才表现为独立的性质。"（《关于立法与法理学的当代使命》，1814，第 5 页）"也就是说，法律不具有独立的存在，它的本质毋宁是从一个特殊的角度看到的人类自身的生活。"（同上书，第 18 页）

黑格尔："至于积极法律中的历史因素……孟德斯鸠显示出了真正的历史观点，名副其实的哲学立场，即一般的特殊意义上的立法不应被当作某种孤立的抽象的东西，而应被当作总体中的一个次级因素，与所有构成一个民族和一个时代特性[！]的其他特征相互关联。在存在中是这么连接的：各式各样的法律总有它们的真正意义以及它们相应的理由。"（《法哲学原理》，第 21 页；英文版，第 16 页）

② "没有革命的理论就没有革命的运动。"（列宁：《全集》，第 38 页）将革命当作一种不可或缺的部分的革命理论，对列宁意味着一种对由阶级决定的社会制度的经济学和社会学上的结构解释。

③ 这里不是在详细讨论资产阶级自由主义和社会主义之间在结构观点上的区别。无论怎么从保守主义的观点看，社会主义的观点都是"机械的"，因为它企图在能像机械一样控制并能理性化的历史中来理解那个特定领域。反之，保守主义思想采取的是一种"解释的"方法；它寻求在任何可能的地方理解和解释一切，而且以前对宗教意识的解释越来越被转移到了这种方法的方向上。这是保守主义观点和自由主义的社会主义观点之间最重要的区别。但是就像对待"非理性派"的态度这个极其重要的问题一样，它只能在与现实发展的紧密关系中得到解释。

对扩展个体的两种经验之间的这种“方向上的区别”本身还包含着一种更彻底的区别，即保守的和进步的经验方式之间的区别：它们不同的**时间经验**。我们可以简略地表达这种区别①：进步派总是把现在当作将来的起点，保守派却仅仅将其认作过去所达到的最后阶段。这种区别更大、更彻底，因为历史进程的这种直线性无论如何都不是保守主义的经验方式所固有的。

事实上，保守派要么被引向古老的永恒循环理论②，要么面临一种过去和现在在其中融为一体的经验形式。也许关于这种对历史时间的经验的表达中最吸引人是德罗伊森的：

> 我们现在的每一点都已经出现。它过去是什么以及它怎么出现的已经过去；但是在一种理想的意义上，这个过去仍然保留在其中。……变得明显的不是过去的事物——因为它们已不复存在，而是它们中那些此时此地仍没有过去的东西。③

在这种经验中，实际上你在现在拥有过去，关于历史时间的图画也呈

---

① 我们并不是说所有的保守派都以一种与进步派不同的方式来体验时间。这样一个主张是完全无法证明的。我们真正的意思是，在保守派对历史的构建中时间常常呈现出一种与在进步派的构建中不同的形式，这一点是可以确定的。这里，我们（像往常一样）也关心常常更新的结构组成——在每个特殊个体重新经验它们并使它们所体现的时间经验形式现实化的范围内。

② “社会总体不是沿着一条直线，而是在一种循环中向前发展的，它到达了一个可以被视作目标的地点，却发现那正是出发的地方。”（梅特涅，《遗著》，第8卷，第164页；转引自海因里希·冯·斯比克《作为政治家和作为人的梅特涅》，第1卷，第355页）关于这种循环理论，克莱斯特在《论木偶戏院》（*über das Marionettentheater*）中有生动的描述。

③ 约翰·古斯塔夫·德罗伊森：《史学概论》，第8页。在我看来，所引段落代表的是对时间的历史经验的最新表达。德罗伊森是黑格尔的学生。兰克写道：“……［历史中］每一个重要的时刻不可避免地要影响我们：你可以说它从来就没有终结，它从未停止造成影响。”（《历史政治杂志》导言，兰克编，第1卷，第7页）

现出了一些虚构空间的性质。对时间的理论经验所特有的连续性被取消了，取而代之的是经验现实性的固有内涵的“混合状态”(Ineinandersein)。

对历史的这种空间经验(将一切时间连续性分解成空间临近性或包容性)的趋势，也被以下事实越来越有力地向前推进，即土地是地主家族(贵族和农民)的历史基础，而且用斯宾诺莎的方式来说，其中的每个个体对自己都只不过表现为这种永恒实体的一种模式。比如，对默泽而言，比起作为一种“个人的联合”来，国家更是一种“不动产的联合”[①]，因为土地是国家生活——于是也是历史——真正依赖的基础。
98 于是在对历史的这种经验中，作为基础的土地取代了短命的个体。这为理解默泽在他为《奥斯纳布吕克史》(1768)所作的导言中的重要评论提供了必要的背景：

> 根据我的观点，德国的历史可以期望有一个全新的转折，如果我们跟踪作为民族真正要素的土地不动产的命运，如果我们将它们置入民族体内并且认为这个民族的大小职责都只是这个躯体或好或坏的意外的话。[②]

与这个紧凑的空间基础相比，所有离散的事件和每个个体事实上都只不过是一种偶然。当亚当·米勒利用浪漫主义的工具，针对带有民主色彩的时间同志(Zeitgenosse，同时代的人)概念，提出保守主义的空间同志(Raumgenossen，共享空间中的伙伴)概念时，他显然受到了这

---

① 请参阅布兰迪(Brandi)对尤斯图斯·默泽的介绍，《国家与社会》，载《文选》，第XXIII页。雷伯格从默泽那里吸收了同样的国家理论。库尔特·莱辛：《雷伯格与法国大革命》，载《反对德国革命理念的文学斗争史文集》，第24页及其后。

② 尤斯图斯·默泽：《全集》，第6卷，第IX页及其后。

种对历史的空间经验的影响：

> 对“什么是民族?”这个问题，他回答[①]，“在目前这个痛苦的时刻，在地球上一个叫法兰西的地方，有时站着，有时坐着，有时并排躺着的，具有生命的所有外在标志的，一头两手两脚的朝生暮死的动物的集合体”，而不是回答，“民族是过去的代、现在的代和将来的代这个很长的系列的崇高共同体，他们当中所有的人都为了生活而被束缚在一个巨大的亲密的联合体当中，直至死亡，其中的每一代——以及每一代中的每一个个人——为作为总体的联合体提供保证，反过来联合体也为它自身完整的存在提供保证。这个美丽的不朽的共同体，通过共同的语言、共同的习俗和法律，数以千计的有益的制度，许多被挑选出来联系乃至连接不同时代的长期昌盛的家族，最终通过那个处在国家中心的不朽的家族，统治者家族以及——更靠近事物的正中心——这个家族目前的首脑和它的财产的承载者，被看见和感知”。[②]

过去的代的参与在这里得到了强调，而且现在进行的从一个更大的总体中取样这件事只是一个非常不重要的插曲。[③] 这种将不受时间限制的空间中的有形单位向历史基础水平的提升，是保守主义思想同 99
后来的无产阶级和社会主义思想共有的特征。在那里，被当作历史的真实基础的不是个体，而是“生产关系”和“阶级”一类的实体。如果我

---

① 他指的是关于理性的革命理论的代表。

② 《政治艺术要素》第 1 卷，第 145 页及其后。也请参阅第 1 卷，第 179 页。

③ 对此的直接反对可以在革命意识中的“可能的制宪会议”（pouvoir constituant）这个主题下找到，那里肯定了修改宪法的权利；于是——如孔多塞所说——“没有一个种族能使后来者[!]屈从于自己的法律”。关于这一点请参阅罗森茨魏格的《黑格尔与国家》，第 1 卷，第 143 页。

们用社会学来指一种通过更复杂的基础因素对个体事件的理解,在这个问题上默泽的方法里也有许多社会学的东西。

对历史的这两类"非个人主义"解释之间的区别在于,保守派倾向于从有机集体联合(其原型是家族)的观点来分析历史生活①,而无产阶级思想则建立在形式更新的集体联合之上,后者的特征主要(尽管不完全)是凝聚性而不是有机性,也就是阶级。在社会主义思想中,家族和企业在保守主义思想中的位置被阶级取代了;同样,工业和生产关系也取代了土地的位置。

只有"资产阶级思想"——可以说它位于其他两者之间,它开始于一个老的联合已在解体而新的分层还刚刚起步的历史时期——把对社会的解释建立在孤立的个体之上,并形成了一幅作为其各部分的纯粹集合的总体图画。与这种社会观点相应的资产阶级民主以同样的方式将时间肢解:尽管经历了运动,但是它只有通过将运动分解为**离散的片段**(Momentanquerschnitte)才能把握这种动力学。每次选举反映的都是"一般意志"的暂时状态,与过去和将来无关;而且在此显得与民族共同体的总体性一样分散的连续性,同样可以在从变动不居的一般意志中定期取样的基础上,仅仅通过估计和加法得到重建。② 但即便是这个民

① 关于这一点请参阅汉斯·弗莱尔(Hans Freyer)的《19世纪哲学思想中的经济评价》,载《发展心理学论集》,克吕格编,第5卷,第166页,第3章之注释19。我们不能在这里讨论那些思想仍然受着自然法影响的保守主义者(哈勒、梅特涅等)。他们思想的独立发展代表了对保守主义思想在德国的发展所作的知识社会学解释中的一个特殊主题。

② 米勒已经这样来刻画民主思想:"vox populi, vox dei."(拉丁语,意为"人民的呼声,即神的呼声"。——中译注),也就是说,作为一个总体的人民总是渴望善的东西。但是这个总体的意志仍然离卢梭的一般意志(volonté générale)很遥远,后者始终仅仅指共享同一时间、同一空间的人民的同一种一般性,而不是不朽的各代的总和。参阅他的《论弗里德里希二世以及普鲁士君主政权的性质、尊严和使命》,第3页。其典型表达是"意志的总和",同上书,第4页。

族共同体暂时的总体性，也仅能作为总和(sum)来把握。①

简而言之，保守主义思想定位在存活到现在的过去，资产阶级思想——它承载着现在②——用各自发展着的新事物滋养自己，无产阶级思想则通过强调那些预报未来社会生活的结构形式的当前因素，在现在就努力思考和推进未来。

深入到这一点，我们可以说已经找到了保守派和进步派的基本经验模式之间区别的根源。所分析的每种情况都越来越清楚地表明：编 100
年史顺序上的每个"现在"的历史和社会事件都可以在本质不同的出发点的基础上被经验和理解。可以说，在理解和经验事件从而在理解和经验历史的时候，人民本身是可能站在历史潮流的不同位置上的。编年史顺序上的每一个现在都具有一些在起源上为过去的格局所固有，但是从那个源头延伸到了现在的内容。别的内容则在为了控制当前状况而进行的斗争中产生，还有一些别的因素——尽管以现在为发源地——却只有在将来才能证明自己改造世界的力量。一切都取决于你是根据这些内容中的哪一些来形成自己对已经发生的和正在发生的东西的观点的。

至此，我们已经罗列出保守主义经验和思考事物的方式所特有的一些特征，包括：它对质的东西的经验，它具体的而不是抽象的经验方式，它在本然而不是在应然的基础上对事物的经验，它与对历史发展的直线性经验相对的对想象空间关系的经验，它在历史基础问题上用不动产对个体的取代，它对"有机"联合体高于"阶级"的偏爱，以及其他。但是，这并不意味着所有这些单个的特征加起来就可以重建保守主义

① 比如，在《当今议会在思想史中的位置》的第15页，卡尔·施米特(Carl Schmitt)就已经表明了民主争论的其他典型特征。

② 这里指的不是一种"永恒的"而是指一种"动态的"结构关系。这一点从资产阶级并不总是以现在为定向来思想和期望这个事实已能看出。可以说，这种功能分配只有在现在属于资产阶级关于事物的主题时才是适用的。对保守主义民主主义的存在加以强调可能是不必要的。但是，这个问题并不是我们此处关心的那一段德国历史所特有的。

的类似经验。[1] 我们只是宣称，要通过这些来展现确立、鼓舞这种思想风格的基本冲动和基本设计，要在其发展进程中对其进行跟踪，而且——从现在起——要通过这种基本设计在作为总体的进程中的功能上的重要性来理解它。"对具体的倾向"（Wollen des Konkreten），对建立在社会的应然基础上的解释的厌恶，对时间的直线性建构的拒绝，对土地和有机联合体的移情经验，都可以从一个中心事实得到理解，即保守主义的经验从存活到现在的过去的内容出发来介入历史，同时它也从这里得到了它的 tensio——精神的[2]紧张方向。因此，保守主义经验在其本真形式上意味着从某些经验的中心获取养分，这些经验的根源在于过去的历史格局[3]，它们直到现代保守主义成型都相对保持不变，因为它们处在社会潮流中那些直到那时都还没被现代事件的潮流卷走

---

① 为了避免一些可能的误解，在这里作一些评论是适当的。我们不认为所有这些特征是保守主义意识首创的，在过去的历史中都不存在。历史上，每一种形式之前都有更早的形式。"Nullum est jam dictum, quo non sit dictum prius."（拉丁语，意为"要说出以前没有说过的东西是不可能的"。——中译注）（特伦蒂乌：《太监》，序曲 41）但是，精神因素在一个特殊的历史片段里是如何并以何种方式与社会和政治的集体力量相联系的，与对这个问题的揭示相比，对每件事情进行追溯就没那么重要了。对不同的思想和经验的方式以及它们在历史和社会现实的总体结构中不断变化的形式和功能加以区分，这个问题本身已经能够为思想史的研究提供必要的具体性。这里还应该提到，我们并不认为所有国家每个历史时期的保守主义和自由主义思想都具有这种具体的结构和形式。在这个意义上，为了客观地评价社会历史现象的全部适应性，我们必须实现一种对阶级的具体历史分析，下一章将为此提供一个选择性的例子。至此，有一点终于从以前的陈述中清楚地浮现出来了，即我们并不把"政治"当作事件的主要原因（prima causa），而是当作一个最好地向对作为总体进程的结构进行考察开放的领域。

② 此处德文版为 seelische（精神的），英译本为 physically（身体上），疑英译有误，根据上下文，从德文版。——中译注

③ 在很大程度上，我们同意（有一点保留将在下面提到）马克斯·舍勒的现象学观点，即"在有效的'传统'行为中，过去的经验并不出现在它的个体性中；但是，它的价值和意义却表现为'现在的'而不是像在回忆中一样表现为'过去的'"。（《论价值的颠覆》，第 2 卷，第 202 页及其后）进步经验也存在某些类似的情况："现在在我们的将来——它不是期望，就像传统不是回忆一样——的被给予性中存在一种类似于传统的现象：与对过去不加回忆的生动的'后效'类似，正是对那些前进中的事物没有期望的生动的'预期效果'。"（出处同上）

的部分。保守主义思想从这些生活的本真源头和经验形式中获得了它 101
远胜于纯粹思辨的丰富和尊严。

保守主义思想之所以具有与众不同的特征，只是因为外部和内部的世界在这种经验方式中得到了体现。因此，这种本真的保守主义经验模式，在生活的生动源泉和各个领域的传统连续性还没有被打断的地方，得到了最好的研究，这种生活滋养了它的精神和灵魂。当其他的生活和思想方式在它所在的同一个生活空间中出场，在意识形态的斗争中必须将自己区分出来时，本真的保守主义才第一次变得自我反思起来并意识到了自己的性质。① 保守主义的思想和经验在这个意识形态组织的最初阶段已经自我反思了。这个阶段同时也是方法论反思的一个阶段，它随后的成果越来越以高扬这种自我反思为标志。处在德国第一个发展阶段的默泽可以准确地刻画如下：尽管他仍然完全生活在传统之中，却已经致力于在反思的水平上把握这种本真的保守主义思想的本质。

但是，在方法中，那种特殊的现代社会结构不仅仅与老的结构共存，而且越来越将后者拉入自己的轨道并改变它们，本真的保守主义经验趋于消失。在或多或少是无意识的简单的生活习惯的位置上，尽管老的生活方式好像仍然适用，我们现在还是发现了一种深思熟虑的努力——通过把老的方式提升到反思的水平，提升到"回忆的水平"将其维持。② **于是可以说，保守主义的经验方式通过把那些有可能为了本真的经验而迷失的对世界的态度，提升到反思和方法控制的水平，保全了自己。**

① 在这种语境里不应该忘记：正是在这个时期，"进行'反思'"这个概念才作为占主导地位的基本思想范畴出现。

② 我们前面已经看到，舍勒将"回忆"与"传统"区别开。我们断言，保守主义的经验和思想自己从出于传统的经验的一极转移到了出于回忆的生活的一极。

只是在这里，在这个建立在传统基础之上的直接经验开始消失的阶段，才通过反思揭示出历史的性质，同时主要精力则被用于提出一种能够以某种方式挽救老的对待世界和环境的基本态度的思想方法。但是，通过对这种基本经验态度在方法上的把握，保守主义创造了一种能通过新的途径解释事物的进程的全新的思想方式。我们并不同意那种（根据一种仅仅在进步渴望的基础上分析事物的总体进程的解释）观点，即认为老的生活形式和思想方式只是简单地消失了，像已经成为多
102 余的压舱物一样被扔掉了。相反，只要这些过去的因素还建立在、活跃在具体的社会生活中，它们总要根据意识和社会发展的新阶段转变自身，从而使历史连续性中的一条“脉络”保持活力，否则后者可能消失得无影无踪。

现代保守主义发展成一种思想潮流，在这个过程中将自己构建成自由主义启蒙思想的一种全面的反潮流，而且以这种方式作为自我改良的实体和动态的结构外形为现代思想史中的一种主要潮流指明方针，它的基本设计——其他一切事情的先决条件——必须在一个历史生活空间中被特定的阶级和生活圈子生动而直接地经验。因此，我们的中心任务就是要探究保守主义的这种基本设计，甚至要在它还没有被从起源地抽出来之前的原初形式中研究。这就是默泽（还有别人）的意义，他代表着一种原初状态的、还没有成为回忆的、事实上是一种等级类型的“传统主义”的保守主义。只有当这种生活态度从它的原初和“自然”发生地移开，并呈现出一种自我反思的特征时，我们才会遇到它如何向一种不受地域限制的、拥有自己的固有准则和方法论见解的思潮转变的问题。

至此，显然仅仅确定这种思想风格从中成长起来的“前理论基本设计”已经不够了。现在有必要对那个从此成为这种思想风格发展的“理论焦点”的“理论框架”做出说明。

(b) 保守主义思想的理论核心

这将我们带到了第二个问题。除了我们已经描述过的一种前理论和经验类型的基本设计之外，是否还有一种已经成为独特的思想潮流的保守主义思想从中稳步成长起来的理论核心？换句话说，是否可能在作为一种方法论研究的保守主义思想始终关注的问题框架内确定一个中心问题，在这个中心问题的基础之上这种思想最主要的方法论理念能得到最好的理解？

事实正是如此。当保守主义思想自身有意识地反对资产阶级的革命思想风格、反**对自然法的思想模式**时，它便作为一种确定的实体和动态的结构外形出现了。发现自己面对着一种体系化的对手后，这种此前或多或少潜在的思想冲动找到了一个理论上可以理解的结晶点。针对这种体系创造一种发展着的“反体系”终于成为必然。当然，避免再犯施塔尔的错误是很重要的。他把两种已经完成的思想体系设置成可以通过它们现在互相冲突的内容得到完全区分。情况正好相反，这是一个关于两种正处在持续发展进程中的思想方式的问题。保守主义不仅仅是要思考与它的自由主义对手“不同的东西”，它**还要进行不同方式的思考**。而且，正是这种冲动提供了那种不仅需要新的内容而且意味着一种新的思想模式(但是，这种模式仍然为意识中旧有的因素所滋养)的补充因素。 103

为了把握保守主义思想核心的方法论问题，首先必须找出一些关于它的对手——自然法思想——的东西。现代自然法思想无论如何也不仅仅是一种关于自然法的苍白理论；它是从古代传承下来的自然法理论，现在被融进了资产阶级的思想形式和18世纪的资产阶级假定之中。它在这种形式中呈现给反革命思想家，也在这种形式中对后者表示不满。就像颠覆旧政权和杀害国王夫妇对反革命意识而言是一种本身富于表现力的象征和革命事件一样，《人权宣言》和革命宪法也成了标志一种新的思想方式的事实。这种新的思想方式必须从体系根子上被铲除。①

众所周知,lex naturae(自然法)②指的是一种理念综合体。它的原初形式可以追溯到斯多葛学派,它从那里进入基督教学说并最终与其结合在一起。在现代它再次从这种宗教的掩盖中浮现出来,并以一种世俗自然法的形式重新建构并成为现代思想中最重要的意识形态力量之一。在这里——如果可能在什么地方的话——很清楚:看起来一样的学说内容在历史发展的进程中是如何意谓不同的事物的;作为不同的社会学状况的一种功能,它们是如何始终构成一种新的风度的。作为一个占统治地位的社会阶级最初的意识形态,这种理论在罗马帝国时期已经展现出了一种完全反对当时的民族宗教意识形态的思想和经
104 验方式。③ 这种建立在**极端个人主义**和**极端普遍主义**的双重焦点之上的**世界主义思想**,在该学说的现代版本中重新露面,并刻画了它与有限生活领域的对立面。这种学说的本真根源在于城邦(polis)世界观解体的那个时期。④ 它作为一种尊崇成文法律和传统社会习惯的地方化世界观的对立面出现,从一种正在从这些束缚中解放自己的精神性意识

---

① "革命这条九头怪蛇已经在方法上,而且在很大范围内也在结果中被摧毁了:让我们连它的根子一起铲除……"(哈勒:《政治科学或自然群落状况理论的复辟反对非自然的资产阶级空想》,第1卷,第2版,第III页)我们可以看到,哈勒仍然深深地受到自然法思想的影响。

② 以下对 lex naturae(自然法)的最重要的几个历史阶段的描述受惠于特勒尔奇的社会学分析。请参阅他的《基督教教会和集团的社会学说》,《全集》第1卷,第53页及其后,第60页及其后,第672页;他的《斯多葛基督教的自然法和现代世俗的自然法》,载《1910年第一届德国社会学家代表大会纪要》,其中有关于这篇论文的讨论;还有他的《世界政治中的自然法与人性》。也请参阅他的《泽贝尔格教义史评论》,《全集》第3卷,第744页及其后;格奥尔格·耶利内克的《人权宣言》;马克斯·韦伯的《经济与社会》,第495页及其后[英文版第866页及其后]。

③ 特勒尔奇:《基督教教会和集团的社会学说》,《全集》,第54页。

④ 特勒尔奇:《斯多葛基督教的自然法和现代世俗的自然法》,载《纪要》,第176页。

中成长起来。一种**起源于理性的普遍合法有效性**的伦理学被用来反对主导性的法律和道德，被当作被武断定位了的东西来刻画。“绝对”和“相对”的自然法（Naturgesetz, lex naturae）之间的张力——对所有的自然法思想都如此具有基础意义——已经在此显现。然后，在这种思想方式最后的发展阶段，它作为合法权利（Naturrecht, positives Recht）的“自然”和“实证”体系之间的一种对立重新出现。

在斯多葛派的思想中，已呈现出一种典型的历史哲学构建，在其中世界上发生的事件沿着一条下降的线路得到了定位，从一种极乐的自然状态（“黄金时代”，人们认为绝对的自然法——纯粹的合理性——在那里起支配作用），到现在的状态（由于人类激情的霸权，合理的东西被权力和贪婪所淹没）。斯多葛派通过这个理论确定了绝对标准和实证经验之间最大可能的张力，对他们而言，这种张力并不为革命结论奠定基础，只因为这个理论是一个占统治地位的社会阶层提出来的。这个阶层非常满足于将特殊财产和家族秩序中的一切存在物理解为绝对标准和相对环境之间的一种妥协。

基督教之所以能够包容这么一种学说，是因为它同斯多葛主义自身都产生于同样的世界状况，所不同的是基督教同时还是被压迫阶层的一种精神表达。通过将斯多葛派的自然法压缩进基督教的教条，这个学说的神学基础就取得了优势。“绝对的自然法”现在成了“上帝的法律”，只受真正的“基督之子”的约束。相对的自然法——在此源自人类的堕落——则成了理解世界的现实状况的基础。就像在斯多葛主义中一样，被当作绝对来颁布的标准和那些相对的东西之间的对立，通过一种介于两种标准秩序之间的对立保留了下来，其中一种适用于“市民的”和经济的存在，而另一种则包含了个人道德与虔诚的标准。在此我们的任务不是要描述特勒尔奇已经指出过的教会的、宗派的和神秘的发展脉络在功能上的所有区别，不是要回顾路德主义和加尔文主义在 105

处理这些张力上的不同方式——对张力保守的和革命的化解如何突显出来。我们只需注意到,新的思想模式出发点的准确标志在于:自然法理念是通过抛弃神学基础获得其现代形式的。这最初发生在现代国家绝对主义企图通过一种世俗的独立于神学的方式论证自己的权力地位之时。但是这种世俗的自然法很快就落入了那些代表资产阶级世界思想的人之手,他们从这种学说中发现了一种反对占统治地位的实证法律秩序的阶级斗争武器。这种思想越是根据新的发现将自己从神学基础中解放出来,它就越要为自己对"自然"和"理性"的需求寻找终极的合法性。在这种关系中,马克斯·韦伯生动地指出:这里假设了一种两个术语之间的平行。人类理性所获得的知识被认为与"事物的本性"是一致的[正如在英语中,reasonable(合理的)具有 rational(合理的)和 practical(实用的)的双重内涵]。[①] 在这种现在被剥夺了神学前提不再能调用教会-神学的准则作为自己的有效性源泉的思想方式中,孤立的个体再度来到前台,成了可以诉求的终审法庭和自身的目的。在自然法范围内,苏醒的正好是那些源自斯多葛主义的因素。

但是,当时斯多葛派的自然法是通过两种方式被理解的,即教会学说的神学形式和已经吸收了斯多葛因素的广为流传的罗马法传统。如此被强调的自然法因素将自己与已经普遍深入的启蒙运动理性信仰,与自然科学的方法论理想,与"原子论的思想方式",与[社会]契约的理论构建联系了起来;[②]而且它们将自己扩展成一种特殊的思想风格,后者已经代表了一些比纯粹的自然法新概念更广泛的东西。这正是这

① 请参阅马克斯·韦伯《经济与社会》,第 496 页[英文版第 869 页及其后]。

② 关于契约理念的历史根源,请参阅奥托·冯·吉尔克的《约翰内斯·阿尔图西乌斯与自然法国家理论的发展》,第 3 版,第 77 页及其后。关于"社会契约理念和资产阶级精神"之间的关系请参阅桑巴特的《现代资本主义》,第 2 卷前半卷,第 2 版,第 29 页及其后。

种思想风格受到反革命思想攻击时的形式。

对自然法思想的攻击不是突然发生的，而是零散地出现在各种各样的受到一种与革命理论不同的基本设计所鼓舞的作家的作品之中。默泽在如此多的方面——特别是通过他的历史思想——代表了德国保守主义思想的出发点。在他那里，我们发现国家本性学说被超越了①，比如，当作者坚持原始契约的概念时。② 同样的判断也适用于他的学生雷伯格，后者在反对自然法的概念时停留在启蒙哲学的前提之上，支持 106
默泽的土地所有者之间的原始（社会）契约学说，坚持导源于康德学说的基本点，同时在保守主义的意义上对它们做出解释。③

在这个自然人只是部分被超越了的阶段，我们还必须提到哈勒，他为另一种对“自然法”思想的部分超越提供了一个有趣的平行例子。尽管在编年史上哈勒是后来者，但是他通过完全相反的途径走在了前面，即在相信一种自然状态的同时拒绝原初（社会）契约学说。他甚至断言我们仍然生活在那么一种状态之中，因为随处可见的强者原则符合自然和上帝的意志。④ 在一个有趣的转折点上，哈勒用一种类似的具有稳定结构的、建立在永恒自然法则基础之上的追求权力的观点，取代了建立在永恒理性法则基础之上的思想。显然，这种对自然法思想所作的

---

① “人是为社会而生的，在隔离条件下考虑他毫无益处。”（尤斯图斯·默泽：《全集》，第 3 卷，第 68 页）

② 同上书，第 177 页。

③ 比如，在他那里你会发现，一般规律和生动的特殊性之间的对立（这一点为后来的保守主义思想所关注）仍然存在，并且沿用康德的概念被描述成了像理性与知性一样的对立。根据他的观点，离开经验来理解一般抽象规律的理性为每个人所固有，而根据个案的特征来作判断的、离不开经验的知性在每个人身上的表现程度各不相同，这也是为什么在这个领域会存在一者对另一者的屈从的原因。随后的理性和非理性个案之间的对立仍然通过理性信仰这个术语出现在理性主义的王国之中，而保守主义的观点则只适合于知性。关于这一点请参阅库尔特·莱辛的《雷伯格与法国大革命》，第 40 页。

④ “不但不废除自然状态，我还要延长它从未中断的连续性，甚至宣布它为上帝的秩序。”（哈勒：《政治科学的复辟》，第 1 卷）

随处重铸建筑材料似的部分“超越”——也许拒绝已经被卢梭以及被康德最有力地当作历史事实拒绝的自然状态学说，或者用某些其他东西取代契约理论——并不代表一种对“自然法思想”的一般清除。这种思想从许多地方吸取养料，在所有的诸多努力中它只能在这方面或者那方面受到攻击和消解。主要的事情是要表明：同一种基本的政治保守主义设计是如何隐藏在这些攻击背后的，以及在这里新出现的方法论见解是如何因此而被一种基本的政治设计在存在上统一起来的。①

既然我们不能在任何一个作家那里指明对自然法思想方式的总体驳斥，更加重要的工作就是要找到使理智的反运动得以思想和成长的主要理论支持和中心参照点。

为了取代纯粹的自然法理念，我们必须首先对在18世纪用来区分自然法思想的、构建一种思想风格而不是一个简单理念的形式和内容的所有特征进行分类。平行的对比将为我们打开通往这种保守主义思想风格的特征之门。

从组成部分上对“自然法”思想这种思想风格——就像它呈现给当

---

① 当然，同一种潮流也存在于哲学、文学著作中。巴克萨认为费希特的《自然法》(1796/1797)首次揭示了这种变化和德国唯心主义对自然法学说的背离。但是，你可能说，这也只代表一种对自然法学说的部分超越。

另一方面，必须强调指出的是，在保守主义中也存在着一些理智主义潮流(比如根茨和梅特涅)，他们并没能成功地摆脱建立在自然法基础之上的理性主义思想风格，因为他们也过深地扎根在18世纪的思想中(当然还有别的原因，我们随后将对其作社会学分析)。关于梅特涅，请参阅斯比克在《作为政治家和作为人的梅特涅》第3卷，第2部分，《体系的本质》中的精彩分析。

在目前工作的历史-社会学部分，我们将不得不在德国保守主义思想中找出那些根本没有从他们的自然法植根性中脱离出来的潮流，并考察这种情况为什么没有发生。我们还需要解释为什么自然法思想——正如特勒尔奇在他的《世界政治中的自然法和人性》中所指出的——在西方民主主义中没有像在德国那样被彻底摆脱。

时的保守主义批评家们的那样——进行分析，我们能够区分如下层次：①

A. **自然法思想的内容**： 107

1. 自然状态说；
2. 社会契约说；
3. 人民主权说；
4. 人权（自由权、财产权、安全权、反抗压迫的权利，等等）不可让与说。

B. **自然法思想的特征**：

1. **理性主义**：在理性的基础上确定一切研究的结果；
2. 从一般原则中演绎个体；
3. 设定一种约束所有个体的**普遍有效性**；
4. 宣布一种所有法则对所有历史实体的**普遍适用性**；
5. **原子论与机械论**：从个体的、孤立的立场诠释集体形象（国家、法律等）；
6. **静态思想**：将正确的思想设想成一个超越历史的"应该"的自我包容的自主领域。

---

① 自然法思想最早的批评者之一雷伯格的一段文章，可以作为证据来说明这种思想方式是如何反映在同代人的意识之中的。他这么来定义自然法：

"人在市民社会中的境况，就像自然的境况一样，必须只在道德必然性法则这个唯一的基础上来评判。所以在市民社会中被确定为或应当被确定为法律的东西都可以从原初的理性法则中导出。因此，地球上所有民族共有的一部宪法和一种法律代码不仅是最好的而且是最公正的。它的特征是在那种道德必然性统治下的无限的普遍的自由。"（奥古斯特·威廉·雷伯格：《法国大革命研究以及法国出版的最值得重视的有关作品的批判性介绍》，两卷集。转引自莱辛：《雷伯格与法国大革命》，第40页）

第一组特征揭示这门学说的内容,第二组指出的是标志这种思想风格的形式因素。要将反击通过某种方式体系化,将分散的批判因素围绕一个内在的焦点聚集起来,保守主义反论的内在一贯性可以通过对它们的分类——就像它们是前面分析中所区分的立场的回应似的——来把握。

反革命思想家的进攻要么通过

A. 攻击自然法思想的内容

1. 通过对原初自然状态说的质疑;
2. 通过对社会契约说的质疑;
3. 通过对人民主权说的攻击;
4. 通过对人权不可让与说的质疑。

或者通过

B. 反对自然法思想的特有方法

1. 拒绝在理性的基础上确定一切研究的结果的方法,反对**历史、生活、人民**。这种对峙导致了许多哲学问题,这些问题支配了整个时代;如果抽象地来表达,它们通过**思想**和**存在**

108 的对立这种永恒的形式表现出来,但是如果具体地来看,它们又赋予了这个问题一种特殊的意义,当你牢记法国大革命所显示的无法抗拒的原初经验时你便能理解这种意义。从社会学观点看,绝大多数赋予"思想"优先地位的哲学立场的根源在于资产阶级革命的或者官僚政治的思想,而绝大多数赋予"存在"优先地位的哲学的根源在于对浪漫主义的意识形态反运动,甚至就它们当时的形式来看还在于反革命的经验。后者是诸如米勒的“理念和概念”（当然是以它们当时所具有的独特形式，不是关于那些源于哲学传统的因素）一类的基本相关性所由成长的土壤；

2. 保守派用多方面的现实的非理性来反对自然法思想的演绎倾向。非理性派的问题是这个时代的第二大问题。就当时所具有的形式，它在社会学上也根源于法国大革命。起源和体系之间的关系问题也在这些意识形态的斗争中获得了它的当代意义；
3. 得以极端地表达的个性问题与普遍有效性互相反对；
4. 保守派提出社会有机体思想来反对认为政治革新对一切历史和民族实体普遍适用的思想。这个“范畴”具有特殊的意义①，因为它起因于保守主义的冲动，为的是指出政治制度只能有机地发展而不能任意地从一个民族有机体（Nationalkörper）转移到另一个，对法国大革命正在蔓延的趋势加以限制。对作为保守主义思想标志性特征的性质的强调，也是出于同样的冲动；
5. 针对在个体基础上对集体组织进行的解释性构建，保守派提出了一种从总体性出发的思想模式。总体（国家、民族）不应被理解为其个体部分的总和，而零散的个体则应被看作总体性（比如民族精神这个概念）的部分。这里还应该提到：“主体”的概念因思想潮流的不同而不同，以及在文化科学和逻辑哲学原理中，根据思想潮流的不同，优先性时而被给了一种“我-结构”，时而被给了一种“我们-结构”。 109

① 请参阅埃里希·考夫曼（Erich Kaufmann）在《19世纪国家学说中的组织概念考察》中的明确观点。

在这种情况下，其他进行分析性区分的方法——比如自由主义启蒙思想对单个的文化领域（法律、国家和经济等）进行区分的方法——也受到一种纲领性观点的反对，而且，在所有的领域都强调综合而不是分析的重要性。19世纪最重要的问题之一（不仅在理论上而且在政治现实中）在于要素是如何被铸造成一个总体的。民族的统一问题迫切需要得到解决，国家公共生活中的总体结构问题也一样。这些生动的实验与不同的综合概念的起落携手共进；

6. 最后，反对自然法思想的最重要的逻辑武器之一是动态的理性概念。起先，保守派只是用"生活"和历史的运动来反对静态的理性理论的僵化。但是后来，发现了一种激进得多的避免启蒙运动的永恒标准的方法。不是认为世界围绕着一种静止的理性在旋转，理性自身和理性的标准都被看作是在变化和运动的。在这后一个阶段，反对自然法思想的冲动实现了最激进的革新并获得了新颖的见解。我们将回过头去说明这些以及其他的思想形式得以形成的步骤。

如果我们开始是想在经验类型的基本设计的范围内确定保守主义思想的内在一体化因素，那么现在，在转向历史细节之前，应该努力把握材料中展现的、能为一种定向提供参照点的理智框架，使我们能够通过其内在的相互关系理解保守主义思想的方法论理念。

如前所述，我们不可能在任何一位保守主义思想家那里找到一种从方法上完成了的对自然法思想的全面攻击；每个人都只是攻击和纠正了它的某些方面。但这正是为什么只要我们想带着合理的明晰性看待事物，就有必要存在这么一种理论框架的原因；可以说，它预示了历史中在完全不同的点上开始的个体覆灭的逻辑所在。因此，我们的设计无论如何也不是要将两种静止的、完全成熟了的思想体系并列起来。我们所能做的只是在它们共有的理论框架内将两种方法论上的研究路线并列起来，以便由此从逻辑上整理时间中的运动。

在我们看来，在一个保守主义思想的定义的位置上，唯一能提供的 110
东西是：对其中理论的和前理论的一体化因素给予一个生动的证明。关于早期保守主义的性质的这种结构上的定位，很像一种体系化的陈述而不是别的什么，现在却紧跟着一种纯粹的历史和社会学陈述，后者将努力详细地说明那些直到现在都还只被轻轻带过的理性和前理性的冲动是如何在一个特殊的历史和社会学实体中展现自己的，在那种实体中哪些特殊的思想类型和立场在互相冲突，在每一种情况下又是哪些隐藏在其后的生动的力量在充当驱动力。

111
第三部分
德国早期保守主义

一切具体思想都发生在某一确定的历史生活空间(Lebensraum),并且唯有参照这个空间才能得到充分把握。社会学研究的首要工作就是要弄清这种历史生活空间的独特特点。

从根本上来说,要刻画和确定一种生活空间需要以下几种方式:首先,通过新近兴起的精神和心理世界的**社会承担者**(社会阶层);然后,也通过从较早时期存活下来的**各种传统**(它们总是代表着新发展的一个出发点);最终,通过正在考察的这个特殊生活空间在这一时期所从属的**事件的确定过程**。

如果我们想要分析 19 世纪前半期德国文化世界中的保守主义思想,我们就必须研究刚才所指出的那些因素。但是我们不想用刚才指出的系统的,甚至有计划的系列方式来进行这一工作。相反,我们将依事实来提出这个问题:构成这一时期保守主义思想的最重要的思想风格形态和学术立场形态,这是直接与我们在这里所讨论的主要问题相关的。

我们用"思想风格"来指思想世界的主要流派,当它们存在时,它们在历史的多样性中或互相赞成或互相反对,偶尔以总体出现偶尔以部分出现。如此得出的综合不应该被设想为不受进一步变化所影响，因为组成它们的元素总是再次分裂并有可能进行新的组合，这种可变性反映着它们所从中产生的生活总体的不断变迁。

我们用"学术立场"来指一种结合点，具有特殊重要性和代表性的学术流派的综合就发生在这里。就像从山顶上眺望一样，这样一种立 112
足点可以最好地把握通向它的道路。我们要揭示，在早期保守主义思想的这种结合中那由社会所决定的发展，并以此为中心来集中讨论上述社会学问题。因此，我们宁愿选择一种活的表述，而不是一种有计划的建筑家似的设计。然而，为了事先确定某些参考点，我们将从了解德国早期保守主义思想所达到的最为重要的那些"结合点"或"学术立场"开始：与等级制有关的思想和浪漫主义之间的综合、历史学派的开端、黑格尔、政治周刊(Politische Wochenblatt)党、梅特涅的立足点、施塔尔、后期历史学派和后期浪漫主义。①

① 下页的示意图提供了一个定位的初步图式。它(很初步地，将自己局限在最重要的特征方面)表明了这些潮流是如何前进的。圆圈表示最重要的立场。我们选择了思想的独特特征(思想风格)作为基础。因为目前我们在分析中还没有考察后一个时期，以下参考书目可以提供一个最初的定位：

关于黑格尔：弗里德里希·梅涅克的《世界资产阶级与民族国家》，第278页及其后(他的其他著作也非常重要)；赫尔曼·黑勒的《黑格尔与德国的权力国家思想》；弗兰茨·罗森茨魏格的《黑格尔与国家》。

关于《柏林政治周刊》(*Berliner Politische Wochenblatt*)和兰克的《历史政治杂志》：法伦特拉普(C. Varrentrap)的文章《兰克的〈历史政治杂志〉与〈柏林政治周刊〉》，载《历史杂志》(1907)99：35—119。

关于后期历史学派的命运：奥托·冯·吉尔克的《历史法学派与日耳曼语文学者》，载《大学创始人威廉·弗里德里希国王纪念会演讲集》；罗塔克在《历史杂志》上发表的文章《萨维尼、格里姆和兰克》；罗塔克的《社会科学导言》；以及特勒尔奇的《历史主义》。

关于梅特涅：斯比克的《作为政治家和作为人的梅特涅》。

关于施塔尔：冯·马丁的《早期保守主义思想的世界观动机》。

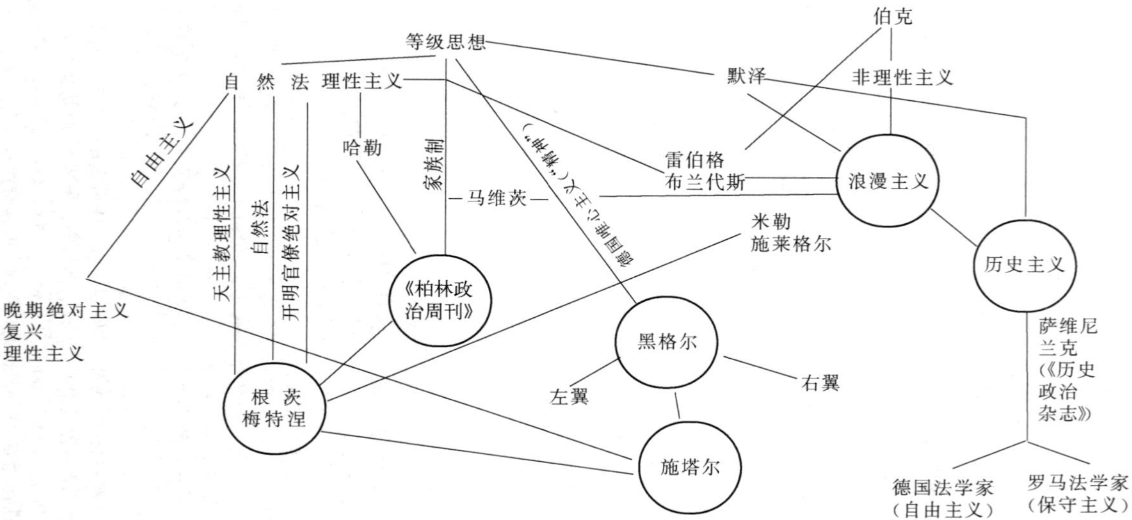
等级思想
伯克
默泽
非理性主义
自 然 法
理性主义
自由主义
天主教理性主义
自然法
开明官僚绝对主义
哈勒
家族制
—马维茨—
德国唯心主义（"精神"）
雷伯格
布兰代斯
浪漫主义
米勒
施莱格尔
历史主义
《柏林政治周刊》
晚期绝对主义
复兴
理性主义
黑格尔
左翼
右翼
根 茨
梅特涅
施塔尔
萨维尼
兰克
（《历史政治杂志》）
德国法学家
（自由主义）
罗马法学家
（保守主义）

1. 最初的保守主义立场：浪漫主义与等级制

最好这样来理解一种历史的精神生活空间（暂时不作更为详细的分析）：研究它在某一确定的时间交叉点上从外面吸收了什么、是怎样，尤其是以何种方式**向外部反施影响**。

如果我们从这一角度来考察我们所感兴趣的这个时期，即紧接着法国大革命的那个时期德国的精神世界，我们发现在著名的保守主义思想的中心普鲁士，这场革命加剧了以**封建力量和旧的等级制**为一方与以**官僚主义-专制主义的理性主义**为另一方之间的冲突。普鲁士资产阶级无疑是受到一些革命的影响，但是，法国大革命的决定性作用在于，它在某种程度上暂时削弱了已经由弗里德里希大帝牢固地建立起来的专制主义君主与贵族之间精神上和政治上的联盟。① 并不是资产阶级不愿接受自由主义的革命观念：德国知识分子中的多数阶层都欢迎法国大革命的爆发，他们的热情我们是深知的。② 大多数保守主义者和反革命者的自传都表明，他们的青年时代也有一个革命的时期。同样广为人知的是，许多高级官员也令人惊奇地沉迷于自由主义的观念，耶拿之役后所进行的"自上而下的改革"就是由于这种倾向。然而，这种反应从根本上说终究只是一种意识形态上的反应；实际历史因素的

---

① 弗里德里希大帝在1752年的《政治遗嘱》（*Die politischen Testamente*）中写道："普鲁士国王的政策的目标之一，是保存他的贵族。因为无论发生什么变化，他都可能找到一种更富有的但是不可能是更勇敢和忠诚的贵族。为了帮助贵族保持他们的财产，平民不准获得贵族的财产。鼓励他们将自己的资本投资于贸易，这样当一个个贵族被迫出卖一笔财产时，只有另一个贵族能够购买。"[弗里德里希二世：《政治遗嘱》（1752；1768），第33页]关于以后的发展，请参阅弗里德里希·马维茨的《解放战争时代的一个边区贵族》，莫伊泽尔编，第2卷，第2部分，第80页及其后。

② 比如，请参阅雅科布·芬内德（Jakob Veneder）《法兰西共和国下的德意志共和主义者》。

随后发展几乎将此颠倒过来。

113 显而易见的是，对一种以历史和社会为条件的生活空间来说，其构成的独特之处在于：它以一种反映着它自己的独特组成的明确方式对外来的意识形态影响做出反应，把这种外来的影响转化到它自己的发展方向上。1789年的观念——与专制主义相反，它寻求“自下而上”而不是“自上而下”地建立国家——启动和激活了德国的——更为明确地说，普鲁士的——政治实体中的那些因素，即等级制以及其中唯一在政治上能够有所作为的贵族，实际上，是他们作为在政治上和历史上都有分量的力量在起作用。① 任何别的影响都必定只是“意识形态的”。

在19世纪第一个十年的普鲁士，我们得到一个社会学的实验，它表明当一些实际上诞生于一个在社会发展上更为先进的国家的观念进入一个社会不发达但在文化上却错综复杂的生活空间时发生了什么。在德国，尤其是在其命运与保守主义生死攸关的普鲁士，资本主义的经济发展落后了几十年。即使人们不准备在评价那些年代德国的落后时像弗里德里希大帝评价他自己的时代那样夸大其词②，马克思的估计也可能是正确的，他认为德国1843年的社会状况大致与1789年的法国相当。③

那么，让我们来看一看在德国尤其是普鲁士，与第三或第四“等级”相当的是什么。由一个阶层向一个阶级的转化尚处于早期阶段。无产

---

① 比如，请参阅埃里希·乔丹（Erich Jordan）《保守党的出现与1848年普鲁士的农业状况》，第9—10页；以及格奥尔格·考夫曼（Georg Kaufmann）《19世纪德国史》，第48页。

② 请参阅恩斯特·冯·迈尔（Ernst von Meier）《19世纪法国对普鲁士国家和法律发展的影响》，第1卷，第6页。迈尔认为，如果联系弗里德里希大帝的早期生活，他关于德国的精神状况与弗朗西斯一世统治下的法国的状况相关联的论调是正确的。

③ 卡尔·马克思：《〈黑格尔法哲学批判〉导言》，载梅林《卡尔·马克思和弗里德里希·恩格斯遗著选》，第1卷，第385页［《黑格尔法哲学批判》英文版第132页］。

也请参阅《马克思恩格斯选集》中文第1版，第1卷，第3页。——中译注

阶级主要由工匠组成,他们实际上仍生活在行会制度下,没有作为一个阶级来反抗外部压力。与第三等级相当的是中产阶级,但是就像桑巴特正确意识到的那样,它与真正意义上的无产阶级没有任何共同之处。[①] 这种不成熟解释了一个事实:这一阶层仍然缺乏明确的共同目标和清醒的目的,只是听命于形形色色的意识形态的影响。并且,这一中间阶层也缺乏"真正的"利益纽带,结果是,它的大多数成员在政治上无可取舍,他们很快接受每一件新鲜事物,但是当情况变坏或没有达到他们的抽象期望时,又很快改变自己的情绪。所有这些特点都是利益性尚无归属的明显征兆。作为一种革命力量,法国大革命之所以没有产生非常伟大的根本作用,从社会学上来看,是由于对它的响应只能是意识形态的:在这一时期的德国,最没有行动能力的显然就是相当于资 114
产阶级的那个阶层。

在普鲁士,唯有那些由于这个国家的特殊性和它独特的形成史而有能力动用真正的政治砝码的阶层——贵族和官僚——才对革命做出积极的反应。我们可以强调的是:我们可以说,**法国大革命对普鲁士最为重大的影响就在于,在法国,人民和统治者之间的冲突在这里在一个"较高的"层次上被复制**。它所采取的形式是试图"自下而上"建立政权的阶层(贵族)与君主之间的斗争,后者由其官僚所代表,"自上而下"地进行统治。其结果就是各种影响的一种奇怪的混合。在法国所发生的事件中的革命因素使贵族的企图生机勃发,他们妄想通过强化

① "根据早些时代的观点,中间状况(Mittelstand)将一切既不属于贵族也不属于下层的个人联合了起来。它并不具备阶级——在我们使用这个术语时的意义上——的外在特征。它有时表现为一个所有中等富裕者的集团,有时又更是人口中受过教育的那一部分。"(桑巴特:《19世纪与20世纪初德国的国民经济》,第444页)也请参阅弗·卡尔·默泽经常引用的评论:"我们缺少孟德斯鸠所说的调解力量,借以支持和保卫一个良好的君主政体,防止其腐朽或变成暴政:第三等级(le tiers etat)。"——空间的缺乏在这里妨碍了对社会总体进行一种更加彻底的经济分析。

等级制和寻求一种结构性的发展来“自下而上”地建立政权。① 另一方面,法国大革命的机械主义的、中央集权主义的和理性主义的动机由官员所吸收,并用来反对贵族的企图。普鲁士的革命实际上是“自上而下”发动的,这一事实也说明了它混杂的特点。[“自上而下的革命”这一术语是哈登伯格(Hardenberg)发明的。]一个由官员所维护的官僚主义的、专制主义的政权有必要进行改革,以使它向资本主义方向迈进。它所实行的改革只是部分地代表了普通人民的利益,但有些措施是**反对**贵族及其防范性立场的。

在法国,革命产生了贵族、君主和教会的一个防御性的联盟。在普鲁士,来自“下层的”实际压力仍然可以忽略不计,革命的结果是贵族和官僚之间的联盟遭到局部削弱。这种局势的意识形态表现就是,在普鲁士新世纪的第一个十年出现了**一次以等级制为基础的复古,一次在19世纪的阶级和文化的舞台上所进行的复古,它运用了最为先进的知识资源以求实现以它的社会重心为基础的设计**——总之,这次复古为寄住在遥远的过去的基本设计找到了一种现代的表达方式。意识形态上对启蒙主义的呼应与社会上贵族的复古并行:**浪漫主义和等级制思想互相吸收对方的特点**。这种结合产生了实际上时至今日还是“德国”
115 思想的标志的那个特点:一方面是浪漫特质,一方面是历史主义,它同样也在旧的等级制的思想特点和浪漫主义相结合的背景下获得自己的定义和形式。

---

① 以下引自马维茨的话可以作为一个例证:“一个政府无论多么务实和仁慈,对国家而言都是死的,除非被统治者理解并介入了它的生活。”(《解放战争时代的一个边区贵族》,2/2卷,第58页)或:“国家不是由那些肩并肩站着的、一些发令一些服从的人构成的,而是由那些相互生活在对方之中的人构成的。它是他们的意志的统一的精神方向。”(出处同上,脚注)

*有些人把民族的思想方式设定为最终的和不可分析的单元，并在这种意义上说有一种直接从“民族特点”中推导出来的“德国的”或“法国的”思想模式。一般地来说，我们要放弃这些人的这种观点。人们可能会在一种专门探究的结尾发现民族特点是一种不可避免的残余，虽然即使那种残余也必须被视为潜在地可改变的。但是人们必须首先考虑所有那些能够从历史和社会结构中推导出来的因素。一旦人们采取了这种途径，他就会不断意识到那些声称具有民族思想方式的人实际上指的是民族生活的一个特殊时期的思想，在那个时期唯有一个特殊的社会阶层的思想恰巧对当时的民族文化产生决定性的影响。他们把这种可以从社会学和历史的角度更为详细地加以定位的思想提高到一般的民族生活的水平。这种形式的观点是错误的。正确的是，某些时期以及在这些时期内的某些阶层可能具有一种持久的影响，尤其是如果这个时期对民族文化和历史的发展是一个关键时期的话。正是本着这种精神，托克维尔①已经相当正确地从革命发生之前的那个时代的社会学意义——以及那个时代的精神状态，从被排除在行政和政府之外的当代文学知识阶层的统治地位中——推导出了法国的抽象性。解放战争年代以及随后的复辟时期对德国思想的特性具有同样程度的决定性影响，只是在内容上方向相反。自 19 世纪以来德国思想是如此彻底的浪漫主义和历史主义的思想，以至于生长在同样土地上的它的反对派也深深卷入这种形式的思想。海涅是一个浪漫主义者，虽然他是一个浪漫主义运动的反对者；马克思是一个历史主义者，虽然他是一个历史学派的反对者。

当“保守主义”思想被神圣化为“德国思想”时，其中的区别就

① 托克维尔：《旧制度与大革命》，第 217 页[英文版第 148 页]。

116 模糊了。说德国思想是保守主义思想是不正确的。然而,可以证明,欧洲文化中的保守主义因素在德国几乎不曾间断地形成了它的全部含义。说与此相反的思想完全是"法国式的",从根本上来说是不正确的。① 然而可以说,与此相反的意识因素由于法国的特殊形势而在那儿得到了高度发展。*②

对于"民族性"这个一般问题我们不再赘述,我们先回到对19世纪早期浪漫主义和等级制之间的联盟的详细讨论。为了理解这一独特的结合,有必要更仔细地看一看加入了这场学术斗争的那些阶层各自的社会学特性。让我们开始讨论浪漫主义者和倾向于等级制的反对派,首先,他们由贵族组成;第二,他们由"意识形态家",也就是说成为这场运动的发言人的中产阶级作家和文学贵族组成。

浪漫主义必须被视为对启蒙主义思想模式的反动,至少在其开端,与其说它是一场直接由社会政治所决定的运动,不如说它是一场内在的、意识形态的运动。实际上,启蒙主义思想是一方面由上升中的资产

① 英文版编者注:前面的部分文本源自手稿中的两个注释。因为这些注释互相交叉,有一个注释的一部分被删节了,尽管它包含在本书的德文版中。请参阅《保守主义》(*Konservatismus*)(法兰克福:祖尔坎普,1984),第142页。

② 如前所述,那种认为法国的民族特征可以从法国人对抽象的倾向中收集而得的观点已经受到了托克维尔的攻击,他正确地指出了这种抽象是受文学的(literati)前革命阶层的社会学立场决定的,是他们受政府和管理机构排斥的结果。他非常准确地表达道:"我听说,在过去的60年里,我们的政治家对一般理念、体系和夸夸其谈的空话的强烈倾向,且不说热情,源自一种民族性格,即所谓的'法国精神'——这大概是说,这种所谓的倾向在上个世纪末突然走到了前台,而在此前的全部历史中都在休眠。"(托克维尔:《旧制度与大革命》,第217页)[英文版第148页]

在这些情况下,一种由于特定的社会学和历史原因在特定时期取得主导地位的特殊的思想潮流,甚至往往会在其他潮流上留下印记。这样便可以证明:在19世纪的前几十年里占主导地位的浪漫保守主义也受到了反潮流的结构的强烈影响。我们只能在这个意义上来谈论一种"时代和民族的团结精神"。

阶级所拥有,同时也由君主及其官吏所拥有。① 一场紧锣密鼓的、具有凝聚力的、在倾向上是非理性主义的意识形态上的反方向运动之所以可能作为一个潮流兴起,只是因为启蒙主义的理性化倾向达到了它的外部极限。它成功地构造了一幅在根本上和逻辑上都以理性为基础的无所不包的世界图画。它把"非理性"从这种世界构想的每一个角落清除出去;同时,在其凯旋的进军中,它把一切生活因素排除在外,而这些生活因素由于被排除而漂流在一起,构成一个统一的对立极。② 这种反

---

① 英文版编者注:在《档案》中,曼海姆用下面的段落取代了手稿中在先的两个句子:

[由于其内在结构,浪漫主义是作为启蒙运动的意识形态反运动开始的。

它的社会基础,尤其是在前浪漫主义时代,似乎在于远离现代资本主义总潮流的阶级(可以被称作"小资产阶级")。根据赫尔伯特·舍夫勒(Herbert Schöffler)的彻底研究,有一点似乎越来越可能,即新教的圣职薪俸在这种关系中起了特别重要的作用。启蒙运动的浪潮所流行的教区的牧师之子尤其受惠于传统主义者的虔诚,但是他们并没有因此就走向保守理性主义的另一个极端。他的宗教意识从根本上得到了转变。所以那些受像父亲一样的家庭抚育的通常的思想和经验方式都顶住了启蒙运动的冲击。抽去其积极内容,它们被用加倍的力量瞄准了当时的理性主义氛围。为了自身的目的,在先的潮流使对非理性的新支持有可能完全集中并强调意识中的理性因素。]

② 英文版编者注:这里,曼海姆1927年发表的版本在一个很有趣的方面与原始文本不同。原稿强调这种意识形态发展的"内在"特征,为摆离过度理性主义的"钟摆效应"的重要性争辩,而曼海姆的修订则指向一种对浪漫主义所作的更具社会学色彩的外在解释。这里对比的差别很细微,但又是如此显著以至于使两个文本的直接结合成为问题,不过认识到这一点对其他段落是有用的,对该书德文版的这一段也是如此。在这一点上修改后的文本如下:

[但是被那些由于其传统的作用仍然保留着一种接近这些经验和思想模式的方法的人吸收的正是这些因素,就像理性主义潮流产生于资产阶级、君主政体和官僚机构中进步的那些部分一样。

前浪漫主义乃至早期浪漫主义自身都还只与政治潮流存在松散的联系,而且在与前革命时期的主导状态保持一致的同时,它们自己甚至倾向于革命。法国大革命之后,沿着各国结构上分歧的线路出现了一种方法上的分野。浪漫主义在德国造成了敌视革命、保守主义和反动的结果,这个事实是德国特殊状况的一种作用。在所有事件中,这种向保守主义的转向意味着对浪漫主义中所有反对正在出现的新世界的趋势的再加强,所以德国浪漫主义的标志性特征在于:其中对现代世界的意识形态上的反对越来越与政治上的反对相一致。

但是,对支撑现代世界的力量的这种意识形态和政治上的反对,不应该掩盖这种运动不仅仅是基于过去的一种反动这个事实。现代性和理性主义已经为浪漫主义意识所吸纳和超越。]

对启蒙主义的因素在其组合过程的开始并没有一个基本的政治设计。①相反，我们发现，在大多数国家，前浪漫主义阶段是在相似的环境里出现，并且常常由那些站在启蒙主义的理性主义之中的相似的个体所创造。

浪漫主义运动并不是一个由形形色色的力量所推动的方向正相反对的反作用运动；它非常类似于一个钟摆运动，到了一个极端之后，突然反转回来。同样，这种从理性主义到非理性主义的转向（既在感情生
117 活上也在思想方式上）有时甚至也在启蒙运动的主要代表中间发生。在卢梭和孟德斯鸠那儿②，我们发现极端理性的思想方式与其对立面和平共处。德国浪漫主义、“狂飙”运动的先驱哈曼和赫尔德都已经在启蒙运动的高峰期出现。理性主义从中汲取能量的动力正是其对立面得以从中出现的动力，只有在这种钟摆运动的基础上我们才能解释为什么浪漫主义的许多特点与理性主义相似——尽管存在根本的不同。这些特点就是它的极端的主观主义以及对意识的所有非理性力量理性化的倾向，启蒙运动的理性主义的纯粹思辨方法对此从来没能取得成功。尽管浪漫主义运动在纲领上是非理性主义，实际上存在的还是这一倾向。

这一浪漫主义的潮流至它采取一场运动的形式为止，主要是由**社**

---

① 关于前浪漫主义请参阅赫尔伯特·舍夫勒《新教与文学：通向 18 世纪英国文学的新道路》；保罗·范·蒂格姆（Paul van Tieghem）《前浪漫主义：欧洲文学史研究》（*Le preromantisme. Etudes d'histoire litteraire europeenne*），巴黎：F. Rieder，1924；以及阿尔弗雷德·怀泽（Alfred Weise）的哲学博士论文《从浪漫主义杂志看浪漫主义者的感知与思想的发展》。

② 阿达尔伯特·瓦尔：《作为行动与反动的先行者的孟德斯鸠》，载《历史杂志》（1912）109：129—148。奥本海默《社会学体系》，第 4 页及其后，建议用“精神的反革命”来取代“浪漫主义”这个术语，并想要通过塔尔德的“通过反对来模仿”法则对它进行解释。这样就很好地揭示了浪漫主义的一个方面。

会独立的知识分子[1]承担的。因此,在社会学意义上,也是由投身于启蒙运动的那个阶层承担的。但是,这一阶层在启蒙运动中至少与其历史根源保持着内在的联系,启蒙运动的资产阶级作家还要向资产阶级寻求世界观支持,向浪漫主义的转向对知识分子来说意味着在社会学以及形而上学上都处于异化和孤立状态。"知识阶级"(Intelligenz)构成了一个鲜明的社会学现象,没有别的地方比这里更为明显。知识分子的外部环境极不稳定,他们在劳动的经济分工中没有占据一席之地,这极大地加剧了对这一社会学现象进行社会学归类这一问题的复杂性。德国的知识阶级,只要它是社会独立的,实际上在当时是非常贫困的;它的成员实际上在忍饥挨饿。现代意义上的报纸是不存在的,克莱斯特的晚年生活表明,靠给《柏林晚报》当记者过活意味着什么。[2] 人们可以靠当一名专业作家而生活,但这只不过是一种近来才出现的可能性。克洛卜施托克、莱辛和魏兰实际上都是试图靠他们的文学生产谋生的第一批德国作家。[3] 因为作为一个独立的知识分子生活困难重重,所以毫不奇怪的是,当时大多数文人的生活表明,在经历了一个与世界和他们的周围环境强烈对立的青年时期之后,他们都选择了为官作宰的生涯。

显而易见,由于外部环境的这种不确定性,由于这些浪漫主义文人具有一个远远超出他们狭隘生活领域的精神视野,他们极端敏感,道德 118
上不稳定,总是愿意冒险以及接受蒙昧主义。正如我们所见,他们放浪形骸,无所顾忌。他们把自己的文笔出租给当时的政府,摇摆于普鲁士

---

① 阿尔弗雷德·韦伯的一个术语。

② 请参阅莱因霍尔德·斯泰格(Reinhold Steig)在《柏林战争中的克莱斯特》。

③ 请参阅卡尔·兰普莱希特的《德国史》第 8 卷(Ⅰ),第 209 页。莱辛的同时代作家魏斯、恩格尔、莫里茨·都克不久在受庇护中改正了自己的生活。施莱格尔和诺瓦利斯的时代环境要好于莱辛时代。参见狄尔泰:《施莱尔马赫的生活》,第 1 卷,第 193—255 页。

和奥地利之间，一部分人最后归顺了当时的梅特涅，后者知道怎样使用他们。作为官吏，他们总是得不到恰当的使用，他们的使命基本上都是秘密的，用来影响舆论，他们的思想具有一种半具体的特点，介于不着尘世的理想主义者和只专注于眼前事务的官吏之间。他们既不是抽象的热心家，也不是狭隘的实践者。"时代的标志"成为他们的研究标志；他们是天生的历史哲学家。

这无疑是他们行为积极的一面，因为必须而且应该有这样一些人，他们并不那么受眼前事务的羁绊，并不仅仅关心"下一步"。①

随着社会过程不断复杂，对它进行学术澄清似乎就更有必要。这一发展线索的开始由一个自我观察的机体的历史所创造，我们在这一

① 如果你想通过一种思辨方式——也就是说不诉诸历史事实——确定一种历史哲学(换句话说，一种对历史运动的总体性的兴趣)最可能产生于什么样的社会区域，你会认为可能是产生于那些由于其所处的社会地位而应对总体负责、会对这些主题进行反思的人，即高级官员、外交家、国王等等。但是经验表明，这种推测就算正确，也只是部分正确的。高级官员可能拥有必要的关于有效权力的实践经验和知识，但是他们关于总体的观点具有从行政管理或权力战略的角度看待社会的倾向。但是，这样看待社会所带来的既不是历史哲学也不是社会学。"独立知识分子"(unattached intelligentsia)无疑面临着空发议论的危险。但是，当社会上对立的知识分子带着他们与生俱来的对体系和总体性的感觉，将自己与具体地展现出来了的社会力量的设计紧密联系起来时，形成全面的历史观的最好机会便出现了。在这种背景下，他们所加盟的这些现实的力量是从上[兰克、特赖奇克]还是从下[马克思]来表现社会是无关紧要的。第一代浪漫主义者仍然缺乏这种对具体的感觉。即使在后来的时期(施莱格尔、亚当·米勒等)，对思辨的倾向和对现实的感觉仍然是互不相关的。两种力量的融合在兰克、特赖奇克和马克思那里更加有影响力；几乎可以说是进步。"国家的第一仆人"由于其所处的社会地位的独特性质——即使在他个人禀有"哲学"天赋的地方——在多大的程度上不能形成对历史哲学或社会学的典型结构的意识，可以从弗里德里希大帝的几句话中得到说明。他在1752年的《政治遗嘱》中写道："过于野心和复杂的政治计划不可能比战争中过分机灵的行动更成功。"然后他举了一些历史上的例子，接着写道："所有这些例子表明，处理得太快的宏伟计划永远不可能达到目标。政治中有太多的偶然性。人类的精神不能支配将来的和那些属于机会领域的事情。那里更多的是靠利用有利机会，而不是靠精心的算计。由于这个原因，我建议你们不要缔结关于将来的未确定的事情的条约，要保持行动的自由，这样才能根据时间、地点和你们面临的事务的状况，一句话，根据你们当时的利益需要来做出决定。"(第61页及其后)。即使是随之而来的"政治空想"也不能妨碍"战术观点"。演员自己站得太近以至于不能看透人和环境的有效伪装，不能看穿结构状况。

点上——或者说，至少是在这条道路的一个重要点上——在由启蒙主义哲学所发展了的历史哲学中发现了思辨。浪漫主义思想正好完成了同样的功能，虽然它开始于用改变了的符号运送价值。从诺瓦利斯的梦幻开始，这条道路通向了黑格尔，顺利地到达马克思。这也是德国社会学得以获得其主调、严重偏向历史哲学的根源。与西方社会学（它开始脱离历史哲学探究总体性的框架）不同，德国社会学的一个根本特点就是倾向于历史哲学，至少在那些真正土生土长的各流派中是这样。如果说这是浪漫主义政治思想积极因素的话，它的消极点就在于它认为任何东西以及一切东西都是合理的。

这些独立的知识分子都是典型的辩护士、意识形态专家，他们长于替他们为之服务的政治设计提供基础和支持，而不管这些政治设计是什么。他们就自己的处境来说可以无牵无挂，但是他们具有一种异乎寻常的精致的敏感，可以感受一切在他们的生活空间中存在的集体性设计，能够把它们找出来并抓住它们的精髓。对于自己，他们却一无所知；但是一旦他们从外部把握住了什么东西并与之认同，他们就知道它**更好**——确实比那些共同受他们的处境、受他们沉重的生存负担摆布的人更好。 119

敏感是这种思想风格与众不同的特征。其优点不是深邃，而是观察发生在精神和心灵领域的事件的"好眼力"。因此它对事物的建构常常是虚假的甚至是错误的；但是总有一些东西被"敏锐地观察到"。浪漫主义在这一方面极大地丰富了人文科学。[1] 它提出问题以供讨论，它发现了整个领域；但是对事实进行区分与构造的任务还有待后来的研究。法国哲学的启蒙知识必须用它所缺乏的科学基础来取代机智和智

① 关于浪漫主义的历史编纂的重要性，请参阅乔治·冯·比洛《浪漫主义的本质及其传播》，载冯·比洛的《用一种特别的眼光看中世纪和近代之间的历史分期》，也请参阅格奥尔格·冯·比洛《德国解放战争以来的历史写法》《中世纪与近代史手册》。

慧。在浪漫主义阶段,这种敏锐转化为一种特殊的敏感——一种辨别细微的质差别的能力,一种天赋的艺术才能。从文学精神和浪漫主义中兴起了一个我们所称的“**质的思想**”或其成分,另外的成分也同时出现,不过是以一种完全不同于与旧的等级制相关的世界感觉(Weltgefühl)的方式。①

就像我们已经看到的那样,正是由于缺乏社会根基,知识分子没有最终目标,没有实质性物质可以立即据为己有。他们的思想不是试图离开既定的基础,而是试图达到某个东西,他们试图使之合理化的事物来自别处,来自更为重要的源泉。现代——可以明确地追溯至18世纪——知识阶级的典型命运是,精神世界的目的地在一个少有根基或没有根基的阶层那里保存,不可能明确无误地指出某一阶级或阶层;这个阶层,其设计并不以自身为基础,却身体力行,当它身体力行时,所捍卫的设计是由那些具有更深的社会渊源的阶层所持有的。这一事实对思想来说意义重大,因为对其精神倾向来说,每一种在取向和目的上的最终基础都在生存上由社会地位所固定。如果这些基本层次上的设计也交由这一在社会上无所依附的知识阶级去处置,它们会被用光并很快枯竭。另一方面,如果没有这些无所依附的在社会方面解放的文学阶层,在一个愈来愈资本主义的社会,我们的许多精神实体会很容易消
120 失掉,除了赤裸裸的自我利益别无其他。就像阿尔弗雷德·韦伯已经观察到的那样,知识分子是理想的承担者,也是意识形态的承担者——很难决定这两者谁占上风。

如果在界定这一浪漫主义文学阶层的独特的思想特点时,我们要超出这两个已经指出的特点(基于历史哲学的观点和对质的差别的敏

① 当两种思想潮流互相交汇的时候,知识社会学的任务就是要揭示两种潮流中的那些甚至在综合之前就呈现出一种内在的相似性从而使融合成为可能的因素。这个是我们在风格分析部分的主要考虑之一。

感)，那么就没有一个浪漫主义的定义比诺瓦利斯给出的更切合这种思想方式的本质了。他宣称：

> 世界必须浪漫化。这就是原始意义被发现的方式。**浪漫化所指的不是别的，就是获得一个较高的质的能力**。在这种操作中，因为我们由这样一系列在质上不同的“能力”组成，所以较低的自我取得与较高的自我的平等。这种操作还是完全未知的。**通过给庸俗以美化了的意义、给平凡以神秘的面目、给熟知以未知的尊严、给有限以无限的外观，我就把它浪漫化了**。①

我们可以这样来刻画这种思想“技巧”：它把某一给定的事物状态提升到比通常与这一事物相关的解释层面要高的一个解释层面，我们认为这一说法只不过以不同的语言表达了诺瓦利斯本人（虽然带有辩护的设计）在上面所引用的那段话里所说的东西。它也表明正在考察的事物或复杂事件并不是由浪漫主义思想家本人创造出来，也不是被他发明的，而是被他从别的地方抓来或占有的。这种浪漫化的一个典型例子就是对天主教或贵族的浪漫化。贵族的存在是一个经验事实。浪漫主义思想承认贵族的历史缺陷和美德都是既定的和已知的，它发现了那里的一个内在原则并把贵族的历史发展揭示为不同原则之间的一种斗争，这是它的贡献。那些尤其是对一种具有实证主义倾向的思想来说其本身仅仅表现为一系列因果链条之环节的事实，从而被转换为意义的交织。这种“浪漫化”无疑对事实做出了新的阐明（“某物总是被敏锐地观察”），但是它也使物质的相

---

① 诺瓦利斯（弗里德里希·冯·哈登伯格）：《作品集》，第 2 卷，第 304 页及其后。[《逻辑断简》（II）（1798），《作品集》，保罗·克鲁克洪（Paul Kluckhohn）和里查德·萨米尔（Richard Samuel）编，第 454 页]强调为曼海姆所加。

互联系模糊了。

*我们已经着重指出了浪漫主义思想的蒙昧主义性质。然而也应该指出的是,浪漫主义思想方式在适合于解释的领域是富有成效的。这是由于这一事实,即他们能够穿透精神和心灵本质的不同层次。诺瓦利斯的论断以及整个浪漫化思想方式的积极意义就在于,与启蒙主义相反,它意识到了这些**不同的层次**。由于篇幅所
121 限,我们在这里不再对此加以详细的现象学分析。然而这样一种分析会表明,浪漫主义直指最深层并不"真实"。主体性的优势允许武断的因素潜入解释并阻止主体完全服从客体。这也解释了对"浪漫化"加以滥用的可能性:根本不必遵循为解释而解释的因果关系,即无视它们的客观性而对它们加以解释——从而甚至对卑下加以粉饰——的倾向。重要的是,在诺瓦利斯的论断之中已经暗含两种解读的可能性:一种试图穿透从未有过的"深度",一种导致对现存条件进行意识形态的曲解。浪漫主义实现了两种可能性。*

如果这种"浪漫化"的方法仅局限于政治内容,在此就不必多花时间了。然而,这种方法导致了对一种较为陈旧的思想风格的重新发现和解释,如果不是它的话,这种思想风格会一直隐藏不露,这是一件极为特殊的事情。浪漫主义思想并不仅仅对某些政治内容和世界观加以浪漫化,它在对一种较为陈旧的思想方式加以浪漫化时也经历了同样的进程。正如浪漫主义思想的政治目标的创立并不是出于其自身的才智,在其发展的某一阶段,它从旧的等级制思想中吸取了很多"非启蒙主义思想"的主要观点。它把在那里已经尝试性地精织而成的羽翼丰满的方法论加以浪漫化,并使它适应政治的目的。

亚当·米勒及其《政治艺术要素》①在文学浪漫主义(作为启蒙主义的意识形态的反作用倾向)和与旧的等级制相关的思想相结合的知识和社会历史的重要交结点上出现了。米勒并不是一个由于其在创造上的重要成就而引人瞩目的作家。但是,他是那些对形成他们的时代思想,至少对形成一种主导倾向卓有贡献的历史人物中的一员。他天 122
生就是上述意义上的意识形态家和浪漫主义者——从根本上来说要依靠外在的源泉——但也是一名鉴赏家,被赋予一种精致的、从众多混杂的当代思想中收集所需要的东西的才能。

因为我们在这里只关心形成这种风格的主要成分,我们不能详细讨论政治浪漫主义的开端,对诺瓦利斯和弗里德里希·施莱格尔的早期政治著作也无须多说。这些著作所包含的与后来的意识形态发展有关的每一项内容都以某种方式由米勒所吸收。诺瓦利斯的那篇漂亮论文《基督教或者欧洲》②是一件真正的珍宝,但它更多的是白日梦而不是政治意识形态。它的意识形态观、对新教的批判和对天主教等级制的赞美被米勒发现。好奇的新教徒渴望得到被弃的教堂,他们的崛起引发了一场改变宗教信仰的运动,这场运动具有其有利于奥地利、神圣同盟和极端君主制的社会学基础,可以追溯至诺瓦利斯。

---

① 关于浪漫主义和亚当·米勒的文献太多了,在此无法全面引用。其中的一些被雅科布·巴克萨收集在《浪漫主义政治科学导言》中,176 页及其后,而且在巴克萨的第 2 卷中已经引用了亚当·米勒的《要素》版本。梅涅克(Meinecke)的《世界资产阶级与民族国家》和特勒尔奇的《历史主义及其问题》中的相关文章也是有用的。最近的文献包括:《德国文学与思想史季刊》(1924)2、3 中关于浪漫主义的特刊;卡尔·施米特-多罗蒂奇《政治浪漫主义》;博里斯(Kurt Borries)《浪漫主义与历史》(*Die Romantik und die Geschichte*),柏林:德国政治与历史出版协会;以及戈特弗里德·扎洛蒙《作为浪漫主义理想的中世纪》。也请参阅阿尔伯特·珀奇(Albert Poetzsch)《前浪漫主义政治与历史观点研究》,载卡尔·朗普莱希特所编的《文化与世界史文集》,第 3 卷。

② 诺瓦利斯:《基督教或者欧洲》[1799],保罗·克鲁克洪和里查德·萨米尔所编之《作品集》,第 2 卷,第 507—524 页。

思想的**泛神论因素**①在浪漫主义肇始之初就引人瞩目，米勒对此加以吸收，它对当时正在形成之中的这种思想风格极为重要——它与天主教有关世界的观念以及天主教的思想结构的等级制处于明显的对立状态。在当代经验中，泛神论因素最早在文艺复兴运动中取得支配地位，文艺复兴的哲学本质就是这样一种生活态度的知识对等物。这种思想风格的主流地位被精确的自然科学所取代，但是，很明显，这种体验世界的方式在成千上万的支流中还存在着。狂飙运动标志着它的首次强劲重现；至于歌德在何等程度上沉溺于其中，这里不能详述。这种生活态度进入了早期浪漫主义思想，当新教成为无神论时，它倾向于泛神论；而当它成为无神论时，天主教却转向唯物主义，这种说法似乎颇具几分真理成分。②

泛神论的生活态度在早期浪漫主义思想中占据主导地位，这一点要专门说一说。要使我们从一开始就仅限于核心问题，就应该了解泛神论的体验方式和思想方式的本质是上帝不能被体验和假设为“在开端的”存在以及仅仅假设为存在，而应该被体验和假设为存在于万事万
123 物之中。③ 天主教的独断思想与自然科学的一般的、寻求规律的和实证主义的思想在某种意义上联合起来，反对这种思想风格，然而它们在其他方面可能是有所区别的。它们的相同之点在于两者都至少把世界的

---

① 关于泛神论思想的历史，请参阅狄尔泰《全集》第 2 卷中的文章，以及他的《施莱尔马赫的生活》中的有关部分。

② 这种关联已经被弗里德里希·冯·施莱格尔（《时代的象征》，发表在他自己编的杂志《肯考迪娅》上，1820/1823，第 45 页及其后）注意到。还有施塔尔《当代国家与教会中的政党》；阿尔弗雷德·冯·马丁《早期保守主义思想的世界观动机》，第 374 页及其后。

③ 以下的段落描画了泛神论思想的状况和结构：“去感受：一个春日，一项艺术作品，一个被爱的人，家庭的福佑，公民的义务和人类的行为是如何在地球的各个维度上将你织进世界的，在这里，一门艺术紧接着另一门艺术，艺术家获得永生……”（亚当·米勒：《矛盾学说》，第 92 页）

内在关系视为理性决定和理性可知的（就像经常可以看到的那样，这是教会和实证主义为什么能够联起手来的原因）。在天主教思想看来，神迹（非理性）作为创造者存在于开端，而对一般化的自然科学来说，非理性要么是可以完全去除的，要么是可以丢弃到“自在之物”的超验领域的。这两种思想方式都认为存在着一个完全从属于理性分析的纯净领域。与此相反，对泛神论的感觉来说，活生生的和神圣的东西无处不在脉动；静态思想及其抽象的、一般的范畴不可能接近这种活力。思想在它起作用的地方进行着一场功能变革。它的任务不再仅仅是认识和登记统治世界的一般规范或规律，而且还要随着事物的不断生成、随着世界万物的涨落而波动。[①]

一种起源于泛神论思想的倾向是类比思想。[②] 这种思想在炼金术和星相学中已经存在，后来又出现在浪漫主义对自然的玄思中，最终被引入政治思想。虽然这种思想方式把世界看成完全是有生命的，然而它以隐而不显的类比型建构规律（Bildungsreihen）为前提条件。类比思想还不是普通的寻求规律的思想的绝对对立面，因为在它之中寻求一般建构规律的努力还继续着，虽然是以一种极其特殊的方式。这种思想首次成为真正的泛神论是在它脱掉以类比为伪装的形式合法性时，它把每一种变化（Werden）都体验为由内部活力所引起，并赋予思想纯粹的随着这种运动而摇摆的功能。**思想不必复制，而是随之运动**。我们称为**“动态思想”**的一切都源于这种倾向。19 世纪的泛神论是独一

① 曼海姆在此处以及以下别的地方特意用隐喻性的不明指的语言。他的观点是不能认为“发展”或“内容”这些概念在泛神论中与在“理性主义”思想中一样。后来，曼海姆认为，由于理性主义和非理性主义之间的综合（他声称要加以追踪），这样的概念也许应该恢复。——英译注

② 施米特-多罗蒂奇在他的《政治浪漫主义》中，非常聪明地根据天主教的观点，通过类比和“调用一个更高的第三者来超越二元论”技巧，对这种思想潮流进行了分析。我们相信施米特没能公正地评价其本质特征，即包含在这种思想类型中的“动态因素”。

124 无二的,因为它达到了体验历史的制高点,成为一种历史的泛神论。

这种早期浪漫主义的泛神论有其自身的变迁,这一点我们稍后再加详细讨论。然而,现在可以确定这种泛神论的动态思想是米勒从早期浪漫主义那里继承下来的主要东西。同时,有趣的是,在他的思想中存在着天主教的等级制的静态原则与这些动态的异端精神之间的斗争。人们几乎可以在《政治艺术要素》一书中明确地指出一个地方,在那里,这种有关事物的泛神论观念逐渐淡化,让位于等级制思想。(巴克萨曾经在这部著作新版的注释中指出过这一点。)[1]我们已经知道,米勒的立场受到多种因素的影响(如在《政治艺术要素》中)。浪漫主义倾向(也就是对启蒙运动的抽象理性主义在意识形态上作的反应)与其他两种可以由埃德蒙·伯克和尤斯图斯·默泽这两个名字所代表的潮流是有所联系的。

在分析这一不同的思想方式的特殊表现之前,有必要对米勒这部著作所产生的**具体社会学背景**作一番考察,因为唯有这样才有理由说这一立场是具有历史代表性的。《政治艺术要素》一书的标题页上说,这部著作由1808—1809年冬天在德累斯顿举行的"在萨克斯-魏玛的贝尔纳亲王阁下以及众政要和外交官面前进行的"公开演讲的讲稿组成,这些东西同年以演讲稿形式出版。这部著作预示着一种直至1810—1811年当等级制与哈登伯格产生对立时才在现实政治中有所表现的普遍情绪。[2] 对其内容进行的进一步的详细分析表明它与维护等级制和贵族的思想密切相关。这是一个核心,围绕这个核心形成了一

① 请参阅亚当·米勒《政治艺术要素》,第1卷前半卷,第218页,以及巴克萨对此的评论。

② 关于这一点,请参阅威廉·斯特芬斯(Wilhelm Steffens)《哈登伯格与社会等级对立》,载《马克·勃兰登堡历史协会公报》;弗里德里希·伦茨《德国浪漫主义的农业理论与农业政策》。

个完整的政权理论，存在着很多出色的论证，表现出无与伦比的才艺。选择这一题目的直接原因是自由派作家布赫霍尔茨的一本小册子《论世袭贵族》，根茨说这本书在老贵族那里引起了巨大的恐惧。① 根茨在刚刚援引过的那封信中鼓励米勒抨击布赫霍尔茨的著作并保证让他得到一份"极其愉快"的回报。② 但是我们不能同意巴克萨，他是米勒的盲目崇拜者，他认为自己的英雄在道德上是无可非议的，因为他认为米勒既没有因此而破坏《政治艺术要素》的外部形式，也没有在"对布赫霍 125
尔茨的全方位的攻击"中"浪费"精力。社会学的事实表明这部著作的基本设计可以追溯到这些外部环境。这一发现对我们的意义在于，它使浪漫主义的设计与等级阶层的设计之间结盟的物质的因果决定性一目了然。两种思想方式由于其内在的亲近性而走到一起，由外部生活环境所推动，结合成一个总体。在对社会学背景作了以上评述之后，我们准备回过头来**探讨**这一立场的**非浪漫主义因素**。

要通过追根溯源来理解米勒思想中倾向等级阶层的因素，有必要回顾一下另外两种思想倾向，一种以伯克为代表，另一种以尤斯图斯·默泽为代表。前者的影响尤为明显，这不仅是因为米勒时常提及他并把他捧上了天，而且是因为他的影响还存在着物质证据，也就是说，人们可以毫不费力地看出某些观念是从伯克而来的。然而，米勒著作中基于等级制度的思想影响更深，也许正是出于这个原因而很难用"实证主义的"方法加以确定。亚当·米勒从来不曾援引过默泽。③ 但是，读过默泽后再读米勒，人们就会注意到后者是怎样在浪漫主义的层面上

① 请参阅《从 1800 至 1829 年根茨和亚当·米勒之间的信仰转变》，第 140 页。

② 参阅同上。

③ 请参阅雅科布·巴克萨《尤斯图斯·默泽与亚当·米勒：一项比较研究》，《国民经济与统计年鉴》(1925) 123：14—30。巴克萨主要将自己限制在阐明思想的一般内容上，而我们则必须努力揭示显著得多的相似性，即一般的思想模式。

复制了默泽的思想态度：默泽的著作中包含着属于等级阶层的朴素的(非浪漫主义的)思想方式和观念，它们重新出现在米勒那里，虽然有所改变。这种影响相当深刻，以至于实际地确认这个人已无关紧要。换句话说，这里重要的不是米勒是否从默泽本人那里接收了这种基本态度，而是默泽是否代表着一种理所当然的、日常的、很可能通过各种不同的中介而对米勒起作用的思想类型。

我们先从伯克开始，他的影响更为直接。① 在此首先要做的事情还是确定他的社会学地位。伯克的重要性在于他对法国大革命做出的反应最早而又颇具影响，他的反应是反对革命的形形色色的保守主义中的第一个，因此成为后来一切反应的条件。每一种对法国大革命做出过反应的现代保守主义都在某种程度上受到伯克的影响。他对他所在时代的大事的态度在某种程度上影响了其他一切敌视革命的态度。在这种意义上，他不仅为自己的时代提供了战斗口号，而且还确定了基
126 调。表面上，他的《法国大革命感想录》是一本直接针对正在英国兴起的赞同革命的俱乐部的小册子。因此他的论证几乎直接出于这种特殊背景。然而，尽管伯克写作《法国大革命感想录》时速度很快，他还是能够抓住那么多根本的东西，那么多一再发生的东西，这一点只能这样来解释：他已经能够从一个实际上给旁观者带来丰硕见解的角度来看革命。从英国用政治的眼光和良知观察革命提供了如此有利的一个机会，如此有利的一个视点，以至于每一项特殊的观察都转换为一个对原理的陈述，都变成“哲学的”——即使伯克的思想严格地来说基本上不是哲学的。这一哲学的特点就是实践在此转化为哲学，而在米勒那里

① 例如，关于伯克请参阅莫伊泽尔《埃德蒙·伯克与法国大革命》；弗里达·布劳内(Frieda Braune)《埃德蒙·伯克在德国》；里士满·伦诺克斯(Richmond Lennox)《埃德蒙·伯克及其在1760—1790年间的政治活动领域》；约翰·莫里(John Morley)《伯克：字母顺序上的英国人》。

实践的要求是通过从哲学的第一原理出发获得的(这恰巧是默泽和与米勒相反的伯克之间一个唯一真正的相似点)。

相当有趣的是,对革命的法国的首次有影响的、注定要左右整整几代人的描述来自英国,而英国遭到的报复是,它对自己祖国的一成不变的看法是由一个法国人,即孟德斯鸠提供的,他的看法同样在很多年里都影响着外国人对英国的判断。①

米勒的哪些思想已存在于伯克那里,这个问题的答案是,很明显米勒从伯克那里接受了明确的保守主义态度。首先是"历史"这一观念——如果可以这样称呼的话,它已经在伯克那里存在,虽然通过仔细研究,人们可以发现,伯克思想中的"历史"还并不是我们在米勒以及萨维尼那里遇到的那个复杂的、深深地浪漫化了的、充满形而上学因素的结构。它只是这一复杂总体的因素之一,然而却是一个本质的因素:"连续性"因素。②

虽然启发保守主义思想去对历史性进行深刻反思的是伯克,但是我们尚未在他那里发现具有方法论的精细性的历史观,在这种历史观

① 当然,英国[在德国]的形象也有其冒险的经历。亲英的年轻的米勒强调[英国社会的]等级结构,但是作为英国改变外交政策的一个结果,同一个米勒又非常典型地废弃了他最喜欢的判断。关于这一点请参阅弗里德里希・恩格尔-雅诺西(Engel-Janosi)《1815—1848年德属奥地利的国家理论》,载《公共权利杂志》(1921)2, 1/2: 386,注释3。

② 以下是伯克《法国大革命感想录》(*Reflections on the Revolution in France*)中的一些典型段落:

"你将看到,从《大宪章》到《人权宣言》,我们的宪法中有一条一贯的原则:宣布我们的自由为不可分割的财产权,我们从祖先那里把它继承了下来,我们还要把它传给我们的子孙。"(伯克:《著作集》,第5卷,第77页及其后)"在我看来,这项政策是深刻反思的结果;或者毋宁说是遵循作为一种无须反思但又高于反思的智慧的自然的幸运的报偿。……英国人民很清楚地知道,继承权的理念根本无须排斥进步原则就确保了保值和增值。"(同上书,第78页)"你们[法国人]古代曾拥有所有这些优势,但是你们选择这样来行动,似乎你们从未生活在市民社会,似乎一切都要重新开始。你们的情况开始变糟了,因为你们一开始就轻视所有属于你们的东西。你们不要资本便开始了交易。"(同上书,第82页)

看来,每一个已经存在的事物、有机体生长过程中的每一种结构都有其自身的独特价值。标准问题的复杂性还没有被把握:起源于历史主义的富有成果的相对主义[1],甚至使得观察者对于从他身边或通过他而流动的生成过程也变为相对的。有机论以及总体直觉(Totalitätsschau)的
127 观点尚未完全展露。他所见的一切不过是事物的慢慢成熟,产生比任何个体的突然建构远为有用的安排(构造)。他意识到了连续性——更明确地说,意识到了渐进性在历史中的地位;他重视过去的历史资源的逐渐积累(把《资本论》同这部与其相似的用英语写成的著作相比较)。[2] 他流露出来的对过去的尊重与人们在一个陈列着祖先画像的画廊的感觉相似。

> 通过这种方式我们的自由成为一种高贵的自由。它辉煌而又庄严。它具有显赫的先祖。它有自己的徽章。它有自己陈列画像的画廊,自己的墓志铭,自己的记录、见证和头衔。我们尊重我们的风俗习惯,自然教导我们去尊重个体的人,由于他们的年龄,由于那些和我们一脉相承的人们。[3]

但是所有这些都只不过是反思性的论断,是论题,还没有进入思想方式自身,也就是说,还没有进入它的逻辑结构。人们至多可以把它们视为一种现象的首次显现,即所谓对待历史的“**肯定的历史**”态度,它与成为启蒙主义标志的“否定的历史”概念针锋相对;这一点,雷克修斯[4]

---

① 英文版编者注:在公开出版的《档案》中,曼海姆将“relativism”(相对主义)改成了“relationism”(关系主义)。这个术语在他的后期著作中占有重要的地位。

② 埃德蒙·伯克:《法国大革命感想录》,第 82 页。

③ 同上书,第 116 页。

④ 加纳·雷克修斯:《历史学派的国家学说研究》,第 500 页及其后。

有很好的论述。历史中的一切事物都在渐进的连续性中建构自身，启蒙主义在这一事实中只能找到否定的东西。而保守主义发现的也不是历史自身，而是一种**特殊意义**的变化、一种特殊意义的过去——一种特殊意义的传统和连续性。

社会关联（sozialen Gebundenheit）之所以对理解历史极为重要，是因为认知主体参与了他试图理解的过程，他的立场就根源于这一过程；这就创造了至关重要的关系，是思想的最初发源地。[1]

如果人们不想从历史中获得什么，他就不可能对它有任何的理解。如果某一阶层没有感到他们的社会存在受到威胁，他们的世界可能毁灭，与这种历史安排的形成取得同感所借助的至关重要的关系就永远不会出现。[2]

我们已经指出，历史主义是一个极其复杂的多面结构，从社会方面来看也是千变万化的，但是在本质上它具有**保守主义**的根源。作为一种反对与过去革命性决裂的政治论证，它无所不在——当历史事实不是被热情地用来反对当前事实时，当事物的变化过程本身被敏感地体验到时，“历史研究”才转向历史主义。这是伯克的“连续性”、法国的 128
传统主义[3]和德国的历史主义的共同之处。虽然存在着这一共同因素，但是，除了这一基本经验，各式各样错综复杂的因素也影响了其不同分

[1] 英文版编者注：《档案》中的表达略微详细一些：［在这一点上，我们可以清楚地看到历史思想在一种生动的政治意义上以某种方式与历史主流紧密相连是多么重要。历史进程中的一种立场的直接根源自身，便足以创始那些思想及其范畴在其中成为可能的活生生的关系。为了从历史进程中获得知识，你必须对它有所欲求。］

[2] 根茨在一个关于他自己翻译的伯克《法国大革命感想录》的评论中讲到了一种“向过去的温柔回归”。请参阅伯克《法国大革命感想录》，根茨译，新版，第1卷，第408页。

[3] 理查德·罗登在为约瑟夫·德·梅斯特的《法国研究》德文版写的导言中（见《政治经典作家》，第2卷，第24页），在分析法国传统主义者的基本经验即时间（duree）之后，指出时间被构想为“静止的”而不是“动态的”。我们同意这一点，并且认为德国历史主义的基本特征在于它变成动态的了，而且由于这个原因，得以将保守主义思想最富成效的潜在性带到了其结论中。

支的形成。

简短地回顾一下这个对我们极为重要的例子，德国历史主义日渐增长的“动态”性特点，其可能的社会学和历史学原因是：1. 德国保守主义的主要流派在我们正在讨论的这些阶段（它决定性地塑造了现代意识）并无必要成为反革命的，因为在这个国家毕竟还不存在革命。因为一种反革命也必须用理想来对抗现实，这种理想就像革命的理想一样严格地来说也是乌托邦的。然而，进化的态度却有利于动态历史主义的形成。2. 因为德国资产阶级具有以自然法为基础的静态的思想风格，尚未进入政治角逐，它对这一时期的德国保守主义来说无足轻重。3. 德国保守主义的发展几乎是独立于天主教的，因此它能够避免后者的“静态”思想［就像罗登也已经指出的那样①］。我们再回到我们对历史主义的最初结构的更为基本的分析，这种分析在伯克的著作中已具雏形。

虽然这种发展过程、这种连续性的过程构成了历史主义者的最为基本的经验，但还有另一些因素存在，那就是对某一特定历史时期和某一特定的历史的集体行动者的偏好。在这一方面，伯克举的例子是偏好中世纪并把贵族推举为历史事件的卓越承担者的米勒。

“贵族”这种历史现象的意义成为革命之后保守主义思想的一个重要问题。然而，一种社会存在形式只有在特殊的情况下才能为置身其中的人所了解。社会学，即使是一种仅仅解释和维护现存制度的社会学，也需要从生存中创造出来的一段距离、一个建设性的立场和一个富

---

① 理查德·罗登：《政治法典作家》，第2卷，第24页。

有成果的视角。为了阐明社会结构,我们已经强调过社会中独立的知识分子的重要性。伯克的例子就证实了这一点。伯克本人并不是贵族中的一员;他是一个靠自我奋斗起家的人,寻求被贵族所接纳,以提高自己的社会地位。正是由于这一原因,他能够抓住贵族的典型的社会 129
意义和特点,当然也为其辩护。在德国,亚当·米勒也是中产阶级中的一员,他成为贵族和等级阶层的解释者。法国也出现过一个意识到其本身的存在形式的贵族。① 这无疑可以通过他们的移民这一事实加以解释。人们迫于命运的要求而远离自己熟悉的生存方式,这就使得他们具有更为深刻的社会学和历史学的洞见。社会历史结构对处于上升或没落状态的人们更为明显。在上升时,人们知道他渴望的是什么;在没落时,人们知道他在失去什么。

对于考察不同的社会阶层来说是正确的东西,对于考察过去的不同时期也同样是正确的。对贵族的捍卫以对中世纪的捍卫为幌子。当然,与其说这是在为等级制或行会辩护,为中世纪的神秘主义辩护,不如说它看重的是骑士的价值。②

伯克在这方面的成就仅在于,在一个中世纪被看成仅仅是一个"黑暗"的世纪的时代,他强调中世纪的积极价值。对于复活一直存活到现在,并且唯有通过它们才使得在生存上重新发现历史成为可能的过去的珍宝,他的著作既没有表示同情——这是反对对历史事实仅作"实证考察"的历史思想的标志——也没有对此作过任何历史主义的努力。

① 罗登在为德·梅斯特《法国研究》(第 14 页)的德文版写的导言中指出,法国的传统主义毫无例外都根源于拥有土地的贵族。他特别强调了这个事实。

② [出自伯克《法国大革命感想录》的]一个例子:"骑士时代已经过去了。随之而来的是诡辩家、经济学家和精于算计者的世纪,欧洲的荣耀已经永远地绝迹了。我们永远也不会再看到那种慷慨的对等级和性别的忠诚,那种骄傲的谦恭,那种尊贵的顺从,那种心灵的臣服,这些即使处于奴役状态中仍然散发着高尚的自由气息的东西了。"(伯克:《著作集》,第 5 卷,第 149 页)中世纪的行会体制,在蒂克(Tieck)和瓦克罗德(Wackroder)那里得到了辩护。

在伯克那里,对连续性、贵族和中世纪的维护深藏在字里行间。所有这一切实际上都还停留在“反思”的层面,它们还没有形成一种特殊的思想方式。

我们现在回到默泽。[1] 作为等级思想方式的代表,我们首先为之所动的是他的生活态度与浪漫主义者的生活态度的不同。称他的保守主义为“元保守主义”(Urkonservatismus)颇为引人动心,如果这个术语可以用来指传统主义向与社会政治生活发生了功能性关系的保守主义第一次转变的话。这里既没有浪漫保守主义的深深绝望,也没有深刻内省。法国大革命对代代流传的传统生活态度尚未展开正面攻
130 击。从默泽的反思中表现出来的主调首先是对“过去的好时光”赞不绝口。[2] 他以一种奇怪的方式将自己完全包裹在启蒙运动的氛围之中。他的智慧是祖父般的,冷静、实际并且理性。不过——这表明理性主义也有不同的种类——他的理性主义**不**是资产阶级计算的、算计的、思辨的理性。

只要世界还没有实现所预想的经济,资本家的精神状态就总具有双重的灵魂[3]:一方面它谨小慎微,咬文嚼字,一方面**在思辨的层面上**它又**敢于**在可计算性的边缘出现。默泽的冷静与农场主的理性颇为相似——它不是一种对抽象因素的思辨的计算,而是一种**权衡**。它起源于小心谨慎和视野狭窄,对变动不居的动态因素视而不见。这种冷静、这种理性主义拒绝越过任何眼前事实,抵制任何外部世界因素的入侵。

---

① 关于默泽请参阅 K. 布兰迪对他的介绍:《社会与国家:默泽著作选》,其中还有一个详细的默泽的书目,出处同上书,第 265 页及其后。也请参阅新近出版的汉斯·巴龙(Hans Baron)的文章《尤斯图斯·默泽思想史意义上的个体性原则》,载《历史杂志》(1924)130:31—57。

② 关于这一点的一个典型例子是《奥斯纳布吕克史》,载《全集》,第 1 卷,第 5 页。

③ 桑巴特的《资产阶级:现代经济人思想史导言》将企业家精神(entrepreneurial spirit)与市民精神(civic spirit)区别开来,并分别将二者作为“资产阶级精神”(bourgeois spirit)的组成部分进行了分析。

它害怕失去使周围世界得以维持的传统道德联系。它是一种不会尝试着超越自身界限的保守主义。这种原始保守主义之所以在默泽那里成为反思性的，并不是因为发生了任何突变，而是因为来自法国的新的"时髦"观念和生活态度的逐渐渗入。这样即使是这种保守主义也成为反思性的。但是默泽从来不对事物进行"浪漫化"。可能无意中他会把自己的设计强加给历史——这种事情时常发生[①]，但他从来没有有意识地试图用从别处输入的观点来判断某物的合理性，或通过把它转移到理性的"较高"层次而使它得以保存。

浪漫主义对教堂、对中世纪、对贵族充满热情，因为他们自己的希望之梦使他们得以接近这些事物。他们自身的一些缺陷通过这些对象得到弥补。浪漫主义的主体和客体的关系不是一种密切观察的关系，因为其对象往往只是来自一个内在的梦想。

> 当欧洲还是一片基督教的国土，而在这个为了人类而形成的大陆上居住的都是清一色的基督教徒时，这真是一个美好而辉煌的时代；同一种伟大的共同利益把这个辽阔的精神王国联合在一起，穷乡僻壤，概莫能外。[诺瓦利斯语]

诺瓦利斯的文章《基督教或者欧洲》就是这样开头的。[②] 这些话流露出一种基本情绪，在文章的余下部分**得以发展的不是正在考虑的对象，而是这种情绪。**

默泽的情形完全不同。他不是走近他的主题；他**生活**于其中。他并不回顾过去；他就生活在一年一年地保存下来的过去的残余中。他 131

① 尽管建立在原始资料基础之上，《奥斯纳布吕克史》仍然主要是一部思辨历史。

② 载保罗·克鲁克洪和里查德·萨米尔所编之《作品集》，第3卷，第507页。——英文版编者注

生活于其中并在其中说话。过去并不是被他落在后面的东西,而是对现已濒临灭亡的东西的强化。

这种类型的保守主义仍然直接依赖于过去的内容,还没有把它们当作反思和记忆中的东西,在我们对保守主义的生活态度进行一般性讨论时曾经提到过这一点。我们在那里指出,默泽是这种类型的保守主义的典型。现在我们必须对这一论断加以证实。

因此,我们首先分析一下默泽的一段话,它是对这种态度的一个概括:

> 每当我遇到一种与现代理性不合拍的旧传统或旧习俗时,我就不停地在它周围徘徊,心里想"毕竟,我们的祖先不是傻瓜",直到我为它找到一个合理的理由……①

现在,我们把这种态度与诺瓦利斯的态度作一番比较。默泽的出发点是那些具体地直接存在的东西——一种旧习俗,一个旧习惯,他试图发现它的意义。对浪漫主义者来说,主体是既定的出发点,研究是为了发现一个与主体相辅相成的世界。"围绕一个客体徘徊"则是典型的默泽的思想方式,正如必须为祖先的行为寻找"**合理的理由**"②是他的理性主义特征一样。对一切流传下来的旧东西加以推崇,不愿意对传统略加指责,只有这样的态度才是不合理的。但是,他所寻找的是一种"合理的理由",而不是某种起源于某一较高的形而上学层面的"较高的"理性。在某些情况下,这种围绕客体的徘徊仍然有可能是浪漫主义的,或者说,它至少可能仍然以得出矛盾的结论为目的。法国的传统主

① 诺瓦利斯:《全集》,第5卷,第144页。

② 也请参阅汉斯·巴龙《尤斯图斯·默泽思想史意义上的个体性原则》,第49页。

义被称为“具有非理性内容的理性主义”①,这相当确切。例如,在克尔凯郭尔身上也表现出这种想通过理性的敏锐把非理性带入视野的自相矛盾性。然而,默泽追求这种自相矛盾并不是为了发明非理性的解释, 132
而是想通过这种方式使人感到惊奇。② 他的目的仅仅是为了发现代代相传的传统中被掩盖的“合理的理由”。非理性的东西指的是这一前提:祖先的行为大概是明智的;只有这一信念是非理性的,他试图寻找的解释并不是非理性的。

资产阶级计算的内容往往是抽象的。在思辨性的结合中物与人仅仅表现为不同的元素。默泽的“衡量”则往往是**感性的和具体的**。他在说明事物时,并不仅仅对它们加以计算,或把它们视为可以预先计算的过程的功能,而是把它们视为在具体性中的联结,视为一种特殊的生活结构的组成成分。

他的实践概念也起源于这里——一再把实践作为理论的对立面而大加推崇(这一点在浪漫主义那里也存在,只不过是在一个完全不同的层次上)。他写过一篇未完成的论战性文章来反对康德,题目是《关于理论与实践》。③ 文章中有一处可谓道破天机:“从具体事实出发进行归纳往往比从高高在上的前提出发进行演绎能得出更正确的结论。”一

① 罗登说道:“如果传统主义者问:‘什么是一个国家?’天真的读者必然会想到那个在德·梅斯特看来代表着陈腐的解决方式的答案,‘所有公民的总体’。但是,传统主义者的答案是‘国王和官僚’。传统主义思想家的艺术在于,从对手的武器库中寻找问题,并通过逻辑的推理将它与他强烈的生活感觉所提供的答案联系起来。所期待的经常出现在潜意识中的‘启蒙’结果和实际答案之间的矛盾,导致了一种渴望紧张的状态。”(罗登为其所编的德·梅斯特的《法国研究》德文版所作的导言,载《政治经典作家》,第23页)

② 刚才引的那句话出自默泽的文学遗作《人的权利:农奴》的一个片段。这个片段以对这个题目的暗示开始:“确实自相矛盾!许多读者在看到这个题目时会这么想。”默泽也就此使用了罗登提到的方法。

③ 尤斯图斯·默泽:《全集》,第9卷,第158页及其后。

场反对从“高高在上的”前提出发进行抽象推理，主张因地制宜的具体思想的战斗在此打响。

> 与每一个别环境[!]相适应并知道如何对它加以利用的实践，必定会比高高在上、对很多环境视而不见的理论更具竞争性。①

这篇文章的目的是阐述农奴制的合理性。它之所以有趣，是因为它非常清楚地表明，出于在精神上维护一种旧制度的直接冲动，两种将在很长一段时间内存在于保守主义思想之中的不同思想方式，是如何相互制约并如何因此从现象学的角度得以解释的。这里所讨论的是这样两种对立思想：一种以规范性的思辨的前提为出发点，一种从案例发生的背景着手。默泽本人在阐述农奴制的合理性时也沿袭了自然法的路线，因为他也假设了一种原始契约的存在，这就越发加剧了这种对立。但是，在自然法的合法性掩盖之下的活生生的东西，不是从规范性前提来演绎所要说明的事实，而是从社会现象活生生的实践性的交互
133 作用中来对它进行理解的基本设计。

还可以提及一个例子，它能表明默泽在多大程度上陷入活生生的实践思想与抽象思想之间的对立。他曾撰写过一篇名为《从道德的角度来看》②的短文，试图借此从完全不同的角度——道德领域——来说明一个事物的价值不可能在一般原则的基础上把握，因为从这样的高标准的角度来衡量，一切都会变得不完美。然而，一切事物**自身之内**包含着使其得到充分理解的角度：

---

① 尤斯图斯·默泽：《全集》，第9卷，第168页。
② 同上书，第1卷，第196页及其后。

> 你能给我说出一件在物理世界里存在的在显微镜下美丽依旧的东西吗？最美丽的皮肤也变得皱皱巴巴，最红润的面颊也布满斑点，玫瑰也披上了难看的颜色，难道不是这样吗？因此，一切都具有使其美丽的**独特的视角**。

他在这篇文章的结尾处写道：

> 那么，让我们开诚布公吧，要承认除了**协调性**或者说每一事物的内在价值之外别无其他。这样，一匹马就像铁一样也有其美德，强壮、坚韧、冷峻而又热情的英雄也一样。

一切事物都规定了正确观察自己所需要的标准和距离，除了这一点之外，默泽的思想中还包括一些因素，它们将成为保守主义的知识遗产的一部分并作为从等级制演变而来的思想元素而被浪漫主义意识所吸收。一切人以及一切事物都应该以其自身为出发点得到经验和思考，人们往往倾向于把这一要求以及**极端个体化**倾向视为浪漫主义和历史学派的典型特征。然而，对默泽著作的分析却表明，这种思想倾向在多大程度上已经超出等级制思想的设计，并表明在解决思想怎样把握个体因素这个问题时，已经出现了一些方法论的洞见——如重视"定性思想"，等等。并且，这样的方法论的反思已经与政治目标密切地结合起来。出于所有这些原因，我们要指出：第一，一种仍然专注于建立等级制构造的意识继续存在，显而易见，它以生活结构为基础，采取的是当时正为资产阶级世界所抨击的思想形式；第二，很明显，这种抨击的结果是，这种思想通过自我反思而意识到自身的特点。

上述例子已经让我们认识了默泽的设计：把一切事物都作为个体而经验，在一切事物的独特的"协调性"中把握它。但是，我们必须再考

虑几个例子来证明这种经验和思想的**政治**意义。他的一篇名为《追求
134 一般法律法规的现代口味危害了我们的公共自由》的文章(1772年)①，明显地表露出了他反对科层制的一般化倾向而强调个体性的等级制根源。文章一开头他就宣布：

> 行政机构的绅士们似乎乐于把一切都简化为简单的原则。如果他们获得成功，国家就会根据学术理论而得到治理，每一个委员都能够根据一个一般计划而对地方官员发号施令……但是，事实上，我们会因此而丢失具有丰富多样性的自然计划，我们为专制主义铺好了道路，它会强迫一切事物都服从少数几条规则，并因此而失去丰富多样性。

这一段非常清楚地揭示了反对集权主义和理性主义科层制的斗争是如何与方法问题相联系的。它表明默泽对科层制集权主义和启蒙君主制之间的精神上的相似之点，以及对试图迫使一切事物都服从少数几条规则的专制主义的本质的认识是多么清晰。② 默泽对风格统一有着相当敏锐的感觉。他在文中试图揭示，支撑着致力于把一切都简化为少数几条原则的这种思想风格的原则，同样支配着法兰西的悲剧。③

---

① 尤斯图斯·默泽：《全集》，第2卷，第20页及其后。

② 这就回到了孟德斯鸠。

③ "……而且，最高贵的艺术工作，国家的宪法被认为可以还原到一些一般的法则；它被认为具有**法国剧本中的美人的古典的朴素**……"(默泽：《全集》，第2卷，第21页。我加的强调)在我们看来较为现代的风格统一性问题深深地吸引着他，而且他很清楚地意识到存在着一种类似风格统一性的东西，这个事实可以从以下他给《奥斯纳布吕克史》所写导言中的段落得到证明："所有艺术乃至黎塞留公爵的新闻报道和情书的风格，都呈现出紧密相关的特征。每一场战争都要确立它自己的基调，国家事物都具有它们自己的与宗教和科学共有的地方性色调、装束和方式。"(出处同上书，第86页；《全集》，第6卷，第22页)关于这一点也请参阅汉斯·巴龙《尤斯图斯·默泽思想史意义上的个体性原则》，第45页。

他把这种一般化的、企图把事物同一化的倾向称为"时髦的思想模式"①,认为它最多只能作为一种技巧来利用,而永远不能作为判断具体事例的标准。每一个当地居民都应该以本地司法的法律与习惯为依据进行判断,默泽实际上是要根据**特殊性**来确定**自由的意义**。

一个人可能根据一个村子的法律而败诉,而根据另一个村子的习惯而胜诉,伏尔泰曾对此冷嘲热讽。默泽也指出过同样的矛盾,说道:

> 为了嘲讽的目的,伏尔泰不必考察两个村子在法律上的不同;他在同一屋檐下的两家人那里也能找到同样的多样性。②

如果一个国家政令不通,原因就在于"我们试图把过多的事物归属于一条规则,宁愿剥夺自然的丰富性而不愿改变我们的制度"③。

默泽主张每一个小镇都应该具有自己的宪法④,考察了在以等级制和特殊主义(只是在默泽那里成为反思性)为特点的世界设计中所出现 135
的对多样性、个体性和独特性的意义之后,我们就不会对他的这一论断感到奇怪了。

同样毫不奇怪的是,这一深深地植根于等级阶层的思想和经验的冲动,使得普鲁士贵族慢慢地倾向于民族国家的观念;他们的这条道路在很多年里,甚至在19世纪的前十年所兴起的民族主义和爱国主义热情的高潮时期也深受内在矛盾的困扰。只有在遭遇了这种根源于等级

① 尤斯图斯·默泽:《全集》,第2卷,第21页。

② 同上书,第23页及其后。

③ 同上书,第26页。

④ 请参阅默泽的论文《人们不应该赋予每个小城市它特别的政治宪法吗?》,载《全集》,第3卷,第67页。

制思维模式的极端特殊主义之后，人们才能认识到，与地方特殊主义相比较，民族主义在多大程度上已经是向国际主义过渡的一个阶段。以下面这段马维茨用来描述这种特殊主义的个体主义的**普鲁士**的主张为例：

> 普鲁士不是一个像现在已经存在的民族那样的民族，它也不是一个在语言、风俗和法律上自我封闭的民族。它是由许多在法律和风俗上非常不同的地方组成的。它也永远不可能成为一个民族……因为每一个地方都与属于不同国家的其他地方相毗邻，它感到自己从根本上说与这些地方一衣带水，比同属于普鲁士的别的遥远而陌生的地方更为亲近——例如，勃兰登堡与萨克森，西里西亚与波希米亚和莫拉维亚，东普鲁士与科特兰和里图亚尼亚。提议把它们联合成一个民族就是剥夺它们的独特性，就是把一个活生生的有机体转化为一堆死物。①

马维茨与默泽之间除了代的不同之外，还存在着很多社会学的不同。② 第一个事实是，马维茨作为弗里德斯多夫的地主，是勃兰登堡贵族的代言人，而默泽是奥斯纳布吕克的一位**显贵的儿子**，他的父亲是一位大臣，他虽然不是出身贵族却实际上与贵族枢密大臣一起统治过这个公国一段时间。默泽作为一位显贵的儿子对贵族表示出的同情与其地位相当。③ 虽然他认为古代自由和财产公有的时代是黄金时代，但他

① 为威廉·斯特芬斯所引用，《哈登伯格与社会等级对立》，第 30 页。

② 默泽生于 1720 年，马维茨生于 1777 年。

③ "国家的废墟上有太多的王子，太多的贵族，太多的学者。"(《全集》，第 5 卷，第 37 页)

还是成为等级秩序的一个重要支持者。[1] 然而，显而易见，因为他所捍卫的贵族并不是那个作为一个总体的、相对而言尚未遭到破坏的、成金字塔型的和由等级阶层所组织的完整无缺的世界[2]，因为他紧紧追随旧 136
式的农民阶层的思想方式，所以他的思想方式与米勒的思想方式的结合颇具代表性。可以确定，如果我们发现**米勒也强调个体的和在质上独一无二的东西，那么米勒思想方式的根源中至少有一种是属于旧的等级制的思想和经验**。同样，**对生活和多样性的强调**就像不能为科层制理性主义和一般化所理解的因素一样，预示着这种思想路线的出现，它首先与集权主义相对立，而后又与革命的自然法——指的是后来的"生命哲学"，生命哲学是它在现代的名字——相对立，并在这些对立中成为一种思想立场。这一**较早形成的思想和经验**在几个方面已经遭到资产阶级专制主义和科层制理性化的重创并几乎濒临灭亡，**它在遭遇浪漫主义的世界设计（Weltwollen）并与它结成联盟之后又重新兴起，**并被提升到现代合理性的水平。

这种最早出现的保守主义思想方式已经在与启蒙科层制的理性主义对立中发现了自己的政治意义，并因此超越了"理性主义"，至少后者在此已经显得"功能化"了。现在，在反对革命的自然法思想的斗争中，它在"浪漫化"的层面上获得了一种新的政治意义。

在其保守主义的对手眼里，两种不同的现代理性主义在此走到了一起。由于法国大革命的经验，资产阶级思想在风格上的统一对其保守主义对手来说也变得更加明显。反对它的斗争也似乎是时代的要

---

① 请参阅布兰迪为尤斯图斯·默泽的《国家与社会》所作的导言，第 XXI 页；以及奥托·哈特齐希（Otto Hatzig）《作为政治家和新闻工作者的尤斯图斯·默泽》，《下萨克森州历史源泉和阐释》，第 27 卷。关于马维茨，请参阅莫伊泽尔的文章，载他所编的马维茨的《解放战争时代的一个边区贵族》第 1 卷；以及维利·安德雷阿斯（Willy Andreas）《马维茨与弗里德里希大帝的国家》，载《历史杂志》（1920）122：44 及其后。

② 请参阅《金字塔形的国家：一项令人振奋的研究》，载《全集》，第 2 卷，第 250 页。

求。法国的传统主义者在对革命意识形态根源进行剖析时，喜欢分析18世纪的**形而上学的宗教**前提并把这作为其反击的出发点①，而德国的浪漫主义则把它的批判指向自由主义思想在**逻辑的和方法论上的**发明。这一现象的原因之一是，在法国反革命从罗马天主教那里发现了现存的形而上学教条；而在德国——就像以前经常看到的那样——新教教义与天主教教义的分裂使得形而上学基础既混杂又不稳定。结果就是回到对方法论的探讨。并且，因为德国本土并没有发生革命，所以
137 德国浪漫主义能够在这种非常抽象的平面上重建世界观的不同。但是，一旦社会学境况变得难以忍受（1830年之后），保守主义甚至在信奉新教的普鲁士也被迫退回到有神论的基地，武断的形而上学的内容重新占据统治地位。人们意识到必须放弃浪漫主义泛神论的方法论基础，施塔尔在有神论的基础上又一次建立起君主制原则，正是他的成就满足了上述需要。

不过，在19世纪的头十年，这种反革命的泛神论与方法论暂时还能够自由地结合，因而长期影响了将来的德国保守主义的思想方式。

---

① 传统主义者在法国进行的反对革命思想的"战役"具有与众不同的特征，一个典型例子是路易斯·德·博纳尔饶有趣味的文章《18世纪道德与政治哲学》，载《作品集》第9卷，第104页及其后。其中，他试图在一神论、无神论、自然神论以及各种各样的政府形式之间画平行线。可以引用一些段落表明他的结论："恰当地被称作民主政治的东西，猛烈地剥夺了政治社会的一切可见的和固定的权利单位，除了在主体或者说民族中以外，在任何人中都感受不到统治，就像无神论拒绝世界唯一的第一推动力，而仅仅通过它的效果或质料来看待它。在后一种体系中，质料决定一切；在前者，人民有权做一切事情，以至于你可以将民主党人称作政治无神论者、无神论者、疯子或宗教雅各宾派。"（第128页及其后）"君主主义"在"一神论或天主教"中有其相似物。关于法国大革命时期的稳健共和党，他说道："1789年公平的适度的立宪主义者将他们自己置于民主主义者和君主主义者之间，就像自然神论者将自己置于无神论和天主教之间：这使得他们期望的宪法被赋予了保皇民主主义的称号。他们想要一个国王，不过是一个没有有效意志、没有独立行动的国王；就像该党的马布利所说的那样，**一个接受敬意但是只具有权威的影像国王**。从这些特征中，你可以认识到自然神论的理想而抽象的上帝：没有意志，没有行动，没有存在，没有现实性。"（第129页及其后）［强调为德·博纳尔所加］

我们已经指出，米勒的意识形态成就就在于通过对浪漫主义思想以及与等级制相联系的思想兼收并用而为这一方法论上的斗争提供了内在一致性。正是在他的《政治艺术要素》中，反对自然法斗争的明确意义才第一次完整无缺地展现在我们面前。就是在这里，这一日后成为“生命哲学”并横扫当今一切种类的理性主义的现象第一次得以出现。①

在对注入我们感兴趣的交汇点的各个最为重要的支流一一加以描述之后，我们现在来探讨是哪些新的富有包容性的政治冲动将如此众多的倾向整合为一个统一的世界观。

这一阶段的保守主义思想与默泽不一样，它不仅仅反对科层制理性主义，而且也反对另一种当代理性主义，资产阶级理性主义②，并从中获得自己**重视生活而不重视概念**的规定性。如果我们只凭空推测而不作历史研究，那么，很可能会认为重视“生活”的应该是进步的世界设计，保守主义应该故步自封，死死抱住概念不放。然而，事实完全相反。原因就是，革命的资产阶级思想是在明确地与理性主义的结盟中兴起的（就像革命的思想经常所做的那样），这样，相反的潮流为了与之对立，就必然会接受在意识形态上与此相反的一极。但是，对这种联系还可作更深的理解。革命化的思想渴望为社会政治秩序建立一个明确的 138
理性的合法性（Richtigkeitsbild）模式，并从这种渴望中获得它的颠覆力。因为保守主义思想反对这种空想，所以它不得不思考为什么现存的社会状态不能附和这样的理性的合法性模式。③ 这一原本是出于维

① 关于这一点请参阅巴克萨在米勒的《政治艺术要素》中的导言性评论，第2卷，第293页。罗塔克在他的《社会科学导论》中指出了这个概念在历史学派中的根源，第62页及其后，尤其是第71页的注释2。

② 关于现代理性主义的这种独特特征和结构，请参阅马克斯·韦伯和桑巴特的著作，以及格奥尔格·西梅尔的《货币哲学》，以及格奥尔格·卢卡奇的《历史与阶级意识》，尤其是《无产阶级的阶级意识和神圣化》。

③ 那就是德国保守主义达到的阶段，比如古斯塔夫·胡果在《作为一种实证法尤其是私有法的哲学的自然法教材》中。

护自身利益的倾向,也使得保守主义清晰地看到了被革命思想——也是以其自身利益为基础——所忽视的所有因素,亦即存在于社会现实之流背后的非理性因素。不过,革命思想把这些因素——如果说它看到了它们的话——视为现实的缺陷,没有达到理性的标准。就像我们看到的那样,保守主义思想利用其典型的矛盾法,把这些因素刻画为超理性的。① “非理性”被经验为“超理性”,这导致了“生命哲学”(广义上的)产生,它用来与纯粹理性原则相抗衡的有时是“历史”,有时是“精神”,有时是“生命”。这一事实表明这两种思想的对立不仅仅是一个价值符号正相对立的问题,而且是一个不同的范畴和经验内容以及产生于经验的知识正相对立的问题。19 世纪哲学思想的两极大分化(显而易见,它们被视为时代的产物)——“存在”与“思想”,“概念”与“观念”,“思辨”与“实践”——虽然首先出现在哲学体系的内部,却被相应的代表自由主义和保守主义的世界设计的政治对立派别发扬光大并形成不同的立场。

借助于“生活”**反对理性主义演绎的思想方式的最为原始的斗争形式**,就是把“写成文字的宪法”与往往比文字更为丰富多彩的实际的东西对立起来。② 弗里德里希・威廉四世后来的名言“纯粹的碎纸片”是

---

① 作为社会学家的我们的任务不在于对这是在赋予意义还是在发现意义这个形而上学问题做出评价。必须丢开我们自己关于非理性的价值的意见。

② 德・梅斯特在他的《法国研究》中以一种典型的理想的方式表达了这一点:“没有一种宪法是协商的结果。公共权利从来就是不成文的,或者说,至少立宪行动或者成文的基本法只是以往权利的一种直陈表述。对于这些权利,我们除了它们因自身而存在以外什么也不能说。”(约・德・梅斯特:《全集》,第 1 卷,第 67 页及其后[英文版第 77 页]),或者:“今天统治法国的这种成文宪法只不过是一种带有生活外貌的机制。”(第 81 页[英文版第 82 页])他认为,在光秃秃的地基上不可能有意识地根据一个理性的计划构建什么东西,在为这个思想而进行的斗争中,他自己找到了一种“创造”和“改变”之间的现象学区别:“人可以在他活动的领域里改变一切,但是他什么也创造不了……”(第 67 页[英文版第 77 页])。这里强调的又是“成长”。他对有计划的“制造”是如此反感,以至于说出了这样的话:“我不仅怀疑美国政府的稳定性,而且对英美特有的制度 (转下页)

杜撰出来讽刺宪法的，它的根源可以追溯到这场反对“理性化”的最为原始的斗争。然而，仔细品味起来，这一口号已经表达出了一种对立，用哲学语言来说，就是“假设的规范”与“存在”之间的对立。保守主义思想在此所反对的是以下事实：诸如《人权宣言》之类的讨论的出发点就在于“此类人权”。①② 这一出发点、思想通过演绎的展开，以及对**这种**形式的国家来说合理的发展目标，等等，这一切都是不可接受的，由此 139
引发了一场对可替代的推理方式的探讨。在探讨过程中，在反对对立的思想的过程中，思想主要关注的是这一问题：国家、社会、秩序和法律是如何产生并至此都还有效的。众所周知，当今是投票决定一切，当今“理性”往往把现实装入世界，而在从前，一切都是缓缓变化并通过惯例得到保存的。**在此，体系的开端与历史的开端区分开来**。建立自然法的努力仍然继续着以至于**意义的起源**与**实际的起源**恰好重合；社会契

（接上页）也没有什么信心。比如，由于一种毫无价值的嫉妒的刺激，一个城镇不能就国会的地址达成一致意见，没有人愿意把荣誉让给别人。于是，决定为政府新建一个城镇。位置被选在了一条大河的边上，并被命名为华盛顿；所有公共建筑的位置被标了出来；工作已在着手进行；首都的计划已经传遍了欧洲。实质上，这里没有什么超出了人类的能力范围；一个城镇很容易建设：但是有太多的协商，太多的人，在所有这些当中，不建这个城镇，不被称作华盛顿，或者国会不坐落在这里的可能性是一千比一。”（第 87 页及其后[英文版第 84 页及其后]）这个赌注肯定已经输了。关于这种反对“制造”的斗争，也请参阅伯克：“光想到要建立一个新政府就足以让我们感到恶心和恐惧。”（《法国大革命感想录》，载《著作集》，第 5 卷，第 125 页）也请参阅亚·扬（A. Young），他在自己的日记中取笑法国人，因为他们想“根据一种配方，就像制作布丁一样”来制造一种宪法。最后的两处引文见阿达尔伯特·瓦尔《德国政党史文集》，第 550 页。也请参阅瓦尔关于这个题目的讨论（出处同上）。

①　“1795 宪法就像以前的一样，是为了人制定的。但是世界上并没有人这类的东西。在我的一生中，我见过法国人、意大利人、俄罗斯人，等等，由于孟德斯鸠的影响，我甚至知道有波斯人；但是我必须说，至于人，我从未在任何地方碰到过；即使他存在，对我来说也是完全未知的。”（德·梅斯特：《法国思考》，德文版，第 72 页[英文版第 80 页]）

②　也是在这里，我们能看到这种思想方式被“左翼反对派”所吸收：但是“人不是抽象的蛰居于世界之外存在物”（卡尔·马克思《〈黑格尔法哲学批判〉导言》，载梅林编《马克思恩格斯 1841—1850 年文学遗著选》，第 1 卷，第 384 页）[英文版第 131 页]

参见《马克思恩格斯选集》中文第 1 版，第 1 卷，第 1 页。——中译注

约论既是一种意义起源的解释，也是一种有关实际起源的幻想。直到康德，这两者之间还泾渭分明。存在与规范之间的关系转化成了一个活的问题，它占据了这整个时期的集体思想。

因为这一基于等级制的派别反对科层制理性主义，所以它完全有理由批判现代理性主义，尤其是其令人生疑的一般化和机械化倾向。然而，当一种更为彻底的理性主义形式以资产阶级理性主义为形式开始与此敌对时，这一“战役”的进攻面扩大了。科层制的理性，从根本上来说，就是“同一化”，取消地域的差别以及后来出现的取消等级之间的差别；除此之外它并不越雷池一步。相反，资产阶级理性主义却在其制度的开端就试图把整个社会世界理性化，显而易见，正因为如此它是革命的和彻底的。它把世界视为**一个僵死的静态的以宪法形式组成的秩序的体系。来自保守主义阵营的回应是坚决反对这种装扮为静态体系的思想**，就像反对一般化一样。①

在对凝固不动的**思想**与总是变动不居的**生活**进行对比时存在着两种可能性。要么摈弃一切思想，否定它的意义，求助于非理性；要么把

① 以下事实是自相矛盾的：进步的自由主义者比在他们看来显得“死板”的保守主义者更易于接受变化产生的新因素，但是保守主义和古老传统主义的连续性形式显得更加易变和有活力。这种矛盾产生于一种进程的直接参与者（当代人）注定要遇到的光学幻觉。卢卡奇用法律作为参照，对同样的矛盾提出了一种解决办法。“显然导致这种自相矛盾的状况的原因在于，几百年有时甚至几千年没有变化的原始社会的法律随着每一个新的法律决定的做出不断更新着自身，具有柔韧和非理性的特性，而现代法律陷入连续不断的混乱，显得死板、静态和僵硬。但是，只要我们认识到这个矛盾来自我们从两种不同的角度出发来考量同一种状况，这个矛盾就消解了：一种是站在现实进程‘之外’的历史学家的观点，另一种是从那些体验了正被谈论的社会秩序对自身意识所产生的影响的人的观点。”《历史与阶级意识》，第 109 页［英文版第 97 页］。但是，对这种本来正确的解释，还应加上一句，封闭的静止的体系的浪漫主义对手认为它更加“活泼”，所以反对它，可事实上它比这还要死板。虽然如此，如果保守主义思想被证明更加不易受到“新事物”的影响，其原因一定不应该在保守主义思想的形式中，而应该从这种潮流仍然不接受新的“内容”这个事实中去寻找。这正是刚才讨论的自相矛盾的另一个方面：当代人注意思想的方式（形式），而作为历史学家的我们关注的却是内容。

僵死的思想与流动的思想区别开来，后者能够与生活的流动性保持一致，因为它本身就是动态的。**历史学派**选择了第一条道路，把动态经验与一种彻头彻尾的非理性主义结合起来。相反，亚当·米勒则把作为一种在当代哲学中出现的社会学表现的动态因素与动态的政治经验结合起来，从而获得了一种**动态思想**的观念。他在这种活生生的、流动的思想中看到了对政治问题的解决办法。这就促使我们要研究一个基本 140
的方法论概念，研究"观念"与"概念"之间的区别。

米勒在他的《政治艺术要素》中提出了**"观念"与"概念"之间的二律背反**，这是他早期进行逻辑反思的一个晚到的成果，其开端可以追溯到他的著作《矛盾学说》。他的思想发展从提出"动态概念"开始明确地经历了一系列步骤。最重要的阶段可被刻画为一个从二律背反思想到动态思想，最终达到辩证思想的飞跃。

第一个发展阶段致力于通过流动思想的方式而不是通过转向"彻底的非理性"的方式解决思想的僵死性问题，这是一个把对立思想与从一个原理进行线性演绎对立起来的实验。① 在"线性"中存在的僵死性在此通过把一切立场都分解为对立面而得到克服。启蒙主义思想是**线性的**；②在

① 这是一个早期阶段的例子："听者是真正的反说者；两者之中一个被称作主动的，一个被称作被动的或者反主动的，至于谁被称作主体，谁被称作客体，则完全是主观的。本质只有一点：如果其中的一个被称作客体，另一个就只能被称作主体。"（米勒：《矛盾学说》，第38页及其后）

② 理性主义自身过度直线发展的形式，在某个较晚的时期，导致了一种趋向对立思想的潮流。因为直线发展的思想将一切事物都撕成排他的部分，其自身之中已经包含了超越这么一个思想阶段的观念。在这个意义上，卢布林斯基（Lublinski）正确地指出：在启蒙运动的一个后期阶段超越启蒙的可能性已经可以在启蒙运动自身找到。他说明了，康德和席勒如何在不同的领域，努力通过"相互作用"这个范畴超越直线发展的思想。在这里提到席勒非常恰当。根据卢布林斯基的观点，席勒通过相互作用和相互影响将英雄描绘成与他所处的环境紧密相连的努力，与康德试图在思想中确立相互作用的范畴的努力一样，体现的是同样的新的想象力的突破。在两种情况下，要点都在于孤立的单位不再仅仅被并列排在一起。此处再次表明，新的思想形式是一种更加广泛的因素和新的经验形式的流溢。请参阅萨米尔·卢布林斯基《19世纪的文学与社会》，第1卷，第57页。

假设哲学史内部存在着连续性的地方，在这种建设性努力存在的地方，发展总是**某**一原则的展开。进步观念产生于一种线性的思辨结构——从另一角度来说，人的法权能够从**某**一观念中、从“人的观念”中演绎出来。然而，这种结构还是远离现实的，因为世界不可能在一个原则的基础上加以理解。毫无疑问，努力从不同的立场去思想，在不同原则的基础上把握世界，这是为提高思想能力而迈出的正确的第一步。这种由对立所组成的思想是浪漫主义的遗产。这种思想方法一方面致力于找出一种流动的尺度，一方面又在静态的框架内裹足不前。①

亚当·米勒通过两种不同类型的定义在两种不同的思想方式之间进行过对比。他称第一种（僵死的）为“原子论的”定义，第二种为“动态的”定义。第一种定义描述“所要定义的是事物的孤立的本性、它的组成成分、它所得以认识的符号”，而动态定义则“列举某些其他与所要定义的事物直接对立的已知事物”②，例如，热与冷，爱与恨，男性与女
141 性。在这种概念中，自然只不过是“由无穷无尽的对立所构成的一个总体（有机体）”。③ 无论如何，这种动态的概念深嵌在思辨之中，这种思

① 威廉·梅茨格（Wilhelm Metzger）《德国唯心主义论理学中的社会、权利和国家》第260页及其后，指出这种动态思想的浪漫主义根源。他提到施莱格尔的讽刺与反题综合（出处同上，注释1）。梅涅克《世界资产阶级》（第131页，注释2）在讲它的根源时提到了费希特。赫·黑勒试图一方面通过谢林，另一方面通过根茨来确定黑格尔对米勒的影响（《黑格尔与德国的权力国家思想》，第139页及其后）。唯一明确的影响是谢林的自然哲学。这一点已经被梅茨格（出处同上，注释2）指出，他追随阿尔诺·弗里德里希的《阶级哲学与经济科学》。米勒在他的《定义的本质》第37页中讨论反题问题时，自己承认了这种影响：“那是在1803年，我完成了建构一种动态逻辑的决定性的一步，我已经感觉到自然哲学需要这么一种逻辑。”（也请参阅《矛盾学说》，第9、11页。）优先权规定性在社会学家那里不具有在纯粹的思想史中的重要性。因为对他而言，孤立的发现始终是更加广泛的互相敌对的立场的表现。差不多同时由黑格尔、谢林和米勒完成的动态逻辑是独立地还是通过相互影响来实现的，对我们的重要性不如对确定寻求一种动态逻辑的冲动所由产生的社会和精神存在中的根源的重要性大。

② 亚当·米勒：《定义的本质》，第37页。

③ 出处同上。

辨起源于泛神论与自然哲学并以性别的不同为中心。虽然在这里一种纯粹动态的思想的设计已经在与类比倾向相抗争,但是只有当这种思想从自然哲学转向历史现实时,这种动态思想的种子才真正得以存活。

动态思想概念的第二个阶段出现在米勒有关**概念**与**观念**的关系的著作中。在《政治艺术要素》一个极为重要的段落中,他说道:

> 国家以及一切伟大的人类事务都具有这一特性,即它们的本质绝对不会被包裹于或被压缩进词语或定义之中……一成不变的僵死的公式,如庸俗科学就国家、生活与人所兜售的东西,我们称为概念。然而,诸如国家的概念等等之类的**东西是不存在的**。①

我们问自己国家指的是什么,答案直截了当:

> 如果人们所享有的有关这样一种崇高对象的思想是可以扩大的,如果它是随着对象的运动而不断运动的,那么,我们就不把这种思想称为有关事物的概念,而是把它称为有关事物、国家、生活的**观念**。②

流动的存在与僵死的思想之间的差别一旦显示出来,我们与思想的关系的复杂性就不可能简单地通过将思想全盘抛弃而得到解决,而只能通过揭示思想(概念)的僵死性贬低它,通过把它与一种流动思想的理想("观念")对立起来而得到解决。"观念"自然也是理性的产物,但它是**一种动态理性的产物**。思想不可能只通过僵死的同时又是固定的概

① 亚当·米勒:《政治艺术要素》,第1卷,第20页。
② 出处同上。

念把握活生生的对象——这种见解就包含在上面所援引的米勒的话中。单个概念总是静态的、僵死的,思想却是一个过程,这一过程能够
142 **参与到**对象的变化之中去。思想应该不断运动——这已经远远地超越了通向动态思想的第一步,超越了纯粹的对立思想。① 这里所提议的不再是通过同样僵死的对立而把握对象,而是一种突破,要求思想就像生活本身一样变动不居。

这种解决方式与萨维尼在历史学派中解决同一问题的方式(我们将在下一节分析)的不同在于,浪漫主义的解决方式并**没有**破坏启蒙主义对**理性**的**信念**,而仅仅对它加以改造。对理性力量的信念、对思想能力的信念并没有被摈弃。只有**一种**思想类型被放弃,这就是启蒙主义从原理出发进行演绎和只对僵死的概念要素进行组合的静态思想。思想视野就是在与这一种类型的对立中被扩充的。在这一方面,浪漫主义思想也光大了这一发展线索(虽然并非有意)。虽然它更为根本并运用了新方法,启蒙主义的世界设计曾经希望将这种方法贯彻到底——将世界彻底理性化。

什么是理性,什么是非理性,实际上是一个关系问题,或者说——这一点我们必须弄清楚——这两个术语是相互关联的。当启蒙主义普遍化和严格体系化的思想流行一时时,理性的界限就是**那种**思想的界限,超出这一界限的每一种东西都被视为非理性、生活化和一种从启蒙

① 在米勒的第一部出版物《矛盾学说》中,对立思想就已经具有了转变成辩证思想,即转入一种试图通过这种途径理解意识总体发展的思想方式的趋势。他写道:“显然根据我们的假设,如果我们能够轻易地让整个世界的进程经过我们公式的两个因子中的每一个,而且如果我们自身作为真正的反题,作为世界多样性的统一,也反对这个我们的正题——无论可能表现为什么形式,它自身就是正反题之间的矛盾——那么,唯一可能始终充分的对世界的解释与真正的自我意识的历史就来到了我们面前。”(第51页及其后)恩格尔-雅诺西(Engel-Janosi)《德属奥地利1815—1848年的国家理论》(第380页)正确地指出:“辩证法的‘韵律组合’(rhythmic organisation)仍然没有找到,所以归宿只能通过一种‘对立运动’的任意阻断来达到。”

主义的观点来看不可除却的残余。但是,“流动思想”的思想大大地延展了这一界限,因此**浪漫主义思想完成了启蒙主义**凭借自己实际上永远也不可能完成的任务。米勒获得了关于动态之物的经验和对一切活生生的东西的特别意识,这种意识的某些方面是根源于浪漫主义的泛神论,然而,它主要还是根源于对具有旧的等级阶层特征的世界的一种充满同情的重新体验。通过把这种生活意识与最为现代的意识——这种思想方式不仅吸收了启蒙主义的精神目标,还在相当程度上超越了它——相结合,他使旧的思想方式免于灭亡。他还把一种在历史年代上甚至还早于启蒙主义而产生的经验方式和思想方式提高为一种现代意识。

然而,断定上面所援引的那段话是对米勒的“观念”观和“概念”观
的充分概括未免失之偏颇。其中的“动态思想冲动”实际上只不过是浪 143
漫主义的奇才们明确地表述过的想法之一。当我们为了考察这种有关“观念”的思想方法[①]而引用另外一些段落时,就明显地看到,他一再堕入浪漫主义的类比思想,每一具体事件都被他视为不同力量间的一种“交互生存”(Wechselleben),它通常表现为男性原则与女性原则之间的对立。

他本人在一个地方对他实际运用的方法作过一个中肯而简略的概括:

> 接下来不得不阐述一下国家的本质。我描述了四个永恒存在的阶层,即牧师与商人、贵族与市民的交互生存,这一次还是没有对其中任何一个加以界定,定义是科学的毒药。我还在不可避免

① 比如,请参阅《政治艺术要素》第 1 卷,第 351、354、355、356 页(“理念”在此与“体系”形成对照)。

> 的年龄差别和性别差别间建立起中介;这样,国家的本质就更为清晰地展现出来,其效果远甚于最为天才的分析,更胜一筹的是,它是活生生的。①

因此,我们所具有的是对交互作用的生存的一种描述和在不同差别间建立的一种"中介"。简而言之,每一生存之物都常常被展示为几种彼此对立的原则之间的一种对峙,从而被理解为活生生的。根据这种解释,生存之流的每一瞬间、每一状态都仅仅是永远存在的对立之间的一种转瞬即逝的**中介**,一种**调和**。米勒的下述概括完全切合这种思路,同时也揭示了这种思想方式的政治根源:

> 因此,基本契约并不是在某一确定的时间和地点所形成的契约,而是一种有关契约的观念,它每时每刻都在形成,每时每刻都在被与旧自由一起鼓荡的新自由修改,它正是通过这种方式而得到维护的。②

显而易见的是,这种对动态思想的渴望具有社会学上的根源,那就是反对资产阶级的自然法思想,希望在内容和方法上都胜出并完全取代之。再也没有别的方面能对这两种思想方式之间的根本不同作更为清晰的观察了。在资产阶级自然法那里,国家被设想为契约双方的一种妥协,永远都被承认为公正的。在以等级阶层为基础的浪漫主义思想那里,
144 国家是互相冲突的群体之间的一种不断变化的动态安排。在这种思想方式中人们并不陌生的东西是,在相互对立和相互竞争因素的基础上

① 《政治艺术要素》,第2卷,第178页。
② 《政治艺术要素》,第1卷,第147页。

来对历史过程进行解释，把事物的当前状态理解为正在变化的当前共存因素的综合，这一点现在极为广泛地流行着。这种思想形式对我们来说实际上已经成为一种历史的**先在**，在这里，它把自己建构为一种对启蒙主义理性主义的线性模式的反应。在这一点上，以等级制为基础的浪漫主义的“生命哲学”①及其借助观念（用米勒的术语来说）的思想方法，确实成功地创造了一种将变动的历史运动有序化并把它作为总体来把握的方法。

保守主义动态思想发展的**第三个阶段**的代表是**辩证法**。要对此加以分析就必须联系黑格尔，他的综合立场也引出了这方面的一个非常特殊的解决办法。

现在我们必须回过头来讨论第三个基本范畴，只有通过并密切联系“概念”与“观念”的比较，才有可能对这一范畴加以理解。

在讨论米勒以“观念”为基础的动态思想时，我们已经多次遇到他喜欢的一个概念，那就是**中介**。“中介”是一个属于以等级制为基础的浪漫主义综合的概念范畴。一切思想都是分析的，抵制分析的思想也不能例外，一切思想都面临着对被它所分开的现实碎片进行重新整合的任务。但是，能够最为清晰地理解一种思想风格特点的地方就是当这种思想面临综合任务之时。启蒙主义理性主义的思想通过分割和原子化而进行分析；与此相适应的综合就是相**加**。刚才已经描述过的等级浪漫主义思想通过把一个运动总体（如国家、生活等）分割为相互对立的局部运动而进行分析。这就提出了一个问题：一种活的动态综合如何可能？这个问题的答案就存在于“中介”概念之中。

① 这里，我们有意识地从“生命哲学”的立场进行回顾。即使已能够发现“活泼的”和“生命”这两个术语经常地出现在这个时期，在早期和今天的生命哲学之间仍然存在巨大差别。我们以后将努力说出这种区别。但是，认识到一点很重要，即就算在现在也必须找出这种立场的现代开端。

这个词使我们想起基督教的"调解人"，特别是教堂的调解作用。[①]但是，它实际上是对一个浪漫主义旧词的翻新，这个词在刚才描述过的浪漫主义的基本倾向之中，在建立流动思想的努力之中，在对生活复杂性的理智把握之中，获得了明确的现代意义。然而这个概念同时也是对其他根源于等级阶层思想冲动的因素、对反对把特殊归结为一般的
145 因素的反应。等级制的保守主义思想希望对部分与总体、特殊与普遍之间的关系做出规定，既不同于加和，也不同于包孕。就是在**这个**地方这种冲动被并入米勒的解决方式。

如果我们现在问自己，中介概念在米勒的"体系"中——它的意义与"概念"以及"观念"这两个基本概念是并列的——指的是什么，我们就必须再一次回到这一基本态度。这种态度认为每一活的总体都是不断发展和展开的，它是力量和原则之间对抗的一个动态产物。我们已经看到，有时它是不同等级之间的冲突，有时它是家庭与个体之间[②]，或永恒与短暂之间[③]的对抗。行为人、法官以及思想家的任务**不**是把某一具体情境作为**一个普遍原则或概念的特殊事例**来理解，而是把不断变化的情境作为变化因素之间的一种**妥协**来体验，这样去对它们加以理解和讨论。思想的一般化是在一般法律与特殊案例之间的相互作用中进行的。它的认知是通过归纳取得的。动态思想抓住观念，亦即具体全体的内在目的，把特殊视为这一变化的总体结构的一部分。认知就是**在法律与引起争端的案例之间**建立"中介"。米勒写道：

---

① 《政治艺术要素》，第2卷，第175页中的段落让人想起宗教背景。关于"中介"这个术语的宗教起源，请参阅更近的保罗·克鲁克洪《个性与集体》，载《德国浪漫主义的政治观点研究》，第17页。

② 《政治艺术要素》，第1卷，第179页。

③ 出处同上。

> 你们国家的低级法官所代表的不是全体，而应该是全体的意志和努力，在微不足道的小事上和他自己**狭窄**的权限内，应当像君主在**大事上在宽广的权限里**一样与全体的权利站在一起，两者所做的都是在祖先的意志与当代人的需要之间、在法律与引起争端的案例之间充当活生生的中介，而不是进行毫无生机的比较与权衡。①

这种思想渴望的社会学根源以前曾经谈到过，在这里又非常明确地显示出来。科层制行政仅仅对案例进行归纳判决，与这种公正不同，土地所有者摇摇欲坠的祖传法权被抬了出来，成了一种高级形式，一种“中介”。②

把法律判决作为范例，这并不是偶然的。如果理性主义没有明确说出的前提是纯粹理智的、理论的、旁观的被动主体，它不做任何判断， 146
仅仅是肯定和否定（这相当于不作判断）的话，那么相反，动态思想者的典范就是一个**做出决定、进行判断、起中介作用**的人。纯粹旁观的理论主体进行归纳，而处于既生机勃勃又矛盾重重的生活之中的主体则提供中介和做出决定。“动态综合”“中介”的概念本身就已经是**思辨过程的一个突破**。③ 动态思想通过决定和中介而把握特殊事例。越来越清楚的是，思想形式的多样性虽然在我们这个时代差不多被书写文字的同质化作用所掩盖，但在这里仍然有迹可循。**思想根据它所完成的**

① 《政治艺术要素》，第1卷，第143页。

② 关于米勒的“中介”术语的其他例子，请参阅他的《政治艺术要素》，第1卷，第148、205页。请注意后一段中的“算计的智慧”的表述，以及“不仅为数量所评价和决定，而且……被调解”；也请参阅第1卷，第206、286、305页：“持续地制造和平”；然后通过类比应用于货币（第361页）。

③ 这里，在对资产阶级浪漫主义世界的“左翼”和“右翼”反对派之间存在着广泛的一致。比如，都对作为主体的资本家的行为的算计性和非生成性持诋毁的态度。在法律领域，请参阅卢卡奇《历史与阶级意识》，第109页［英文版第97页］。

生存功能而总是具有不同的特点。一个体系化和进行归纳的人，思想起来就像法官一样；但是，“思想”作为一种“法律判决”的功能与思辨性的归纳完全不同。①

要把握进行一般化的启蒙主义理性主义与以等级制为基础的浪漫主义的动力之间的不同，光研究运动的环节是不够的。还有必要追寻终极前提；这些**前提**都是**生存性的**，其中理论和实践的关系在这两种情况下实际上各具不同的特点。针对这个问题，这两种思想风格在理论反思的层面上采取了不同立场。

在回到理论和实践的关系之前，我们应该了解一下“中介范畴”后来的命运。在《政治艺术要素》中（我们已经指出过，在其中的某一点之后，泛神论的动态因素开始让位于天主教的等级因素），存在着一些段落，其中中介没有被视作永恒运动的对立各方的一种自发的、相互的行为，而是被给予了**调解**的意义，天主教的神职人员被当作调解法庭，高居这些运动环节之上。神职人员被说成是一个“起中介作用的使徒阶层”，它的任务就是把不同的民族国家联系起来，在各自的国家内，把“穷人”和巨富与社会相“结合”，维护“伦理平衡”的精神。这样的中介具有自己的机构，它应该就是天主教堂；这与浪漫主义的天主教倾向是一脉相承的，我们知道这种倾向在诺瓦利斯那里就已经露出端倪。

在这里，我们可以再一次清楚地看到，当思想从一种结构向另一种社会历史起源有所不同的结构过渡时，即使是最为根本的范畴以及不
147 同类型的综合也会发生变化。同一个思想家会形成不同的综合，这取决于他采取的是以等级制为基础的浪漫主义立场，还是以天主教为基础的立场。综合的基本范畴随着所采纳的主要解决方式的不同而变化。只要思想还是泛神论，对立的各方就会内在地相互作用。在天主

① 《政治艺术要素》，第1卷，第288页。

教的历史上也出现过一些以对立的形式进行思考的哲学家——研究耶稣的学者普尔兹瓦拉[①]对此有所论述，对他自己所属的传统的本质，他具有真正天主教徒的敏感。我们在帕斯卡那里以及在纽曼的"对立的美德"学说里也发现了有关对立的哲学。然而，真正的天主教思想倾向于通过一种高居于对立各方之上的东西来使它们联结起来。从根本上来说，它就是上帝。然而，上帝作为高居于对立各方之上的第三方的地位也被教堂取代。这种把各极按等级制结合起来的做法在诺瓦利斯的浪漫主义中已经出现："世俗的力量不可能靠自己取得平衡；这一任务只能通过既是世俗的也是超俗的第三方才能完成。"[②]

这种思想把基于等级制的因素、浪漫主义的因素和泛神论的因素结合起来，随着它越来越深入梅特涅的具有部分天主教传统的奥地利，这一"动态"的观念机体的第一个层次越来越被第二个层次所取代。它就是天主教的理智，可以暂时称它为有等级的，不过这样说有点过于笼统。"理念"和"中介"获得了一个新的意义。[③] 因为我们在这里只关心以等级制为基础的浪漫主义，我们不可能探讨"中介"——这种创造综合的思想和经验方式——以后的命运，现在我们必须回到对那个我们

---

① 请参阅他为米勒的《政治哲学著作集》所作的序，第 VI 页及其后。

② 诺瓦利斯《基督教或者欧洲》，载《作品集》，第 2 卷，第 42 页。甚至巴克萨也将这一段（未作分析地）作为类似的立场（关于米勒的《政治艺术要素》的注释，第 2 卷，第 350 页）。

③ 因此，当巴克萨通过引用米勒的后期著作，比如《神学基础》，来解释《政治艺术要素》中"理念"概念的意义时，他是错的，因为在后期著作当中"理念"已经获得了一种柏拉图式的原初的神学意义。企图通过后期的米勒理解写作《政治艺术要素》时的米勒，就像根茨企图只在米勒 1804 年的作品的基础上解释《政治艺术要素》中的"理念"概念一样，是个严重的错误。（弗里德里希・冯・根茨《作品集》第 4 卷，第 359 页）关于所有这些，请参阅巴克萨在《政治艺术要素》，第 2 卷，第 292—293 页中的评论。关键是要看到，即使是一个作家的思想也是动态的。知识社会学家始终必须观察在同一种社会运动之中，当一个作家从一种社会学立场跳到另一种社会学立场时，他的思想是如何改变的。另一方面，有必要说明类似"理念"和"调解"一类的基本概念是如何出现在其他保守主义思想潮流中的。当然，对黑格尔的分析在这里变得重要起来。

已经介绍过的问题的分析,这个问题就是以等级制为基础的浪漫主义思想中**理论与实践的关系**。

资产阶级和等级制保守主义在这个问题上是如何彼此联系的,我们在讨论默泽和康德的论战时[①]已经有所论述。前者赞成实践,他从那里开始建立理论,而后者把这两个领域分开只是为了最终在两者之间建立联系。我们已经看到“实践”——默泽用来反对理论的活的因素——不仅从一切神秘因素中解放出来,而且变得极其冷静。习惯与惯例、宗教与传统对他来说也不再是一个非理性的东西,它们将被浪漫
148 主义甚至历史学派所改变。默泽只是否认理论无上的权力。浪漫主义保守主义从等级制保守主义那里获得这种思想观,把它当作一种体现着活生生的东西的因素。与此相反,独一无二的非理性的流动的因素,则是结合了资产阶级和等级阶层成分的浪漫主义的一个别出心裁的贡献。因此,我们在米勒的浪漫主义那里发现,“生活概念”取代了默泽的冷静“实践”,在生活概念中,“实践因素”以一种特殊的方式与情感因素和**神秘意识的思辨的**残余内容混杂在一起。

纯粹实践的人就像纯粹的理论家一样不能使米勒感到满意,因为前者“局限于如此窄小的行动领域,受如此低劣的条件的钳制,缩进如此心胸狭窄的地方,以至于他们发现很难避免固执己见,就像理论家很难避免过分热情一样”。[②] 对默泽来说,一个狭窄的行动领域所指引的仍然是活的契约,而米勒则在纯粹实践的人那里看到了空谈与眼光狭窄的危险。**从这一点出发,米勒开始从两个方向对实践“神秘化”“非理性化”“浪漫化”**。一方面,他重视实践思想中我们现在称为“直觉的确定性”的东西。他试图在此证明“原理没有什么作用,只是长期的经验

① 参看本书边码第 132 页。
② 《政治艺术要素》,第 1 卷,第 15 页。

所积累的对什么是可行的和好的东西的感觉”。[1] 默泽也意识到这一现象——但是我们在下一节将会看到这个问题对他来说是多么不同。米勒观察到通过经验积累起来的感觉参与决定每一具体思想，这使他有机会注意生活认知中的美学因素，这种因素——以典型的浪漫主义方式——使政治知识向艺术靠近。他引进非理性化的第二个方向就是，他强调纯粹生成，强调生活的“变化无常”或“短暂易逝”，强调“实践”，强调他所说的一切与僵死的体系化理论相对立的东西：

> 我所展望的治国术正是以这种方式把国家视为**短暂的、活生生的、变动不居的**，它并不简单地放过法律上的迷惑之处然后随意地静观所发生的事。政治家应该具有尽悉市民社会的心灵，他的行为应该刚柔并济。[2]

在此，“动态”经验掩盖了默泽的冷静“实践”。这种生活概念所要把握的就是这种纯粹的流动和运动。[3] 要描述**实践**，光引用具体环境和具体地方（这个概念恰巧既在默泽那里出现过又在米勒那里出现过）的 149
因素还是不够的。**对浪漫主义来说，“实践”实际上不是指日常行动，而是只能“从内部开始”才能体验的纯粹“生成”**。反对革命的具体经验**现在采取了内在化的形式**，它在这里与以下这种对待经验的态度结合起来：当这种态度还以宗教为基础时，它与神秘的行为方式相适应，现在，它的残余在泛神论的基础上以一种动态化的形式重现。

---

① 《政治艺术要素》，第1卷，导言，第XII页。

② 同上书，第11页［强调为曼海姆所加］。

③ 关于这种纯粹的动力学经验的更多的例子，请参阅出处同上的第4页：“然后在运动中……”；第144页：“在一个宣称自由的国度……”；第155页：“……接近我代表其利益发言的事物的一种积极方法”；第193页：“关于活泼事物中的矛盾因素”；第348页：“无论可能是什么财富……”

然而，这一概念（结合了“实践”、“具体”和“纯粹运动”）与默泽的思想颇为相似，因为他也把某些超理论的东西绝对化，而理论正由此得到解释和审察。**思想在此是一种生活和实践的功能**，而不是相反——好像实践只不过是把理论运用于直接的事实。说理论主体作决定而实践主体执行决定，这一点并不正确。相反，对具体的理解就是参与到将要理解的东西的生活之中的实践主体的决定作用和中介作用。**认知既是行动**，同时也是源于行动的知识。因此，虽然以纯粹理论为取向的启蒙主义意识倾向于把行动理解为一种归纳（因此，行动也被包括在“理论”范畴之中），但是在这里，生活概念甚至要被用于对具体的理解。综合不是一种堆积或相加，而是一种由参与者在内部执行的**中介作用**。

这样，以等级制为基础的浪漫主义思想的最为重要的规定性就形成了一个封闭的圆圈：以理念、以理论和实践的关系为形式的思想概念与中介概念作为这一动态思想和动态经验的成分彼此相互说明。同时，如果我们把米勒思想中的这种动态因素抽象出来（我们已经看到，它经常从默泽意义上的“实践”中把自己抽象出来）并考察它本身，我们就能把握**现代“生活”概念的保守主义起源**，其根源就在于对“纯粹生成”的体验与绝对化。

虽然我们能够时常看到米勒试图在具体性中把握具体，但他从来都没有形成一种完全的现实主义。在一些关键的地方，他总是念念不
150 忘“生存”“生成”“理念”，从而与真正的具体失之交臂；他的论述也是抽象的，与其所谓的对立面——启蒙主义的“规范性抽象”——相比毫不逊色（虽然在方向上有所不同）。然而，从这一强烈的（虽然还只是纲领性的）动态冲动中还是出现了**现代“生活”概念**的一个重要元素。

出现在19世纪下半叶的现实主义具有一种浪漫主义保守主义的成分，它起源于这种对活的东西的极度向往。**这种“动态主义”最初是被其本身抽象地体验的**；它后来的发展，尤其是它在德国的发展沿着两

个方向进行。在“浪漫主义阵线”上它变得越来越“内在化”，在米勒那里至少还纲领性地与具体、实践相结合的东西越来越抽象，纯粹在它自身中被体验。**这种新出现的“现实主义”并不希望在经验领域、在“日常生活”中、在人们可能会指出的外在现实中的任何地方寻找“真正的存在”，而是在“纯粹经验”**（这一表述不能在心理学的意义上理解）**里寻找“真正的存在”。**这一倾向——在消失了一段时间之后，尤其是在唯物主义的“形成时期”消失了之后——最近从柏格森的生命哲学［其“实在时间”（durée réelle）概念实际上是浪漫主义的纯粹动力的复活］中获得了一种新的、富有成果的动力。德国学术史上的很多流派都流向柏格森，德国精神生活从他那里收回了一种它曾经拥有的经验，不过已经处于一种更高级的阶段。[①] 在德国，柏格森的冲动一方面与**现象学**结合在一起，另一方面与由狄尔泰复活的**历史学派**相结合。

当代不同类型的**生命哲学**都可以通过其中的不同倾向来加以描绘。然而，无论“生命哲学”内部的这些倾向彼此之间如何不同，它们都**一致地既反对康德主义又反对实证主义，**从而暴露了它们的浪漫主义的和反革命的起源。虽然康德主义和实证主义的认识论基础有所不同，但是它们作为两种不同的资产阶级理性化思想，都试图维护普遍概念、自然科学和一般化的思想模式。所有这些不同的生命哲学在根子上都是浪漫主义的，因为它们一致反对一般化的概念，并试图从在现象学看来不受概念化模式的束缚、没有被理性所掩盖的**纯粹经验**中找到真正真实的东西。在现阶段，我们还不能把它们说成是反革命的，因为它们中的大多数都不关心政治。但是，它们继承了曾经在保守主义的基本设计中迸发出的思想和经验设计的力量。正是因为这种原初的浪

① 对这种对时间（durée）（仅就一种早期版本而言）的经验在法国传统主义中的流行，必须进行个别研究。

151 漫主义流派失去了其赖以立足的政治基础(也就是说,直接的行动能力,针对周围现实的具体方向),所以它能够从默泽的“实践”中抽象出“生存”和“运动自身”(它们在浪漫主义阶段也是这样被把握的),并且能够把这种完全抽象的“纯粹动态的”元素不断**内在化**。

这种生命哲学的伟大意义就在于它不断突出资产阶级理性主义的抽象性——后者的扩张日具威胁性,几乎要覆盖(“物化”)一切生活元素。它不断指出我们在一个理性化世界里作为现实所经验的,实际上是已经被绝对化为一种“偶像”的理性关系;①换言之,这种所谓的现实世界只不过是资本主义的理性化世界,它掩盖了一个“纯粹经验”的世界。然而,这一流派的保守主义起源至今都还暴露在下列事实之中:它只是被动地与我们周围的理性化世界相对立。因为它不参与(广义上的)政治,所以它不能找到直接的变革方式。它内在地已经向处于变化(沿着理性化路线)之中的世界屈服。然而,即使在这一点上,它理所当然地还是当代世界变化的一个功能,一个非常重要的功能。它有利于保存经验的萌芽;它让后来的综合去决定这一萌芽的结合方式。② 生命哲学主张对世界进行认知性渗透,它成为从属于绝对化理性主义的思想流派的一支富有成果的平衡力量,因为它一再教导我们要剥掉掩盖事物的真实本性的理性化外衣,要避免让意识只专注于理论理想。它一直都在表明“理性的”东西和“客观化的”东西都是相对的和偏颇的。

---

① 这里,类似的东西——尽管具有不同的结构——又可以在“左翼”反对派中发现:请参阅卢卡奇《物化问题》,载《历史与阶级意识》,第94—228页[英文版,《物化与无产阶级意识》,载《历史与阶级意识》,第83—222页]。

② 在现在可能评判的范围内,存在着为现代暴发式的激进主义潮流(无论在反动还是在进步的意义上)提供基础的趋势——当它重新获得政治上的意义时。既为法西斯主义也为工团主义的直接行动提供推动力的柏格森主义倾向(比如,索雷尔在任何层次上都是这样的)。

浪漫主义对纯粹运动的经验经历了一条与黑格尔完全不同的道路，后者试图客观化而不是理性化[①]，因此把运动因素与政治和历史世界的具体形势联系起来。这就是说他摈弃了纯粹的运动经验。通过一种新奇的理性化，这种经验改头换面成为**"辩证法"**。然而，他同时也保存了对流动性的保守主义发现，把它用于理解历史变化的方法之中。所有这一切他都是通过分解其对立面而完成的，因为它们在新世纪的开始时期就已经固化：要么成为僵死的思想，要么成为非理性运动。他的回答是，**存在着一种比"抽象的"、僵死的思想更高一级的理性；存在** 152
着动态思想。这一回答宣告了在米勒那里就可看出的那种倾向的胜利，这种倾向试图扩大理性化的范围，运用新的理性化方法来理解历史。黑格尔在这一点上成功了，他没有像浪漫主义思想那样失去与世界的真实面目的联系，因此没有必要在纯粹"内在化"的经验中寻求庇护；这是由于他的不屈不挠[②]，由于历史存在（Seienden），而这对当时的保守主义来说正是确定无疑的现实。

米勒的保守主义最初是与等级阶层相结合而形成的。因为后者不可能长期得势，因为未来不属于它，所以浪漫主义者很快就失去了任何真正的社会支持，很多人为了生存不得不奔投奥地利阵营。他们企图在那里赢得教会和国家的支持。然而，这却意味着保守主义所固有的一切萌芽都遭到破坏，而正是这些萌芽给了它意义，因为它们，它才具

① 关于他反对内在定向性（inner-directedness）的斗争，在以下引文之外，请参阅他的《法哲学原理》，第136和137节的附录，第319页；以及第138节的附录："只有当现实世界空虚、无精打采、不稳固时，一个个体才可能被允许在他的内在生活中寻求庇护。"[！]

② 以下段落听起来像是对这个方向的承认："不对任何事情下决心的意志不是真正的意志；平凡的人永远不可能做出一个决定……一个人只有通过下决心才能进入现实，无论这个决心对他可能有多痛苦。惯性缺少意志来抛弃使它得以将一切当作一种可能性的内在沉思。但是，可能性仍然比现实要少。对自身有把握的意志不会陷入自身，在它的确定意志中迷失自己。"（《法哲学原理》，第229页及其后）

有了独特的含义。浪漫主义作为一种显学甚至没有梅特涅长命。它作为学术史上一种活的影响力在海涅的批判中出现过之后于19世纪40年代寿终正寝。但是,到哈里年鉴时期,即使从外部来看,它也只不过是一个阴影。①

黑格尔把对运动的纯粹经验转化为一种更高一级的理性思想方法,从而提出了动态思想的问题以及时至今日还困扰着我们的有关真理与标准的全部复杂问题。然而,对于问题的全部领域以及黑格尔的思想得以产生的社会背景只能留待以后讨论。现在重要的是指出,显而易见,正是黑格尔的**客观运动**被马克思主义纳入综合,这样马克思主义的无产阶级思想也获得了**一个动态的和辩证的现实概念**。黑格尔和马克思主义在生命哲学上的共同之点是,对他们来说通过一个动态的基础就有可能把“日常”、“静态”和“抽象”思想相对化。然而,这一动态基础在“内在化”哲学那里是前理论的东西(例如,“纯粹时间”“纯粹

---

① 比如,请参阅海涅(Heinrich Heine)《浪漫主义学派》[1833],《全集》第5卷,第207—364页;以及特奥多尔·埃希特迈尔和阿诺尔德·鲁格“《新教与浪漫主义》,《关于时间及其对立物的报告导言》,《一个宣言》”,载《哈里德国科学艺术年鉴》(1839)[作为埃希特迈尔(T. Echtermeyer)和鲁格(A. Ruge)的《新教与浪漫主义》再版]。

在讨论一个关于法律与道德关系的特殊问题时,黑格尔在一些评论中描述了浪漫主义和启蒙运动的命运,显然他很清楚地看到了这个进程。抽象的善的概念——这一点应该在开始解释时就指出来——意味着启蒙的原则,而“良心”表示的则是浪漫主义的原则。“迄今为止所讨论的两种原则,即抽象的善和良心中的每一种都是有缺陷的,因为它们都缺少对立面。抽象的善蒸发成了一些我可以往里添加任何内容的完全无力的东西,而思想的主观性则因缺乏客观的意义也变得同样没有价值。于是会产生一种对客观秩序的渴望,在这种秩序中,只为了逃避空虚和否定的痛苦,人们就会心甘情愿地让自己堕入奴役和完全的征服。近来,有很多新教徒进了罗马天主教的教堂,而他们这么做是因为他们发现自己的内在生活没有价值,抓住了一些固定的东西,一种支撑,一种权威,即使它不正好是他们抓住的思想的稳定性。”

“主观与客观和绝对的善的统一是伦理生活,在其中我们找到了与概念一致和解。”(《法哲学原理》,第141节,第324—325页[英文版第258页及其后])有一个很有名的事实:在黑格尔那里道德指的是国家联合的绝对权力,本质上指的是普鲁士式的国家。关于这一点请参阅黑勒《黑格尔与权力国家思想》,第88页,注释22。

经验”等)；在黑格尔那里，这一基础——通过它“粗俗的”和“抽象的”思想被相对化——是精神的东西(较高一级的理性)；在无产阶级思想那里，它是阶级斗争和以经济为中心的社会进程自身。**黑格尔对客观性的追求背离了这一方向**。

这里没有必要深入可能提及的一切细节。我们的目的仅仅是提请 153
注意**与资产阶级的自然法思想相对立的这两种思想的现实概念，在多大的程度上是与它相对立而形成的；以流动性、以动态主义为特征的生活概念是如何在此出现的；继续发展并明显地与其起源相联系的生命哲学和马克思主义的现实概念的这两种形式的本质是什么**。

除了以等级制为基础的浪漫主义因素所采取的这两个方向之外(也就是，对活的、流动的概念的发现，对作为规范与体系的对立面的历史的发现)，还存在由**历史学派**所追求的第三条道路。它在规范与历史、思想与存在的关系这个保守主义的问题上提出了一种与众不同的解决办法。对其社会学立场进行界定成为一个非常特殊的问题。它处于黑格尔与浪漫主义之间，没有它，就不可能理解黑格尔。由于这些理由，我们必须对这个复杂的问题加以充分考虑。①

2. “历史学派”的立场

如上所述，历史学派代表着在上述社会和精神背景下起源于保守主义经验的第三种定义问题的类型。它并没有像浪漫主义经验最终所做的那样逃避历史而进入对纯粹运动的纯粹内在化的经验，而是试图把这些运动与历史不断生成的东西联系起来。像黑格尔一样，它旨在

① 资产阶级思想中的现实性概念，将在现代相对主义的意义得到历史的分析之后来讨论。

成为客观的和具体的;然而,与黑格尔不同的是,它并不认为抽象理性与作为一种较低理性形式的动态发展相对立。虽然历史学派像黑格尔一样贬低“抽象”理性,但是在它看来,这种理性的对立面不是“更高一级”的运动概念,而是历史生活本身,也就是说,纯粹动态的非理性。

这样,黑格尔就接受了浪漫主义对抽象理性的反对,使这种理性与“存在”(Sein)对立起来。但他立即又把这种存在设想为更高一级的理性。这一结构同样出现在历史学派那里,只不过这个学派使得这种用来反对资产阶级和科层制度理性的动态高级存在完全成为非理性的。
154 历史学派通过这种**非理性化**超越了亚当·米勒的浪漫主义的非理性主义倾向(它与这种倾向具有同样的社会学起源),从而得出更为激进的结论。

历史学派把重心从“实际存在”(des wirklich Seienden)转移到具有无意识(这个概念引自谢林)特点的非理性领域,同时它自身又沉溺在具体的历史之中。于是,它抛弃了存活在浪漫主义之中的最后的理性残余,在非理性领域中考察世界历史事件(Weltgeschehen)的本质。但它并没有对非理性进行非政治化和内在化,而是试图在历史中解读它的符号。在此,浪漫主义的主体并没有从世界历史事件中回缩而转向内在的自我,而是**使这些事件向内**并因此与它保持接触,不过是以一种特殊的方式。如果这些事件的本质是完全非理性的、无意识的、**先于**一切理性化的,那么问题就变为:思想和认识从这一角度来看意味着什么?它们可以成就什么?对于一种彻底的可行论来说,这里似乎出现了阳关大道。但正是由于其政治基础,历史学派并没有走上这条道路。它既不否认存在着思想,也不否认思想具有生产价值。相反,**它给思想指派了一种非常特殊的作用。**

对资产阶级思想来说,理性意味着对永远行之有效的因此必须付诸行动的东西的计算(演绎)。认识主体被推崇到超越历史的地位:他通过思辨把握理论上真实的东西。行动自我因此而把真理付诸实践。**米勒类型的保守主义**认为,认识主体挣扎在本来就**不可预知的**流之中,但是通过在冲撞中、在积极的交流中起**中介作用的**"观念"的思想和行动,它认识了这种流。行动和中介同时也是认知。

在黑格尔看来认识主体也处于现实过程之中,根据他的理性的狡计理论,主体的日常思想——即使它是抽象的和可预见的——也**实际上**是对历史发展的进一步现实化。当然这种发展自身是理性的,但它包含着一种更高级的理性。后者从来不向直接的行动主体和抽象的思想主体显现,它只在事情发生之后为像密涅瓦的猫头鹰一样的哲学家所把握。这种理性主义贬低计算理性,用一种所谓的较高的理性将它 155
超越,是一种动态的理性主义。它把存在与理性运动并置,真知与动态化理性并置,这样就避免了在"动态存在与僵死思想"之间做出选择。僵死的、抽象的计算只不过是一个过渡阶段,是动态存在的一种功能。**这样我们就不断地被置于动态的理性因素之中**:哲学的认知揭示并理解其计划。

相反,在萨维尼那里,我们被置于非理性因素之中,思想具有向前摸索的功能,具有**阐释**的功能。这种思想不是对世界计划的计算、中介或重建。它是对先于思想而存在的某些因素的一种澄清。这种思想被置于世界之中,与我们已经讨论过的自身变化的思想功能有所不同。无论是对于这个世界还是认识主体,它都具有不同的功能。除非把握这些具有独特性的功能,否则就不可能明确地对这些类型进行比较,因为人们拥有的只是有形的记录而不是这些记录存在于其中的不同的思想。

现在必须充实一下我们对历史学派所作的提纲挈领的刻画。我们从萨维尼开始,他为这个学派的早期阶段设定了标准。历史学派的纲领首次出现在萨维尼用来反对蒂鲍特的书《关于立法与法理学的当代使命》[①]和后来的文章《论历史法学杂志的目标》中[②]，这篇文章是对萨维尼与埃希洪和哥兴共同创办的这份杂志的纲领性预见。萨维尼反对哥勒(1815)的书也与这一时期有关。[③] 不过，对于《现代罗马法体系》[④]就像对于历史学派的其他著作一样，必须谨慎小心，因为它产生于这个学派的一个较后的发展阶段。

蒂鲍特提议建立一部像《拿破仑法典》那样的，包括法官在执法过程中将要依据的所有法律条款的一般性法典。《关于立法与法理学的当代使命》这篇论文的核心就是反对这种提议。

156 人们希望有新的法典，它无所不包，并在机制上保障司法的严明公正，因为法官只照字面实施法律，不受私人观点的影响：同时，这些法典将免于一切历史的联系，纯粹是抽象的，对一切时代、一切人都适用。[⑤]

萨维尼以新近觉醒的历史意识的名义对此大加反对[⑥]，因为这里还存在着这样一种各种法律都能简单地从中引申出来的理性法，这本身就是令人怀疑的。他建议对历史加以研究，看看法律是否曾经以这种公告的和演绎的形式出现过：

---

① 萨维尼：《关于立法与法理学的当代使命》(1792)[英文版，亚伯拉罕·海沃德(Abraham Hayward)译(1831)]。

② 萨维尼：《杂文集》，第1卷，第105—126页。

③ 同上书，第5卷，第115—172页。

④ 萨维尼：《现代罗马法体系》，第1卷(1840)[英文版威廉·霍洛威(William Holloway)译(1867)]。

⑤ 《关于立法与法理学的当代使命》，第3页[英文版第21页]。

⑥ 同上书，第4页[英文版第22页]。

> 有史记载以来,民法如其语言、惯例和结构一样具有人民性。实际上,这些现象并不独立存在;它们仅仅是人民的不同权利和行为,它们在本质上是相互联系、密不可分的,仅仅对于我们的研究来说才具有可分性。把它们连为一体的是人民的共同信仰,对**内在必然性**的共同感觉,它们先于任何有关起源的偶然而武断的观念。①

我们以前援引过这一段②,把它作为保守主义思想中的玄思性总体直觉的一个例证。但是,现在我们感兴趣的是"对**内在必然性**的共同感觉"这一表述,因为它是对法律有效性的一种解释。我们继续援引萨维尼的话:

> 人们在这一年轻的时期还不善于使用**概念**,却拥有对环境状况的清晰意识。它充分而完整地**感觉和生活**在它们之中,而我们,生活在人为的复杂存在中,不是去**享有和把握**它,而是受我们自己的财产控制。③

在此,显而易见,概念知识不同于可以享有和把握的**对环境状况的清晰意识**。在这种观点看来,我们可以明确地以两种不同的方式把握世界状况:第一,在概念上把握它;第二,生活于其中并对它有所意识,从而用这种方式把握它。在萨维尼看来,当概念尚不发达时,抽象思想被象征性的、感性的行动取而代之,这些行动的功能——与法律的规则

① 《关于立法与法理学的当代使命》,第5页[英文版第24页](强调为曼海姆所加)。

② 同上书,第92—93页,注释62。

③ 同上书,第6页[英文版第25页](强调为曼海姆所加)。

157 相当——就是去保证法律的“维护与明确地实施”。当代所存在的法律常规，与其说是通过认识的方式保存下来的，不如说是通过意识中存在的公正感保存下来的。但是，萨维尼发现它缺乏可感性。

法律一刻也不安宁，总是根据其内在必然性而演进，这一事实有力地证明法律与人民的本质和特性之间存在着“有机的”联系。“因此，法律与人民一道成长，就像人民一样长大，最后凋零，正如人民失去其特性。”①

萨维尼很快就承认，对法律形成的这种解释发展到某一个十字路口难以自圆其说。他认为“法律在现实中的位置就是人民的共同意识”。紧接着他就明白过来，这可以解释罗马法中有关婚姻和财产的根本原则，却不能解释法典中所包含的许多细则。他认为差别的产生是由于文化的发展，以此来自圆其说。一个早期由人们共同进行的“行动”后来由不同的等级所分担，法学家就是其中的一个等级。

> 现在的法律已形诸文字，并以科学为取向。但它最初生活在**全体人民的意识**之中，后来才由法学家的意识所取代，他现在代表着人民行使这一职能。从这时开始，法律的存在就更加**人工化和复杂化**，因为它具有**两种生活**：一方面是并且永远都是全体人民的生活的一部分，另一方面，它又是法学家手中的一门科学。②

但是，萨维尼认为这并不意味着法律的有机发展突然中止了。它只不过是变得更具复杂性，因为“政治因素”（这就是萨维尼所指的法律与人民生活的有机联系）与法律的精确性所要求的“技术因素”结合起来了。

---

① 《关于立法与法理学的当代使命》，第 7 页［英文版第 27 页］（强调为曼海姆所加）。

② 同上书，第 7—8 页［英文版第 28 页及其后］。

> 从这个问题中所得出的结论是，一切法律都来源于**习惯法**（这个表述很普遍，并不完全恰当）；也就是说，它最初是通过惯例和传统而创立的，只是到了后来才根据法学来建立。因此，它无论如何都不是某位立法者的武断决定，而是默默工作的内在行动力的作用。①

关于立法者的思想的作用问题，萨维尼认为只有一种类型的立法行为是可行的：当个别法律条款出现问题时，有可能出现一种立法，它 158
借助于习惯的帮助去掉这些怀疑和不确定性，以此阐释和维护人民的现行法律以及它在当前的实际意志。② 这再一次相当明确地表明，在萨维尼看来，思想的真正职能是"阐释"。③ 正确的东西就以某种方式存在于我们的意识之中，尽管我们对此一无所知。思想能够对它加以解释，却不能创造它。

要想把握这种阐释的独特性，只需探讨一下它的对立面。萨维尼谈到过这个问题。他坚持认为建立法典的危险在于它们可能产生于一个并不具有对有机正确的东西的内在感觉的时代。在这种情况下，法典将会

---

① 《关于立法与法理学的当代使命》，第 8 页［英文版第 30 页］。应该注意到，滕尼斯关于共同体（Gemeischaft）和社会（Gesellschaft）之间对比的整个的基本问题框架，已经在这里得到了预示。

② 同上书，第 10 页［英文版第 32 页］。

③ "人们在年轻时……对环境有一种清晰的意识……"（同上书，第 6 页［英文版第 25 页］）。"……法律的政治因素很久以来就具有全面的影响，这种影响只需得到承认和表达，而这正是法学方法的恰当任务……"（同上书，第 12 页［英文版第 36 页］）。于是，法学方法（思想）只清晰地说出了那些先前已经从政治因素中（有机地无意识地）成长了起来的东西。"我们的法律的每一部分都具有一类成分，后者是其他部分的前提：我们可以称之为支配原则。理解这些，识别内在关系以及所有法律概念和原则的相互关系事实与方式，是我们的科学最困难的任务之一……"（第 13 页［英文版第 38 页及其后］）

> 不可避免地由于其新奇性而把一切注意力都引向它自己，它与当时的流行概念的内在联系，它的外在分量；它将会使注意力**迷失**真正的法律根源。①

那么**阐释**的对立面就是**迷失**，更确切地说就是**迷惑**。在这里也明显地存在两种类型的思想：第一，阐释性思想，它是人们意识的首要成分；第二，使人迷惑和糊涂的思想。第二种思想明显地与前面讨论过的抽象思想相对应，对此有必要作进一步的了解。萨维尼在谈到古典时期的法学的特点时，曾说过下面一席话：

> 对这些法学家来说，他们的概念和主张似乎并不是由于他们的武断行为而产生的；法律由真正的实体组成，其存在与起源通过长期的密切联系早已为他们所知。②
>
> 这种科学属性的共同体在罗马法学家之中深入的程度也能从这一事实看出：他们并不重视这一共同体的外部表达；例如，**他们的定义**往往词不达意，概念却一点儿也不缺乏清晰性和可靠性。③

这一对立的阵势如下：一方面，存在着一些概念，它们是实体，具有实际的存在，具有一个系谱——人们与这些概念关系密切。处于对立面的是那些单独由定义所界定的概念。但是还有一些情况也必须弄清楚：这些完全由定义决定的概念究竟是怎样产生的？

159 法律本身并不具有存在性：从某一角度来看，它的本质就是人

① 《关于立法与法理学的当代使命》，第 14 页［英文版第 39 页］。
② 同上书，第 16 页［英文版第 45 页］。
③ 同上书，第 18 页［英文版第 46 页］（强调为曼海姆所加）。

们本身的生活。当法律这门学科与此分开时，它的目标、它的学科行为就沿着单方面的路程前进，失去了对法律关系本身的理解。①

科学会达到一个"形式构造"，不再具有罗马法学所特有的现实性。但是，无论罗马法学家对上述具体的案例如何裁定，他们总是开始于

对它加以最为生动的理解，我们看到整个事件在我们眼前出现并逐渐改变。这个法律案例就好像是整个这门科学的出发点，这门科学就从这一点发明出来。对他们来说理论和实践并没有真正的区别。他们的理论就限于最具应用性的那一点，他们的实践不断通过科学的探索而得到改善。②

他们的这种发现和解释法律的方法具有独特的价值，就像古代日耳曼的陪审员，他们的艺术同时包括科学发现和宣布判决。③

---

① 《关于立法与法理学的当代革命》，第 18 页［英文版第 46 页］。

② 同上书，第 19 页［英文版第 47 页］。

③ 《关于立法与法理学的当代使命》，第 20 页［英文版第 47 页］。罗塔克对这一段的解释与我们自己的解释最接近。他（在众多的关于"民族精神"概念的文献中第一次）试图重视作为判断之基础的思想的特征，而不是仅仅处理离散的个别片段。他这么来描述萨维尼视为"发现"（Finden）的思想："就像艺术家寻找'他的'风格，诗人从普通语言的深渊中创造一种新的语言一样，萨维尼在人们的社会机体中发现了真正的活的法律。"（罗塔克：《萨维尼、格里姆、兰克》，第 425 页）为了在罗塔克的正确见解的基础上建立一种现象学分析，我们建议用"阐明"这个术语来取代"发现"。"发现"这个术语太一般（你可以发现一个被弄丢了的客体，但是在发现时，你并没有改变它），相反，"阐明"则意味着一种行为模式和一种只有在精神和灵魂固有的内容中才可能的成就。通过一种奇怪的方式，首先必须拥有这些东西，让它们成为某人自己的，然后它们才能被阐明。而这正是萨维尼的意思。正是由于这个原因，这类思想只有在文化领域才可能，不适用于没有精神属性的领域和那些仅仅具有文明特征的实体。揭示出这种人类科学特有的思想方式是萨维尼的伟大贡献。我们还认为任何与艺术的比较都是危险的，因为艺术家不仅在阐明而且在创造；他会把新的精神现实带到这个世界上来。但是萨维尼对法律的阐明方式并没有创造或塑造新的作品，而只是对业已存在的东西进行了澄清；因此它并不是"作品"而只代表一种知识的通道。涉及这种思想中的伙伴关系的因素，我们将在以后进行分析，这将有益于这种现象学分析。

总之，有两种思想类型针锋相对。首先，一种思想用严格的定义进行操作，除了构造形式它别无所成，其本身与活生生的法律相分离。我们称这种思想为“与有机体相分离的抽象思想”。与此相反的思想，与法律的存在相联系。我们最初称它为“存在关联性思想”（seinsverbundenes Denken）。它的特点是，认识主体必须生存于某一社会之中，人们会在这里找到活生生的变动不居的法律。思想的功能就是通过概念去阐释这种法律——它已经在现实中存在。每一件法律上正确的事情都已经存在，虽然它变动不居，严格地说，缺乏概念的存在。思想只能**阐释**：它能解释内在的意义和加进被省去的词项。并不存在像一般形式意义这样的东西。在存在中的法律并不通过抽象的玄思阐释自身，而是通过在法律中栖身并卷入其中的**具体个案**的过程阐释自身。

萨维尼对日耳曼陪审员（Schöffe）的祈祷，还有他的“理论与实践”概念，都表明他的认识观来源于默泽。

众所周知，萨维尼从默泽那里获益颇多；萨维尼本人在他的《关于
160 当代使命》[1]中心存感激地回忆过默泽。但是，就我们所知，他以前并没有谈及这一思想观起源于默泽。然而，因为思想的社会学对我们意义重大，我们必须明确地重视这种思想方式的起源问题。

默泽对亚当·米勒的影响并不能由米勒的任何公开致谢所证实，这样，我们不得不求助于社会学家的特权，通过简单地比较思想的两种立场、两种状态这种间接的途径来建立联系。不过，我们也要参考[2]萨维尼曾经明确地援引过的两篇默泽的文章，《论我们先辈的快捷之径》[3]和

① 《关于立法与法理学的当代使命》，第9页［英文版第31页］。
② 同上书，第69页，注释。
③ 尤斯图斯·默泽：《全集》，第1卷，第274页及其后。

《古代法学家论“申诉”》①，我们很快就会看到这里的默泽与影响米勒的默泽多么不同。

在第一篇文章中，默泽按习惯从历史上的一桩个案开始，通过不断提到它而建立起他的推理。他一开始就援引了1305年和奥斯纳布吕克和约中的一则条款，其中包括：

> 如果将来他们之间产生了新的冲突，他们当在第三个地方召集由他们的部分奴隶或臣下参加的会议，在14天之内调解冲突或对它做出判决；如果他们不能在14天之内解决问题，这八个审判官当前往比勒费尔德，如果在那里他们仍然不能在14天内达成协议，他们当再前往赫尔福德，然后每14天辗转于这两座城市，直至在判决上达成一致意见。

默泽的分析就基于这个例子——出于众所周知的保守主义对矛盾的偏爱，他把这个例子放在阐述的开头。

在这种事态中他觉得引人注意的既不是审判员的选择，也不是每一方都有同样数目的表决票这一事实；使他感到有趣的是审判员被授予“通过办公地点”做出决定的权力。他们不必“像我们今天的法官那样”在成文法的基础上进行调解，而是在比勒费尔德和赫尔福德之间搬来搬去，直到“找到”一个判决。② 然而，以这种方式找到的判决由于其办公地点而具有法律约束力。

默泽在这种解决问题的程序中发现的第二件值得人们注意的

① 尤斯图斯·默泽：《全集》，第1卷，第217页及其后。我们不对这篇文章进行更为详尽的分析，尽管这样对刻画这种思想方式会有所帮助。

② 同上书，第376页。

161 事情是，很明显，一般来说，主要存在着两种解决争执的方法。第一种是“一个具有同样出身和地位相当的人根据他的判断来宣布事情必须怎样”；第二种是“一个不具有同样出身和地位不相当的人宣布法律对这件讼案作什么样的判决”。“前者是我们先辈的方式；后者是我们自己的……”[①]对默泽和我们自己来说，最为重要的事情是“地位相当的人”（Genoss）这个词指的是什么。默泽的解释是：

> 这是一个德语词，我很难找到一个更好的词。一个法国贵族和一个德国贵族在出身上可能相当，但是他们的地位并不相当。同样，不同城市的公民之间的地位并不相当。
>
> 那么，地位相当仅仅指来自同一个生活区域的人在地位上相当。默泽在同一篇文章中还指出，这种思想方式也与英国传统相关，英语中的“自由”和“财产”概念包含有这种“地位相当”的原则（Prinzip des Genossenschaftlichen）。[②]

这里，我们清楚地看到这种思想方式的等级制倾向，对此我们在萨维尼那里还有机会加以分析。我们可以把“地位相当的思想”（Genossenschaftliches Denken）或“社会地位决定的思想”（gemeinschaftsgebundenes Denken）用于这种本质上是阐释的思想，我们在以前曾经暂时称它为“存在关联性思想”。它的区别性特点仍然在于其独特的阐释功能，它继续依靠下一前提条件：“阐释主体”具有**个人性情**，他处在一定社会背景之中，并为此进行阐释。

---

① 尤斯图斯·默泽：《全集》，第1卷，第377页[强调为曼海姆所加]。

② “关于这一点，他们除了以下的话外不想再说什么：他们的自由和财产并不依赖于法官的智慧，而是依赖于同伙中的其他人的判断。”（《全集》，第1卷，第334页，注释）

至此,我们再一次涉及我们的一个极其重要的观点:保守主义思想改善了旧的思想和行为方式,使其上升到反思的高度,并因此而使它们避免被埋藏,同时也创造出一种富有成果的新思想方法。在此也有可能进一步追踪这一不断变化的反思过程。我们只需仔细观察第一阶段(默泽的“保守主义”的早期阶段)与萨维尼的浪漫化了的保守主义在“地位相当的思想”这一概念上有何不同。这样一种比较除揭示上述相似性之外,还揭示了下面几点不同。

第一,默泽的“地位相当者”比萨维尼的要狭窄。对默泽来说,每一等级都有其特定的生活范围和特定的存在上相关联的社会。对萨维尼
来说,只有“民族”(Volk)[①]才代表一种内聚精神。这表明在从旧的与 162
等级制相结合的保守主义向现代保守主义的过渡中民族共同体(Volksgemeinschaft)是如何代替等级制的地方共同体的。[②] 萨维尼已经生活在一个国家统一在几乎一切阶层的希望都成为问题的世界之中。[③]

第二,虽然“民族”在一定程度上是对一种具有实效的生活统一体的发现,它同时也是反对革命要求的意识形态主张。[④] 这里所说的是公

① Volk 这个德语词通常指的是一个集体的和实质性的实体。它通常不包括个体主义的含义,而英语中的“people”常常有这个意思。然而,这里的“volk”这个术语是陈旧的、误导性的,尤其是在萨维尼多次论及罗马法中的人民(populus)以后。——英译注

② 关于单一主义的同情和萨维尼所持的特殊的同情,请参阅以下的有趣段落:“因为上帝已经颁布了命令(无论这是多么令人遗憾)[!],汉诺威、拿骚和伊增堡没有了自己的语言和文学,只有德国的语言和文学。”(《杂文集》,第5卷,第164页)

③ “第二,谁都知道,即使那些关闭了自己心房的人也知道,在德国的土地上已经出现了一种新的充满活力的对共同祖国的爱。”(同上书,第124页)

④ 绝大多数“理念”——无论它们属于哪个“政党”——都具有两个方面:它们包含有一些被精确地认识的、只有从它们的特殊立场才能被发现的东西,但是同时它们也起着隐蔽的作用。因此,每一种社会学解释必须从“内在”和“外在”两个方面的解释来处理理念。关于这一点,更多的信息请参阅我下一步的研究《精神现象的意识形态和社会学解释》,《社会学年鉴》(1926)2:424—440[英译本载《左派研究》(1963夏季号)3,3:54—66。沃尔夫编辑、再版:《始自卡尔·曼海姆》]。

民国家(法国意义上的)与一个价值平等的总体,一个具有不同种类的总体的遭遇,后者就是"民族"(德国意义上的)。在一个等级制的世界,统治阶层的统治尚未成为问题,人们可以以一种特权制的、等级制的方式镇定自若地行事。随着公民平等的观念的兴起,任何类型的特权主义,不管是左翼还是右翼都要以全体的名义使自己合法化。① 因为这一合法化的基本范式就是自然代表制,所以我们要把这种类型的代表制与基于选择的民族代表制区别开来。显而易见,在萨维尼看来,随着"文化"的出现,现存的统治阶层(也就是贵族)代表着全体的精神,正如一旦人民分化出来②,法学阶层就是"民族精神"的自然代表。虽然萨维尼倡导有机联系的观念,反对聚合在一起的总体,但是,他并没有从现实主义的角度看待民族。③

民族这个"观念"在萨维尼的著作里比在任何别的地方都更为清晰,但是,人们在他那里并不能感到一种对民族的直接关心。在这一点上,他不像默泽。在默泽迂腐的虔诚中,这种关心时常自然而然地流露出来——虽然他认为农奴制是合理的。④ 在萨维尼那里,某物在存在上从保守主义那里溜走了。但是,这一正在溜走的某物的**观念**同时作为一种抽象而变得清晰;这又使某物彰显出来。萨维尼的"民族"即使在其早期阶段也实际上是我们所理解的"民族";全体的命运只有在文化
163 (语言、习俗、艺术、法律)的层次上才能设想。这个事实也清楚地表明,浪漫主义的保守主义的逆流尽管在纲领上希望把握具体,还是只能在承担当前发展的力量(如,资产阶级资本主义思想)具有它自己的内容

---

① 关于这一点请参阅埃米尔·莱德勒《现代政党本质中的经济和政治因素》(*Das ökonomische Element und die politische Idee im modernen Parteiwesen*),第536页。

② 《关于立法与法理学的当代使命》,第7页[英文版第71页]。

③ 请注意"总体意志"(volonté de tous)和"一般意志"(volonté générale)之间的区别。

④ 尤斯图斯·默泽:《全集》,第5卷,第144页。

时才能从抽象的层面上理解其经验的内容。区别在于对浪漫主义的保守主义来说变得明显的内容有所不同。这种浪漫化的"民族"概念在实践中产生了一门历史编纂学,并最终获得了一种对这些明显的文化表现极为敏感的同情,但是这个概念被证明没有能力**创造一个新的社会**,而这一切并不是偶然的。

萨维尼的"民族精神"[①]与默泽的"地位相当者"相区别的**第二个特点**是对前理论因素的**彻底非理性化**。人必须生活于这些先于理论而存在的因素之中,如果他想要对它加以阐释,想要找到规律(以及其他社会所决定的真理)的话。默泽在此是清醒的,只要他有所意识,他就只关心阻止权力逐渐从地位相当者那里转移到地位相当者之外的法官那里。[②] 这是一个保证等级阶层的权力免遭领主侵犯的问题。

恰恰相反,在整篇文章中没有一个单独的段落对这种前理论的知识进行刻画,即使是以一种遥远的情感方式。默泽再次提出完全清醒的农民般精明的论证,这一次是反对从地位相当者之外引进法官:

> 如果他们(地位相当者)认为他(指的是一个市场共同体的成员)顶多只能有两只雌鹅和一只雄鹅;如果他们禁止他在村里的草地上收割饲料;如果他们因此而强迫他把猪杀掉,他就至少应该立即确定那些制定这条法律的人在同样的情况下也会像他一样,他们必须遵守他们所宣布的法律,如果它对他们具有约束力的话。这是一个与以下情况完全不同的问题:一个警察命令他不许喝咖

① 当"民族精神"(Volksgeist)这个术语还没有出现在《使命》中时,它显然已经在物质上存在。关于这一点请参阅穆勒(E. von Möller)《民族精神中关于法律起源的教条的出现》,载《奥地利历史研究所公报》(1909)30: 45;坎托罗维奇《民族精神与历史法学派》,载《历史杂志》(1912)108: 301。

② 尤斯图斯·默泽:《全集》,第1卷,第385页。

> 啡，而警察却不停地咕嘟他自己的咖啡，然后只能用理智和谨慎（这些人类情感的永恒习性）来证明他的命令的合理性。①

尽管存在这种利益取向的原因，显而易见，从法律中抽象推演与在地位相当者的相互性的基础上做出具体决定之间的对立产生了。

但是，萨维尼是在哪里把他的前反思性认知非理性化，把处于理智
164 之后的存在非理性化的？这个问题同时又提出了关于保守主义经验和思想中的非理性因素的整个问题。

在那个时期和那个生活空间之中能够发现什么样的非理性“位置”和“概念”呢？萨维尼的非理性适合于什么地方？“理性”和“非理性”的关系是 19 世纪的一切思想流派所共有的问题。虽然这个问题属于形形色色的哲学经验和思想的内核，但我们已经指出 19 世纪在这种关系上刻下了一个明显的印记。这种先入为主的偏见的出现，主要是因为 18 世纪把理性主义推到了这样一个逻辑顶点——因此对一切理性主义的排斥是如此顽强——以至于后来者全都被冲洗到主流的边缘。它们因此而能够结成一个对立面，形态多样但效果相同。

从我们所讨论问题的角度来看，对这一时期形形色色的非理性主义来说，关键因素涉及**非理性在思想和经验背景中出现的位置**。我们会看到，虽然进步的自由主义思想也不得不注意非理性，不能对它完全视而不见，但非理性采取的是不同的形式，出现在完全不同的背景下。我们至少必须试着从这一点出发来对理想的类型进行分类。

启蒙主义的自由理性主义倾向于创造一个纯粹而同一的理性领域，其中没有非理性因素的位置，因此必须承认非理性在这些边界之外的某种存在。这种解决方案具有以下不同的方式：

---

① 尤斯图斯·默泽：《全集》，第 1 卷，第 379 页。

(1) 一切理性化都是适用于某一可理解的质料的范畴的改变。这一倾向进一步分为两种类型。一、该质料(内容)被设想为非理性的,并被保持在非理性状态之中。(当前西南德意志哲学学派对此有极为明确的阐述,这个学派的立场可以追溯至康德主义。)二、内容的非理性被视为纯粹由环境决定的东西,随着知识进步(这被视为一个永无止境的过程)这种非理性会不断地转化为理性(马堡学派是其哲学上的代表)。

(2) 只有世界的某些领域可以不断完全地理性化。然而,这些分离的理性主义的整合却是非理性的。这里也有两种解决方式:这一调 165
整要么通过这些分离领域的一种和谐来完成(乐观主义的自由主义),要么通过权力来完成(理性化的资产阶级时代**现实政治学**和帝国主义的特点)。因此,这里的非理性主义在一种情况下是“动态平衡的”或“和谐的”,在另一种情况下是“权力”(作为一种“自然主义的”因素),它在 19 世纪 60 年代就已经获得了统治地位。[①]

所有这些启蒙的、自由的理性主义的共同点是,他们都试图制定出一个由可计算性或由某些不同类型的可理性化性所标示的纯粹领域,一个不受任何非理性因素打扰的领域。正是出于这一理由,他们偏爱这样的认识类型,即这种认识以一种抽象的方式提出问题,并有可能与具体相分离。正如数学无视它所计算的对象的特性,它们只被视为可计算的单位,其他在这一旗帜下兴起的科学(数学是它们的理想)也一样,它们致力于仅仅从抽象的角度来穿透其对象。它们因此而成为一个新的“科学对象”(身体只不过是外在的东西、人只不过是经济人,等等)。具体对象中没有纳入这个观点的所有方面似乎是偶然的;偶然性也是非理性。(“偶然性”是一个与“必然性”相关的术语,就像“非理

① 威廉·梅茨格在《德国唯心主义伦理学中的社会、法律和国家》第 42 页及其后,对权力因素的非理性本质和这种类型的历史定位作了很好的描述。

性”与“理性”一样。前一个概念的意义与内涵随着“必然性”的变化而变化，就像“理性”那里的情况一样。）认识论通常在科学概念之上规范自身；它把“理性”等同于“科学”（也就是以“精确的”自然科学为理想的科学），通常把任何超出这一范围的事物视为非理性的和“不可知的”。在这一点上，我们有充分的理由指出，这样的认识忽视了下述事实：即使在我们并没有科学地即并没有在“精确的”自然科学的意义上去“认识”时，我们也已经能够认识了。

与所有这一切[1]相反的是，在这一时期兴起的保守主义思想流派并没有把非理性转化为一个**有局限性的概念**，这是它们的一个基本特点。保守主义把世界看作和体验为充满非理性的东西。对他来说，理性化只能在局部出现，即使在这时，理性因素也只是更为广泛的非理性力量的一个功能。[2] 我们这里想举几个非理性的例子并表明在相应的各种各样的非理性中进行区别是可能的。

在下列情况下找到非理性是可能的：

(a) **个体**（浪漫主义）。对启蒙主义来说，“个体”通常指的是
166 individuum（不可分者），是不能进一步分下去的，而对浪漫主义思想来说，它指的是占有一个明确的、不可比较的、处于中心的本质。

(b) **局部**（默泽、米勒）。开明的人的当下（hic et nunc）在此被体验为它不可比较的独一无二性。

(c) **运用**。普遍规律是理性的，但它能够运用于这个世界，这是一个非理性的事实。

---

① 必须一再强调，类似观点只是趋向于确立一些潮流。在每一个可以作为反例的思想家那里，他是否事实上实现了一种思想风格的综合，以及他的背离的理由是否正是这个，必须首先从历史上来决定。有一种一般性的可靠方法可以确定这一点，它需要进行历史和社会学的推理。

② 在这方面，就连卢卡奇也看到了许多正确的东西。

（d）**运动**。运动不可能分为明确可指的阶段。

（e）**性格**。它与机械主义所能把握的东西相反，也与历史所能把握的东西相反。例如，施塔尔的思想就根源于此。

（f）**质**。

（g）**总体**。

（h）**神圣**，神秘的东西，天启。[①]

（i）**有机**的，至关重要的核心。

我们只简单地列举一下取代非理性的一般可能性，留待以后再从这些类型所处的相应历史和社会学位置中对它们进行详细分析。但是我们必须提纲挈领地把这些类型的样品列举出来（还有更多的类型没有列举出来），以帮助我们根据萨维尼和历史学派来区分非理性。在这种象征性的解释中，非理性自然只作为理性的直接对立面而出现。不过，仅仅对其差异性粗略地列举一下就相当明确地表明，在质上非常不同的现象都被归在了非理性这一术语之下，因为毫无疑问，在个体非理性或局部非理性与神秘幻想非理性或“有机的至关重要的核心”非理性之间并没有什么本质联系。然而，我们满足于根据这种对立来划分精神和心灵世界，我们的哲学以这种对立的形式提出问题，这仅仅表明理性化已经成为我们的中心问题。相比之下，非理性是否在质上完全不同就成了次要的问题。

然而，对一个主要生活在“非理性”因素之中的意识来说，这些差异一定是根本性的。如果人们真的想深入这种启动了早期保守主义思想的思想方式，最为重要的是剥去这一掩饰的外套，即这个把一切都归结为一个共同的“非理性”概念，以便能够具体地转向各种类型的非理性。（我们经常不加区分地使用“非理性”这一术语，这一事实本身就表明我

① 明确起源于宗教经验的非理性将在以后讨论。

167 们已经开始体验这一概念，也就是说，我们只能在非理性与可理性化的事实在某种程度上正相反对时才能意识到它们。）

在阐述这一问题，即要在质上指出萨维尼心中的“非理性”是哪种类型时，我们发现它是在我们的列举中排在最后一位的那个，即我们称之为**“有机的至关重要的核心”**的那一个。在萨维尼那里，这是一个这样的问题，即在一个个体、一个有机社会的所有对象化中都存在建构力量，这些力量对同样的或者说至少密切相关的目标起作用。因此，这一建构力量的形式和方向能够在对象化（能够被阐释）中得到解释，但是，严格地说，它也在暗中作用于无意识。当我们对萨维尼自己对这些建构力量的描述进行比较时，我们一定会注意到——我们在前面也指出过[①]——“民族精神”这个术语并没有在他的早期著作中出现；它出现于 1840 年，在他的《现代罗马法体系》中，明显地是由于普赫塔(Puchta)的影响。[②] 在 1814—1815 年间，萨维尼用的是这样一些限制性的表达：“人民的各种**本质**上互相联系的不可分离的权利和行为”[③]，“对**内在必然性**的共同感觉”[④]，“法律和人民的本性与特点之间的这种有机联系”[⑤]，“以一种有机论的方式，没有实际的武断行为或设计”[⑥]，“内在地静静地起作用的力量”[⑦]，“人民的高级本性”[⑧]，“高级的共同自由”[⑨]，“内在的建构力量”[⑩]，“独立于（立法者）而存在的法律”，“不

① 比如，刚引过的段落中的冯·默勒和坎托罗维奇[英文版第 228 页，注释 278]。
② 《现代罗马法体系》，第 19、21 页[英文版第 15、17 页]。
③ 《关于立法和法理学的当代使命》，第 5 页[英文版第 24 页]。
④ 出处同上。
⑤ 同上书，第 7 页[英文版第 27 页]。
⑥ 同上书，第 8 页[英文版第 30 页]。
⑦ 同上书，第 9 页[英文版第 31 页]。
⑧ 《杂文集》，第 1 卷，第 110 页。
⑨ 出处同上。
⑩ 出处同上。

借助任何武断行为的（无论是人民的还是统治者的）帮助而存在于人民之中的法律”①，人民并不是毫无生机的受动的物质，而是一个“高级的有机体”②。

我们看到由于这一术语的缺乏，把“民族精神”解释为实体几乎是可以避免的（除了最后一个例子，在最后一个例子里他相当接近这一点），至关重要性被赋予了先于理论而存在的、非理性的、创造性的力量。萨维尼此处利用的、同时也是发现的东西是，每一种试图塑造事物的方式，包括创造性思想，都**在无意识的、超理性的领域**运动。他把这种思想与一种从其起源中外化出来的思想加以比较。非理性在这里是无意识，它还没有成为有意识的。萨维尼是从哪里引申出这个使“阐释”成为可能的非理性的概念的呢？我们不能在这里罗列有关“民族精 168
神”这一概念历史起源的冗长而又富有意义的讨论。我们只想指出它起源于谢林，这一点似乎是无可非议的。③ 它仅仅意味着，把像无意识的关键核心这样的非理性因素追溯到谢林之前是不可能的。我们感兴趣的是，这些成分是以什么方式和在什么时候组成为保守主义立场的。坎托罗维奇指出并分析了下面这段话，它出自谢林的《先验唯心论体系》（1800），可能对萨维尼有所影响。④

---

① 萨维尼：《杂文集》，第1卷，第128页及其后。

② 同上书，第131页。

③ 也请参阅已经引过的冯·默勒和坎托罗维奇的著作［英文版第228页，注释278］（他们也对这个讨论的结果进行了总结）；西格弗里德·布里（Siegfried Brie）《黑格尔和历史法学派中的民族精神》，载《法哲学与经济哲学档案》2：1及其后，第179页及其后；勒宁（E. Löning）《法律历史学派的哲学立场》，载《国际科学、艺术和技术周报》（1910）：第65页及其后，第115页及其后；恩斯特·兰茨伯格（Ernst Landsberg）编辑的《1825—1883的罗德里希·冯·斯丁青》，载《德国法学史》，第209页及其后，第102页及其后的注释；以及弗兰茨·罗森茨魏格《黑格尔与国家》，第232页及其后；弗里德里希·梅涅克《世界资产阶级与民族国家》，第221页，注释2。

④ 坎托罗维奇：《民族精神与历史法学派》，第314页及其后。

> 必须在第一本性之上建立一个第二本性和一个**较高**的本性。自然法统治其中，但它是一种与可见本性的法律完全不同的法律。它是一种忠于**自由**的法律。在可感本性里，它铁面无私，具有铁的必然性、因果性，对别人自由的每一次侵害都必定会立即在第二本性里引起对这种自私的冲动的反对。现存的法律就是一种像我们已经描述过的法律一样的自然法，在其第二本性中这种统治就是法律秩序。①

我们援引坎托罗维奇冗长的评述：

> 它的“实现”就是“**历史**的唯一对象”的推演，这样就产生了问题，“它是如何取得自由和必然性的调和的?”既然我们是完全自由的并且是完全有意识地行动的，那么我们从来没有注意的东西、其自由光靠其本身永远也不可能成就的东西怎么可能无意识地在我们之中产生呢？如果“每一客观的东西都是无意识地出现的”，那么“一个客观的东西，一个第二本性、法律秩序由于我的自由行为而出现”又如何可能呢？康德的“**有机论**”(organism)解决了这个问题，他认为具有“目的”并不产生“有目的性”。本性必须是一个这样的产物，因此“第二本性、法律秩序”也是这样的产物。②

接着，坎托罗维奇就非常贴切地进行了下面的比较：在谢林和德国唯心主义看来，存在着一种理性实体，而萨维尼则认为存在着一个自然

① 谢林：《先验唯心论体系》(1800)，《全集》，第3卷，第583页[英文版第195页。但是我们已经决定不用这个英文译本]。

② 所引的段落出自谢林，出处同上书，第583、596、606页[英文版第203、205、231页]。

实体(Naturwesen),“民族”,它是法律有机发展的承担者。萨维尼使得已经在谢林那里出现的非理性端倪更加非理性,并且明显地出于这一理由,他把一切使人想起“理智”这一概念的东西都清理了出去。谢林意识到这一最初是无意识过程的结果受到一种内在理性 169
(Vernünftigkeit)的影响,而萨维尼仅仅从谢林的学说里吸收了无意识的因素,并且仅仅是为了支持习惯法。谢林的发展观念有一个目标(“赫尔德的人性,黑格尔的自由”),而萨维尼仅仅设定没有实体变化的永恒变化。①

坎托罗维奇非常清晰地描述了谢林理论在被萨维尼吸收后所经历的改变的**精神折射角**。因此相当奇怪的是,作为他对这一改变的解释,他提出这样的理由,如萨维尼显然缺乏哲学才能,因此不懂德国唯心主义。他还做出一种“社会学”解释,声称萨维尼作为一个贵族具有“保住尊严的必要性”,因此他不可能容忍这样的思想,即认为他的科学——法学——除了满足(根据自然法学者的观点)统治者的主观偏好之外别无他用。这种论断代表了最为糟糕又相当原始的一种社会学解释。然而,这并不能否认纯粹由主观心理所决定的因素有时也有可能影响一个作者的理论,或者说萨维尼的“贵族背景”是重要的。但是,学术潮流具有其特殊的内在逻辑,超越时间而存在,声称它们只不过是最为变化多端的、没有方向的主观武断表现的集合,是一种把我们带回启蒙主义思想最初阶段的社会学研究。确实必须考虑萨维尼的贵族出身,然而,它之所以有趣只是因为它所产生的改变是典型的,只是因为它能够与这一时期的贵族的心理的典型冲动相结合。但是,这一切能够更为轻易地从由贵族立场所决定的对专制主义的反对态度中引申出来,而不是从他们寻求独特性的形式需要中引申出来。如果“民族”的概念——

① 在以下对这种陈述的分析中,我们紧紧追随了坎托罗维奇。

它是贵族的隐蔽之处,也反映了萨维尼时代普遍觉醒的民族爱国主义——是一个特权主义的有等级制倾向的论据,体现了一种躲藏在民族总体性之后的自我肯定,那么,这一点可以通过参考那一时期贵族的处境,通过参考它的集体的社会学所决定的设计来得到解释。

坎托罗维奇似乎对他自己的论证方式失去了信心。他问自己,为什么萨维尼显而易见的小诡计就成了一个学派的基础,为什么一个人,如普赫塔会参与进来,通过一个主观心理的解释来使另一个这样的解释失效:
170 “一个像普赫塔那样的理性主义者,永远也不会承认一个学说,如果它尚未流行的话。”[①]这是一种沿着世界历史后台的闲言闲语的线索而进行研究的社会学。

所有这一切都不能阻止我们把坎托罗维奇的有价值的发现吸收进我们的分析之中,也就是说,在谢林和浪漫主义那里开始复活的非理性因素,在他那里展示了其完整的内在逻辑,达到了一个可确定的终点,并合并到了一个完全不同的法律理论的背景之中。我们的下一个问题就涉及萨维尼对无意识的创造力的运用,他对此是如此重视,并做出过明确的评价。答案相当简单:为了提高“实证法”的地位。但是,为什么有必要把这种“实证法”提高到“民族法”(Volksrecht)的高度并认为它是一个起源于创造性的、无意识的终极根据的结构?在萨维尼之前,“实证法”的概念处于什么样的状态?在他之前的保守主义传统对待它的态度有何特殊之处?

这把我们带到这一发展过程中最有意思的一个人物那里——古斯塔夫·胡果。对他的学说进行社会学分析会找到问题的答案。胡果比萨维尼年长15岁。[②] 这种代的区别在那个时代特别重要。法国大革命

---

① 坎托罗维奇:《民族精神与历史法学派》,第318页。
② 胡果生于1764年,萨维尼生于1779年。

的那年胡果 25 岁,这是在学术上最容易受影响的时期,他经历了从启蒙运动到法国大革命的整个发展过程;虽然在狂飙运动几年之后他完全接受了父亲的保守主义,但是他是在革命最为泛滥的时期开始认识革命的世界观的。萨维尼在法国大革命时期年仅 10 岁,无论如何都还不能接受政治的影响。1799 年,即德国思想风格发生重大转变的那一年,他在旅行过程中访问了很多大学,其中包括耶拿大学。当时,人们在成为大学教师之前的学生时代习惯作这样的旅行。在耶拿他受到年轻一代的影响,特别是谢林的影响。[1] 他 29 岁那年经历了耶拿之战,大约在同样的年龄胡果经历了法国大革命。在他们最容易受影响的年代,决定性经历的不同带来了他们所代表的两种保守主义的不同。这样,他们就同时成为同一潮流的两个阶段的象征;同一生活空间命运的 171
改变表现在两代人生活态度的差异上。

两种思想风格的共同点是:第一,胡果已经具有的历史感(虽然在这种情况下还不可能谈到历史主义);第二,肯定实证法,反对自然法和逻辑建构,虽然萨维尼的实证法(民族之法)与胡果的实证法很不相同,虽然胡果对自然法的态度在细节上与萨维尼的态度也有所不同。

胡果在这方面所持的堪称一种独一无二的相对主义,这一点可以在他的《作为一种实证法尤其是私有法的哲学的自然法教程》中找到根据。他的同代人曾经把他研究这个问题的方式称为“**无涉主义**”的自然法。虽然他宁愿被称作“批判的”自然法[2],他的对手似乎比他更了解他自己。他的思想方式的基点是什么?它的技巧是什么?简要概括如下:**他通过自然法使实证法相对化(虽然事实上是无意识的),同时又**

---

① 请参阅阿道尔夫·斯托尔(Adolf Stoll)所编的萨维尼的信件:《1799 和 1800 年萨维尼的萨克森研究旅行》,第 14 页。

② 古斯塔夫·胡果:《作为一种实证法尤其是私有法的哲学的自然法教程》,第 34 页。

通过实证法使自然法相对化。这样，在他那里两者都贬值但都得到保存。这是一种大多数综合立场都具有的特点，它在黑格尔的否定和扬弃(Aufheben)概念中找到了最高的表达。然而，这一点是怎样在胡果那里发生的？它取得了一些什么样的成果？

另外，他并不否认人是一种理性的存在，他在揭示历史上种种非理性的事物时总是以某种方式假设理性的存在。[1]

> 作为权利的普遍条件的理性观念到处可见，虽然作为过去的遗产和将来的希望的理性在充满热情的人那里更为常见。[2]

在这之前：

> 理性授予我们的权利条件无论如何都是普遍的，一切能够互相伤害的理性的存在都应该臣服于一个共同的最高权威之下。[3]

或：

> 在每一部宪法中都存在着一些能够划分为很多宪法的东西，
> 172 因为它也是一种孤立，是同一部宪法中的一个成分，因为它被共同
> 地推想为具有**先在性**的东西，虽然它只不过是一个权威之下的一
> 部不完美的宪法。这指的是“我的”和“你的”，据此个体可以占有

---

① 请参阅古斯塔夫·胡果：《作为一种实证法尤其是私有法的哲学的自然法教程》，整个第二部分，“作为理性存在的人类”，第70页及其后。

② 同上书，第86节，第105页。

③ 同上书，第85节，第103页。

他的支配范围之内的许多外在之物。①

这样他就把私有财产相对化并认为它与理性相对立。正是用这种方式他保留了自然法里的理性概念——实际上他并不是特意保留的——以用于把历史中一切都作为理性的对立面而相对化。然而，可以看到，他通过表明理性并不能付诸实践而使得理性失去意义。他声称历史中一切都是可能的，而一切都毫无例外地曾经被认为是理性的，这样他就使这一批判点相对化、使以自然法的名义发出的每一项要求的实际意义相对化。他的目的就是以此来表明自然法和理性都不是具体决定的基石。他在一份笔记中提及施马尔茨(Schmalz)的一部著作，在其中我们读到："自然法能够并且应该在法庭上实现的应用，就像关于物体的形而上学学说应该在工厂的应用一样少。"②显而易见，这是胡果的观念。他认为他的研究的唯一用途是，"反对虚假的怀疑，避免被某物与理性相对立的断言弄糊涂"③。精神的这种悬搁状态使得他能够通过实证方法清除自然法，然而与此同时他借助理性的需要把历史的一切阶段，包括他自己时代的实证主义都相对化了。这就使他获得一种巨大的自由，能够独立地判断一切事物，并对历史产生兴趣。这种相对主义也是迈向富有成果的历史主义的相对主义的第一步，它以同样的方式使一切时代都相对化。不过，就胡果的《自然法教程》来看，他的立场还不是真正的历史主义，而只是比较**历史研究**。他的书实际上只是那些从世界的每一个角落搜罗资料(不管个体对象的历史位置)，并用比较法来对这些资料进行处理的学说的一个先驱。

---

① 古斯塔夫·胡果：《作为一种实证法尤其是私有法的哲学的自然法教程》，第93节，第116页。

② 同上书，第29节，第35页，注释1。

③ 同上书，第34节，第40页及其后。

自由的视野使他能够比他那个时代的激进主义者更为激进,比他那个时代的保守主义者更为保守。他并不像资产阶级革命派,被迫赞
173 成私有财产理性。他的书中有一些段落,对私有财产的批判甚至超过最为尖锐的社会主义的批判(他援引了卢梭、狄德罗、马布利等等,很明显,他对他们很有研究)。[①] 我们援引几段作为例证。

> 贫困是对书本最为严厉的禁止。许多美德对富人是如此容易,而对穷人又是如此艰难。然而,一个穷人有时会抵制诱惑,不会在极度窘迫之时通过某些邪恶的手段而求自保,也不会为了满足迫切需要而非法地剥夺富人多余的财富。一个富人有时却会为了每年多节约100塔勒而做出卑鄙之事,后者并不比前者更为罕见。[②]

他继续说:

> 在卑微之人中间,不同性别的年轻人很大了还睡在同一个地方。这常常导致不道德的亲密关系。这无疑就是禁止这种同床共枕的原因,不可否认,这样做比起为穷人提供更多床铺来要更为容易一些。[③]

但是,在他的著作中还有这样一些有关奴隶制的意思相反的段落:

---

① 古斯塔夫·胡果:《作为一种实证法尤其是私有法的哲学的自然法教程》,第28页。

② 同上书,第123页。

③ 同上书,第195节,第125页,注释3。

杀死、虐待奴隶和残害奴隶的肢体并不重要，即使它发生了，也不比穷人的遭遇更为悲惨，就肢体而言，也不像战争一样残酷，奴隶无论在何地都不必参与战争。美，如果存在着美的话，在一个女奴隶那里比在一个女乞丐那里更为常见。过度劳碌的危险同样容易出现在极端悲惨的贫穷之中。①

这一点就其本身而言还处于一种悬而未决的状态，人们通过一种观点来清除另一种观点，玩相互反对的辩论游戏。他事实上确实是如此做的，因为他使两种观点对每种制度都行之有效，只有这时他才提出自己的第三种解决方式。我们必须再一次逐字逐句地考察这一点到底是怎样发生的，因此援引了以下一段，其中他提出了对于我们刚才讨论过的奴隶制问题的解决办法。

决定：毫无疑问，我们在对所有这些理由加以权衡之后，也应该做出判断。其实，这个判断已经一般性地指出过，在不少学说中都会碰到，这就是：在某种条件下，奴役作为暂时的权利甚至要优越于与此相反的情况，这个条件就是奴役作为一个重要部分包含在实证法之中，**事实正是如此**。在这种条 174
件下，**理性**并不要求我们立即废除奴役，而是逐渐地减少其严酷性。②

显而易见，胡果在这件事情上（也在所有其他事情上）倾向于现存

---

① 古斯塔夫·胡果：《作为一种实证法尤其是私有法的哲学的自然法教程》，第251页及其后。

② 同上书，第259页及其后［强调为曼海姆所加］。

的(被现代改良主义改善了的)公认的事实。[①] 我们要问的是,从社会学的观点来看,这种思想技巧意味着什么,它起源于哪里,它的思想形式是怎样与它的社会位置相联系的。

胡果用他自己的独特方式代表着一个综合,这一综合出现在——也只能如此——两个社会世界在同一个历史空间彼此遭遇之时,新出现的世界已经具有现实性,其思想内容和思想方式都渗透到了它的对立面之中。

胡果是一个保守主义者,但是,他在青年时代就已经接受了法国文化。[②] 然而,他还是以一种非常现代的改良主义为幌子,选择赞成现存的东西。

人们可以把这一立场和这一阶段的保守主义称为**灰心丧气的保守主义**,它的令人同情之处在于其学术上的诚实,它的任务可以用"事实正是如此"来表达,这句话在胡果的每一个关键时期都一再出现。[③] 从这里,我们可以搜集一些具有决定性的重要之事,以作进一步的研究。社会和历史的发展不止一个潮流,在其中综合将会一再成为可能,它们对我们思想发展的贡献是无可估量的,然而,这些综合从来没有超然于社会立场(环境)之上,而总是受到某一特殊

---

① 相对主义倾向于自我限制。只要革命者寻求打破事物既定秩序,他们的相对性就是激进的;一到他们所支持的事物的可信性问题上,他们就会放弃相对性。从保守主义立场看,刚刚描述的被悬搁判断的条件同样不可靠,但如果它是一个保守主义设计所蕴涵的意志实现问题,就必须抛开这个条件。

② 恩斯特·兰茨伯格:《罗德里希·冯·斯丁青》,第1页及其后,以及辛格(H. Singer)《古斯塔夫·胡果纪念文集导言》,载《当代私法和公法杂志》(1889)16:274及其后。

③ "但是,在这种条件下,情况恰巧是……"(古斯塔夫·胡果:《作为一种实证法尤其是私有法的哲学的自然法教程》第112页,英文版第143页)。"如果这项研究,除了我们必须顺从这个法律——按照它碰巧所是的样子——外,什么别的结论都没有得出……"(第113页,英文版第143页)。

立场的影响。[1]

那么，对于每一综合，我们都必须发问：**它的出发点是什么？** 它从哪里受到影响？如果我们就胡果也问这样的问题，我们可以说他的出发点就是**古代政权**的生命冲动，不过，他在其中注入了当代左派批判的精华。[2] 在内容上适合于胡果的东西也表现在他的思想方法的形式中。两种思想方式的相互"相对化"就是这种情况的表现。革命的自然法从规范的角度来看现存的东西，而像默泽那样的人的保守主义思想方式则从现存东西的角度来看规范，把它贬低为仅仅只是抽象。我们看到，这两种情况都在胡果那里有所发生：规范通过事实而相对化，事实又通过规范而相对化。这样，我们遇到了**现实概念**的一个基本元素，必须把它看成是与我们已经考察过的那些元素（如现实=纯粹经验，现实=决 175
定历史的潮流的**超验**动力，等等）并列的一个特殊的类型。

现实在这里是各流派之间的相互否定和相互扬弃，这些流派在**经验**世界里互相作用，实际上已经在这个世界里相互否定和相互扬弃。这种思想抛弃任何超越直接现实的认识方式，后者试图在一个超验的因素中（如世界精神、生产过程、纯粹经验）把握事物的真正本质，而这一点唯有通过突破直接因果性，通过间接地规定（就像黑格尔的"中介"范畴）经验现实对事物的真正发展的"意义"才能实现。在黑格尔那里，各经验阶段互相相对化仅仅是为了使自身被扬弃而进入一个动态总体

① 当我们讲到综合的立场时，我们指的是那种寻求将两种在社会和政治方面根本对立的力量和它们的思想融合到一起的立场，比如，保守主义思想吸收自由主义的因素，或文明的资产阶级思考社会主义的观点。尽管在一种更广泛的意义上，一种老的阶层和流浪主义潮流的结合也会构成一种综合，我们仍然将其排除在我们这里感兴趣的综合概念之外。

② 卡尔·马克思：《历史法学派的哲学表现》，载梅林所编的《马克思恩格斯 1841—1850 文学遗著选编》，第 268 页及其后［英文版载马克思/恩格斯《全集》，第 1 卷，第 203 页及其后］，（正好利用对手的片面性）最为尖锐地阐明了胡果的立场，即使痛苦的仇恨妨碍他看到积极的成就。

之中(超验与经验相对)。[①] 在胡果那里,相互相对化的是**彼此矛盾的观点**,并且它们被保持在这种状态。根据这种观点,一切现实都是惰性的实际东西的堆积,实际上它通过一种超然于其上的标准而一再地被衡量,但是,这种"实际的东西"只不过是一种客观的多样性,它充满惰性,并不向终点运动。对这一点或那一点加以改善是很有可能的,但是,人们必须把一切都留在它们的基本框架内。从生活的这种意义来看,**现实**确实包含着空想的目标,但是这些目标并不具有约束力,因为所有的存在最终都将与它无关,它们之间的斗争不可能固定下来。规范可用于理解存在的东西。另一方面,规范也能从现存的东西的角度出发而被理解为存在的东西的不可分割的部分。[②] 因此,"要实际一点"、"要看真一点"归结起来就是使两个存在领域相互之间取得平衡。

这就是现实概念的重要组成部分之一,我们所说的"灰心丧气的现实主义"的发源地。这种现实主义大多出现在这样的时代,在这样的时代里,两个或更多的社会阶层在同一个历史空间彼此对抗,并且它们所持的世界观势均力敌。这时,它们开始把对方的见解纳入自己的体系。当一方把生活空间存在的两种或多种角度相互加以均衡并因此彼此相对化之后,一方就把自己的思想看成是"现实主义的"、"清醒的"和"非空想的"。在这里,"价值自由"与"不存在空想"就成为客观性和是否接近现实的标准。胡果使得革命的资产阶级的现实经验(根据这种经
176 验,世界向规范的方向发展)变得无效并把规范本身贬低为缺乏力量和内容,同时他又通过同样的规范把他自己所处世界的内容相对化,这样

① 如果不能不通过资格确认就直接将胡果与黑格尔进行比较,一点也不是因为保守主义综合的立场在黑格尔那里由于其间产生的"动态思想"问题被复杂化了。我们以后将回到这个比较上来。

② 最后一句话已经刻画了这种思想和经验潮流更后期的一个阶段,它指向实证主义的意识形态概念。

他就达到了上述阶段。

根据资产阶级的现实观，实际的东西本身是惰性的，然而却存在着奔向规范的永无止境的进步。胡果的现实观与当今流行的灰心丧气的现实主义惊人地相似，这是因为他能够通过剥夺资产阶级现实观的规范力量而使这种本来具有革命性的现实观的基本设计毫无成效。但是，由于其特殊的社会地位，他采取的措施与后“到”的资产阶级理性主义的思想同出一辙，后者也把同样的空想相对化了。自然，为了跟上环境的变化，这一点的发生实际上与胡果的情况大不相同，因为资产阶级从社会主义那里吸收了社会学的批判观。社会主义从空想出发来考察社会因素，它把整个社会过程视为一种机械的进程，把精神内容视为仅是这一过程的功能。资产阶级社会学——也就是与启蒙主义思想有直接联系的社会学——采取这种视角，并进一步既把自己的内容，也同样把空想社会主义的内容相对化了。同时，它把这种观点的相互自我相对化建构为真理的标准。

*这一立场的一个杰出代表是马克斯·韦伯，他在历史的一定时期的地位与胡果在他那个时代的地位相当。胡果是古代政权的代表，他使两种世界观互相否定和互相扬弃，从而把资产阶级批判纳入这一出发点，而马克斯·韦伯却无疑是“后来的资产阶级”思想的最为重要的代表，他把社会主义批判纳入了他自己的立场。我们只能揭示他与胡果的几个相似之点，自然，在揭示的过程中我们必须小心谨慎。当他借助社会主义批判（给世界解除魔力）冷静地揭示世界的机制时，他的工作重新回到阐释事实，就像黎明已经到来，但同时，在结构上与胡果如出一辙。他通过资产阶级对此的批判而把社会主义空想仅仅作为空想而相对化，正如胡果曾经把 177
自然法相对化。同样相似的是，他的现实概念存在于总是冲突的

> 意志的不断的相互否定之中，韦伯的这个概念体现在他把世界描述为彼此对立的神祇之间的不可解决的冲突。方法上的相似包括他有意地拒绝抛弃实证主义、对在理论上建构总体性毫无兴趣以及采取进行比较的立场，正如胡果在我们已经分析过的作品中的所为一样。*①

通过这样的彼此相对化来阐释现实，就像黎明之光照亮万物。这一过程并不仅仅局限于思想游戏，而且扩大了当时有关现实的最为自然的意义。没有什么比当代艺术对此有更好的说明了，当代艺术中的现实主义最根本的成分就是黎明似的阐释："去除雕饰(the flight from pathos)"、"本然真实(that everyone is right in his fashion)"是这种看待事物的方式的主要特点。一旦它破坏了所有的构成线索(线性清晰性只有在规范意识完整无缺时才有可能)，它就相信自己正在接近现实；一旦它从多种角度来阐释每一个对象，它就认为自己已经达到了所寻求的现实。

在这一方面，人们可以发现其思想起源于启蒙运动的理性主义的社会学和哲学，在其思想完整性的自明性中保存了很多东西，其中具有决定性的就是唯名论：(1) 它往往开始于彼此分离的个体；(2) 自然而然，它局限于直接因果性(被对手贬低为"抽象")的层面；(3) 它抛弃所有的"总体性"范畴，如此等等。同时，这种思想在保留我们刚才描述过的思想的框架的同时，也吸收了由于自然科学和实证主义的相继发展而出现的多种因素。然而，只有当我们弄清这些因素所产生的历史背景之后，才有可能对它们加以分析。这个主题以后还要讨论，这里预先

① 请参阅马克斯·韦伯《经济与社会》，我们无法弄清楚这种宗教社会学在多大程度上代表着一种对这个阶段的突破。

说出只是为了更好地理解胡果的黎明观。

在这番引申之后我们再回到胡果。胡果在合并启蒙的革命思想方面走得有多远，最好由他把一个典型的启蒙主义论证吸收进自己对世界的建构之中的方式来说明，也就是说，他对"惯例"的功能进行了明确的解释。如果想了解胡果何以既对一切实际之物不屑一顾，又要无条 178
件地维护一切约定俗成的实际之物，最终的合理解释就是"惯例"（Gewohnheit）。[1]

第91节的标题是"事物的非完美状态的合理性"，其中写道：

> 使得这种非完美性合理的唯一原因就是，事物的现状即惯例决定它如此。一个个体和一个个人不可能胁迫别人违反其意志而服从统一的法律，这是没有任何成功的可能性的。康德说得好，这种差别和孤立无论如何都不是"绝对命令"，然而理性[!]却命令我们顺从它，尊它为"暂时的权利"，尊它为医治无法律状态的良药。[2]

在他的法学人类学的导言部分（也是他以一种有趣的方式，一种阐述基本原理的方式进行全面研究的开始），"惯例"的这种举足轻重的意

---

① 德语词"Gewohnheit"并没有"习惯"（habit）和"风俗"（custom）的区别。使用"惯例"（usage）这个词是希望这一术语同时包括这两种含义，虽然它对于两者来说都不太满意。这个问题值得注意，因为这两个概念之间的区别对曼海姆所提到的文献很是重要。举个例子来说，"习惯"是被法国启蒙主义哲学推崇备至的大卫·休谟的一个关键词，显而易见，以下援引的胡果对法学人类学的分析所涉及的也是"习惯"而不是"风俗"。这个内涵上未加区别的德语词在正在讨论的意识形态论证中被用于重要的修辞学目的，可惜不可用英语有效地涵盖其全部意义。在出现法学术语"Gewohnheitsrecht"的地方，我们将沿用"习惯法"（customary law）这一通常的译法。正在讨论的大多数文献都是法学著作，这是反对用"习惯"解决这一术语上的困难的又一个原因。——英译注

② 古斯塔夫·胡果：《作为一种实证法尤其是私有法的哲学的自然法教程》，第114页。

义就已经显示出自然存在。[1] 这样一种论证方式也是启蒙的革命思想的基本内容之一，它一贯都坚持长期形成的东西；不过，它把这种对过去的坚持视为一种否定因素。[2] 胡果却对这种坚持作了保守主义的肯定的改造，以至于它成为判断任何现存事物的合理性的基础。可以说这是对保守主义进行历史主义改造的第一步。

我们在默泽那里找到了另一个根源，在他那里有一种对过去的热爱，它出现在启蒙运动的中期，尚未成为过眼云烟。这种热爱就产生于
179 在这块土地上所滋生的经验，产生于直接的生活。在这里，历史及其逐渐生成的特点再也不退避三舍，而是得到同情式的体验。但是，浪漫化和“神秘化”的特点尚未出现；我们已经知道默泽总是在“合理的基础”上冷静地从事研究。

我们现在回到萨维尼，他从谢林的哲学中抽象出纯粹非理性因素的目的是什么，现在我们找到了答案。它有助于在深化惯例论证的同时又将它神圣化。我们进一步问自己在萨维尼之前的保守主义是怎样看待“实证法”的，通过对胡果的分析，我们得到以下答案：他灰心丧气地退避三舍，同时又试图通过惯例论证使它合理。在胡果那里由惯例所占据的位置——同一个逻辑位置——在萨维尼那里由人民的“静静起作用的力量”所代替。我们没有发现退避，而是发现充满同情的、肯定的、内容丰富的经验。

保守主义思潮中的这种冲动(elan)的根源是什么？从胡果到萨维尼的转变出于什么原因？我们已经介绍了胡果的学说并指出过代的问

---

① 古斯塔夫·胡果：《作为一种实证法尤其是私有法的哲学的自然法教程》第52节(第67页)如下：“惯例。在有机体中许多东西依赖于先前的条件，因此不仅依赖于个体习惯于做什么，而且依赖于对产生它的更大的环境能做什么。”

② 因此加纳·雷克修斯的《历史学派的国家学说研究》调用了这种研究历史的方法，后者由此产生了一种“否定历史的”方法。

题的意义。这一问题使这些努力有了用武之地。在胡果和萨维尼两种论证方式之间，我们谈到过耶拿战役的失败、外国统治和解放战争，这样，理论探讨就转化成实际的探讨，一个民族的兴起（由贵族所领导）成为现实。胡果生前经历过这一兴起，甚至在这个事件之后还活了很长时间①，但是代的不同使他不能消化这一思想方式和经验方式的彻底转变。胡果的书在风平浪静的时代可能会得到回响，但并不为新一代人所理解。②

这也确定了"非理性因素"和"民族观"被浪漫主义所接受的社会和政治背景。无意识创造力在这种背景下不仅是作为一种隐蔽经验而存在（虽然它确实如此），而且作为一种能够被实实在在经验到的东西而存在。然而，从社会地位和代的方面来看，不处于历史过程的恰当位置、不处于这些力量的生成之点，人们就不可能看到和体验这一点，这对革命中的实际因素也是一样。不仅历史的"外表"只对某种"经验的立足点"显示自身，而且历史发展的"深度"也只能从一个对它们来说恰当的位置才能被体验。对此必须补充一点：这些"深层内容"、这些"最终实体"并不总是一样的。

*在分析胡果和萨维尼思想方式的不同点时，有可能对一个具有更一般意义的问题进一步略加说明。在我们的时代，自我反思 180
和多方面的相对主义正不断归于荒谬，对于所有这一切将导向哪里的本能恐惧在增加。怎样去克服历史上的相对主义？如果我们能学习（萨维尼这个）榜样，那么答案就必定是：不是以内在理论的方式而是以集体命运的方式——不是通过对相对主义思想的拒

① 胡果死于1844年。

② 请参阅恩斯特·兰茨伯格《罗德里希·冯·斯丁青》，第2卷（上），第3节，第24页，注释51。请参阅胡果为第十版作的序言。

> 绝，而是通过对新的不断出现的内容进行阐释。文化的代的成长在此具有巨大意义。尽管相当大的个体自由是可能的，但是，可以从现象学的角度确定的是，最新兴起的信仰在大多数最新一代人那里所具有的特点，与在那些没有参与这种兴起的较早一代人那里所具有的特点有很大差别。*①

胡果的保守主义与萨维尼的保守主义之间除了"惯例"和"静态作用力"的概念之外，还有其他方面的不同。只要可行，我们就必须试着在整个历史和社会学背景的基础之上来理解这种不同。

（1）胡果具有一个普遍适用的、以自然法的方式构想出来的、行之有效的体系，毫无疑问，他既与之抗争又不断加以运用。如果不是这样的话，他又何以判断一切实际的东西都是不好的？他一边刻薄地把这一体系相对化并挫伤其有效性，一边又保留它。② 这一自然法完全从萨维尼那里消失，甚至不再作为标准而存在。它最后的残余存在于这一认识之中：存在着一种思想，它有助于隐藏并用清晰的概念运作，离开活的法律也能存活。自然法的消失，虽然精心策划并以相对化为幌子，只能由这一事实来解释：对萨维尼来说，真理的标准（对胡果来说继续存在于自然法之中，尽管他作过相对化的种种努力）已经转移到了静态作用力的领域。静态的玄思的自然法由民族精神所取代。③

---

① 近来法国的社会学尤其关注代的问题，因为在德累福斯事件时期法国正在经历一场精神变革，这场变革的设计可以非常贴近地加以考量。

② 这里应该提到，他不仅想到了各种不同的革命的现代自然法，而且考虑到了各种不同的权威支持，后者在当时为那些具有积极法律效果的东西提供了一种系统观点。用胡果的话说："因此，对于我们的反对所有宣称一切现存事物之本质的自由思考哲学的实证法律来说，自然法或多或少是完全的百科全书式的目录。"[恩斯特·兰茨伯格：《罗德里希·冯·斯丁青》，第 2 卷（上），第 3 节，第 9 页]关于这一点请参阅整个第 6 节。

③ 正是由于这个原因，马克斯·韦伯在《经济与社会》第 496 页[英文版第 2 卷，第 867 页]中宣称：历史学派的观念也是一种自然法类型。

（2）胡果为了抬高实际存在的实证法而贬低自然法。同样，萨维尼摧毁了玄思的自然法是为了另一种法。不过它不是自然法，因为萨维尼也反对自然法。他贬低自然法是为了公法、习惯法。问题是萨维尼为什么要用习惯法代替实证法，或者说，他为什么要从习惯法的角度来看整个法律。他为什么要把行政当局设定的法律相对化？即使我们对历史事实还不甚了解，我们已经进行过的意义分析也应该给我们指 181
出正确的原因来。

胡果的保守主义明显地服从行政当局。[①] 他致力于使实证法合法化是为了他们的利益。[②] 在萨维尼那里，存在着用习惯法反对官僚专制主义的设计，其基础是等级制思想。但是，在他那里新兴起的、爱国主义的反对强制性外国法（《拿破仑法典》）的对立情绪也同时苏醒。既然问题的范围已经有所缩小，我们就必须要问：这种以意义为基础的追根溯源，是否可以从个人命运以及从提出这些意义的人的出身和他所属的传统的角度轻易得到解释？这就是要问：到底谁是胡果和萨维尼？

胡果出身于官宦之家。他的父亲是巴登的一个司法和行政官员。[③] 他的保守主义是一种官僚主义的保守主义，他竭力维护的是法律的实证性。萨维尼的家庭属于宫廷贵族。他的家系可以追溯到 14 世纪中叶，其所在的城堡位于摩泽尔（Moselle）的一个小附庸国[④]——因此，尽管他本人日后也加官进禄（我们正在考察他的职业），等级阶层的思想根子依然存在。萨维尼并没有把实证法绝对化；他与它的对立是静静的、有节制的。他处处把法律的习惯性根源、等级阶层的因素绝对化。

---

① 请参阅古斯塔夫·胡果《作为一种实证法尤其是私有法的哲学的自然法教程》第 78、79、80 节，第 97—100 页。

② 他也没有反对《拿破仑法典》。

③ 辛格：《古斯塔夫·胡果纪念文集》导言。

④ 恩斯特·兰茨伯格：《罗德里希·冯·斯丁青》。

我们已经看到等级阶层的观点在当时已经小荷初露，其基础一方面是真正经验的，一方面是意识形态的；它高举民族的旗帜，不再是一种特权主义观点，但是它继续与旧的思想方式相呼应。萨维尼恰似《政治艺术要素》阶段的亚当·米勒，他所代表的是“等级阶层”因素和“浪漫主义”因素之间的一个综合，当然是一种不同种类的综合。

那么，他们之间的不同起源于哪里？在回答这个问题之前，我们必须指出他们的相似之处。亚当·米勒像萨维尼一样属于浪漫主义者的圈子。萨维尼不仅对浪漫主义者非常友好，而且与其中的两名杰出的成员有亲戚关系。[①] 但是，如果我们想要找出贵族、浪漫主义文人以及
182 社会地位与其相当的一部分官僚之间的精神联系，我们就必须要考察一下基督教德国的宴会协会，人们可以发现其主要代表之间过往密切。阿希姆·冯·阿尔尼姆和亚当·米勒建立这一协会，是为了每两周聚会一次，以增进友谊，并且其成员人选要求严格，皆为“尊贵”“体面”之人。[②] 他们的通函写道：“尊贵所指的是，人之为人在于忠信、良好的道德和基督教出身；体面所指的是，他不是愚蠢庸俗之人，因为这样的人永远都会被拒之门外。”[③]

看一看作为成员的那些人的签名，很明显，有资格成为成员的是世袭贵族、军人、资产阶级精英、受过教育的艺术家、文人、官吏和贵族作

---

① 他的妻子库尼古德（Kunigunde）是克莱门斯（Clemens）和贝蒂娜·布伦塔诺（Bettina Brentano）的妹妹，但是，后者又是阿希姆·冯·阿尔尼姆的妻子。因此克莱门斯·布伦塔诺和阿希姆·冯·阿尔尼姆是他的连襟（brothers-in-law）。他的朋友弗里德里希·布洛伊策与海德堡的浪漫主义圈子有密切的联系。（关于这一点请参阅恩斯特·兰茨伯格《罗德里希·冯·斯丁青》，第212页；阿道尔夫·斯托尔《萨维尼的萨克森研究旅行》，第1页。）

② 关于这一点请参阅莱因霍尔德·斯泰格《柏林战役中的克莱斯特》，第21页及其后；以下内容建立在斯泰格的描述基础之上。

③ 同上书，第21—22页。

家(克莱斯特和阿尔尼姆)圈子里的人[①],最令我们感兴趣的是,米勒和萨维尼都属于这一圈子。萨维尼在结束了上述游学之后,获得了马堡大学的博士学位,并在那里首次执掌教鞭。之后他去了巴黎,在朗德于特获得一个教席,1810年他被召回柏林。显而易见,基督教德国的宴会协会正是在这时成立的。阿希姆·冯·阿尔尼姆、米勒、罗德尔以及萨维尼教授被推选组成它的"法律委员会"。

这一协会是由于精神上的联系而结合的。在庆祝的歌词中特别突出的是这样一些观念:基督教、效忠国王、捍卫历史赋予的权利、解放外国统治之下的祖国以及忠于路易丝皇后。[②] 这一协会根本不是一个科学研究会。他们饮酒尽欢,同时针砭时弊。每次聚会的高潮都是发言人的一番简短的讲话(主要是奇闻趣事),接着就是一场亦庄亦谐的讨论。[③]

在此,我们看到等级思想与浪漫主义相安无事,我们看到米勒与萨维尼同进同出。外部因素造成了他们在思想方式和内容上的一些相似性,其实这也确实深入到了两人的著作中。对自然法的明确抛弃,对属于旧的等级制的东西的同情,对历史、民族主义的强调等等思想都可以在两者的著作中找到。他们思想方式的不同可以说是存在于这一事实:在《政治艺术要素》[④]中对等级制(贵族)的赞美只是流于言表,而在

---

① 莱茵霍尔德·斯泰格:《柏林战役中的克莱斯特》,第23页。

② 同上书,第29页。

③ 对《德国社交性》(*German Sociability*)的结构进行社会学分析是有价值的。"基督教德国的宴会协会"与"合唱协会"有关系。参阅约翰·威廉·博内曼(Johann Wilhelm Bornemann)《柏林合唱协会:其产生、创建与发展以及协会歌曲选编》(为莱因霍尔德·斯泰格在《柏林战役中的克莱斯特》第19页所引用)。但是,早期的德国保守主义运动还有另一个重要的协会聚集地:金龟子协会(Die Maikäferei),后者具有一种完全不同的特征。关于这一点请参阅维甘德(Wiegand)《柏林金龟子协会》,载《德国周报》(1914):第279页及其后。

④ 无疑,亚当·米勒的《关于弗里德里希二世》也是这样的。但是我们不应该被他还经常诉诸"总体性"这个事实所误导;单一主义的推理已经不可能。我们没有详细分析这部在柏林已经完成的著作,因为它的立场基本上与《政治艺术要素》的立场是一样的。

萨维尼那里,旧的等级制的出身、贵族的身份体现在他的思想的形式结构之中。(人们只需回想一下前面分析过的那种现象,如阐释、对抽象体系的颠覆、体验静静的成长等,就不难理解了。)萨维尼不是一个政治
183 家。但是,尽管离群索居(这一点也广为人知),他还是本能地栖息于那种思想方式和他出身的那个传统之中;这是他对事件做出无意识的自发反应的原因,也是他的保守主义合乎时宜的原因。如果说他并不像英国贵族那样进步、不能预见变革的话,他也不像普鲁士马克制下的容克地主那样反动,也不像雄心勃勃的米勒,后者竟然被迫要压倒容克地主。不同的是,萨维尼的纲领是一种含蓄的革命纲领,而《政治艺术要素》具有反革命的意味。

这一点既反映在公开坚持的主张中,也反映在最为深奥的逻辑范畴中。米勒多少有些公开地寻求回到中世纪或把中世纪延长①,但是对于萨维尼来说,这无异于调转历史的车轮,尽管他也偏爱起源时代。他写道:

> 然而,对过去存在着一种盲目的过高估计,与其反面相比,它比这种(对进步的)空洞假设更为危险,因为它使当前的力量完全瘫痪。历史感如果要付诸行动而不仅仅停留在口头上的话,也必须警惕这一点。②

因此,他是一个保守的进化论者。对他来说,强调进化的着重点应该落在对原初实体的保存上。对新因素的接受与此是协调的,就像对纳入统辖的外族,一旦同化,就被视为属于本民族。最明确地表现他们

① 戈特弗里德·扎洛蒙的措辞。
② 萨维尼:《杂文集》,第1卷,第117页及其后。

之间差别的是：萨维尼是一名罗马法学者，而米勒却大声疾呼反对接受罗马法。[①]

在他们的论题中表现出来的同样的区别，反复出现在他们有关历史研究特点的构想以及他们的知识概念中。米勒认为历史是等级之间不停的创造性冲突，而对萨维尼来说，在历史中包含创造性因素的是：继承下来的实体应该在遭遇具体现实时阐释自身。

> 然而，每一代的反思活动都必须致力于把握所有这些问题出自内在必然性的核心，使它得到更新，使客观存在保持新鲜。[②]

这也使得他们在**知识概念上**的差别变得可以理解，从而进一步支持了这一事实：思想形式是在与内容的关联中发展的，就"它们自身"看它们最终是不可能的。米勒的知识概念集中体现在"中介"这一术语上，而对萨维尼来说，真正的知识存在于我们所说的"阐释"中。米勒认为一切政治知识都是介于活生生的对立之间、介于冲突之间的纯粹活动家。萨维尼的"阐释"就是和平地沉浸在存活于我们之内的实体之中，对思想的异化质料和异化姿态的抛弃。这种思想方式之所以不是玄思性的，只是因为所涉及的思想并没有被设想为是玄思的，而是被设想为只能在活生生的社会里、相对于具体的个别的事例才能得以完成。一种与人类总体相分离的"理论主体自身"对两人来说都是不可设想的。

（184）

同样，行动主义的因素与近乎发生学的因素之间的对立也表现在这一事实中：我们看到米勒在他的思想中从来没有完全摆脱理性主义

① 亚当·米勒：《政治艺术要素》，第1卷，第14讲。
② 萨维尼：《杂文集》，第1卷，第113页。

的因素(他试图通过使理性逻辑处于运动状态来把握生活的生动性),而萨维尼则已经以一种完全不同的方式构想了活力原则。最为根本的东西不是它的**流动性**,而是它的无意识的进化性。在一方那里是冲突,在另一方那里是展开;一方要扩大理性化的能力,另一方要对思想本身进一步非理性化。我们看到,一条起源于米勒立场的道路通向了辩证法。而萨维尼的阐释方法所产生的成果则是一种精致而又卓有成效的方法:把文化结构归属于阐释性**解释**,它孕育了当今时代的一切文化科学。要找一个这种方法的典型,只需想一想解释性艺术史与众不同的特点。

但是,如果从社会学的观点来看,米勒和萨维尼都代表着浪漫主义与等级思想之间的综合,那么他们之间的不同的原因又是什么呢?首先应该考虑到两个相当重要的外部区别。米勒写他的这部著作时正值一个动荡不安的时期,贵族受到来自上层和下层的攻击,等级阶层与哈布斯堡的对立初露端倪。这本书刚一出版,对立便爆发。米勒成为马维茨派和容克的一个地下盟友。①

萨维尼写他的著作时,敌人已被击败,复辟正在进行。内部的对立首次崩溃,必须进行一些调整。这就是萨维尼的时机。在这里介绍一
185 下梅涅克的观点颇为有用。他认为在一个像德国这样外交上无能为力、其权利必须通过神圣同盟的保护才能得到保障的国家,民族观念必定会从国家溜走,躲藏到“人民”之后。② 外在的政治环境也会对这种现象产生影响,尤其是在对“民族精神”概念的这种特殊版本的接受上。结合所有这些因素,人们就会逐渐明白何以米勒与萨维尼的思想方式

① 请参阅马维茨《全集》,《解放战争时代的一个边区贵族》,第 1 卷,第 252 页及其后。

② 弗里德里希·梅涅克:《世界资产阶级与民族国家》,第 IX 章,尤其是第 220 页及其后。

不同，因为以上所述的一切个别事件都发生在一个总的社会学环境中。

然而，即使这些个别的历史事实都不容否认，还是可以并且确实有必要问一问为什么米勒偏偏投奔容克这个对立面，为什么萨维尼偏偏在复辟初期形成他的这个思想。唯有当个体事实被作为更为错综复杂的因素在产生中的阶段来理解时，它们的终极意义才能显现。当我们把萨维尼和米勒之间的不同归结为这一点，即萨维尼代表着等级制因素的一个**悄然的对立面**，而米勒则代表着对这种精神的一种更为根本和直接的反叛时，我们就近乎解决问题了。为什么米勒是“对理性主义和专制主义的一种更为直接的反叛”的代表，这一点已经在其社会学立场的基础上得到解释。他属于“中立的知识分子阶层”，这个阶层当时是反对革命的，他们最初依附于新觉醒的贵族，当时是归顺其最为激进的一翼。我们在开始进行历史阐述时就已经指出那些导致了与君主制的同盟彻底解体的事实，虽然笔墨不多。我们一直在讨论的整个保守主义运动都站在这一部分松懈的标示下。它唤醒了等级阶层的被压抑的野心，以及相应的思想形式。

然而，萨维尼代表着与容克完全不同的贵族的一翼。除了其不同的出身——他诞生在美茵河畔的法兰克福，他的家庭来自法国的洛林，于1630年搬迁到德国[①]——我们必须不仅要考虑贵族传统，而且要考虑到官僚家庭的传统。[②] 这就促使我们对官僚家庭进行社会学分析，其意义对德国的知识社会学举足轻重。

施莫勒称赞霍亨索伦王朝的一项最为伟大的成就就在于他们 186

首次能够在封建社会内部建立起一个反封建的官僚阶层，通过让

① 恩斯特·兰茨伯格：《罗德里希·冯·斯丁青》，第186页。
② 即使可以说教授也是国家官员，也只是在“官僚”这个概念的外围意义上。

贵族在军队和学院担任官职，把贵族从一个主要的敌人转化为皇权的又一个首要的支持者。[①]

弗里德里希大帝曾经专门从贵族中选取高级官员（只有内阁委员和级别较低的官员是从资产阶级中吸收的）。[②] 这样一种官僚制度把贵族等级与资产阶级的心理状态相结合，极具重要性，能够向多个方向辐射。资产阶级与等级阶层的心理状态之间的这种联合使得最初具有相反心理状态的运动倾向陷入瘫痪，把它们铸造成为一个新的独立的运动倾向。

它们由于身边问题的要求而在客观任务上、在心理态度上走在了一起。官僚的心理状态只有在极为例外的情况下才是反动的；它的重心总是置放在使自己温和地进步的地方；它倾向于通过行政渠道修正一切。它从不寻求颠覆：不要颠覆整个制度，然而，在制度之内，它总是预备着改进措施。如果说这些都是官僚心理状态的自然倾向，这些倾向起源于它在这个国家的职权范围和社会地位的话，那么所有其他的调整和分歧就只能从变化万千的具体环境中产生。

在所有这些意见中（以后在更为详细地讨论黑格尔时，我们还要涉及它们），对我们现在最为重要也是唯一重要的是，很明显，官僚的心理状态在这一时期并不是不为所动；资产阶级理性主义和等级制非理性主义因素之间的愉快合作到此结束，两者开始分道扬镳，每一种因素都沿着其内在动力的方向而运动。[③] 乍一看奇怪的是，我们看到，一方面

① 古斯塔夫·施莫勒：《16—18世纪的德国官僚国家》，载《立法、管理和国民经济年鉴》(1894)18：712。

② 卡尔·朗普莱希特：《德国史》，第8卷，第221页。更多的细节也请参阅作者有益的解释。

③ 关于1814年前后法庭上的政党的一些有用信息，可以在特赖奇克的《19世纪德国历史》，第2部分，第183页找到。

精神受到了自由主义的强烈影响。我们已经说过,受亚当·斯密的追随者克劳斯影响的大都是高级官员①,这些斯密门徒(屈内、霍夫曼、凯斯勒)尤其是在财经领域一直坚持到复辟时期。② 另一方面,萨维尼思想中以等级制度为基础的因素③表明自由主义影响到底被吸收了多少,虽然一个教授一般被置于官吏心理状态的外围。如果人们想要把萨维尼的精神创造归功于它的社会学根源,人们可以把它视为一种在官僚阶层的精神框架中存活的等级制-浪漫主义心理状态。浪漫主义和等 187
级制之间的一种精神综合形式以米勒和马维茨为两个极端例子,它之所以并没有成为彻底的激进主义,事实上只是因为这种反叛以和平的方式得到平息,这种形式并不必然会出于较高的国家利益而裹足不前。相反,在萨维尼那里复活的浪漫主义和等级制因素可以说是拘泥在了同时属于官僚和国家的东西之中。这一点马上就可以在下述事实中看出:在他那里仅能看到静静的对立。官吏的心理状态容易屈服于对国家的神化④,这种心理状态也存在于萨维尼那里,并设置了对他来说是不证自明的界限。萨维尼从习惯法(等级制度)的角度来看待实证法(官僚制度),但他并不放弃前者;他只追问它是否把习惯法体系化了。尽管他反对体系化,他却并不弃绝编纂法典。他只是想把它永无止境地推迟。

---

① 莱因霍尔德·斯泰格:《柏林战役中的克莱斯特》,第54页及其后。

② 法伦特拉普:《兰克的〈历史政治杂志〉与〈柏林政治周刊〉》,第87页及其后。

③ 弗莱赫尔·冯·斯泰因(Freiherr von Stein)独特的理智组成和他的思想结构需要特殊的结构分析。莱曼(Lehmann)和冯·迈尔之间的论争表明了问题的困难。(曼海姆在这里指的是莱曼和冯·迈尔分别写的关于弗莱赫尔·冯·斯泰因的书,这两本书对弗莱赫尔·冯·斯泰因的解释互相冲突。马克斯·路得维希·爱德华·莱曼的《弗莱赫尔·冯·斯泰因》,第5卷;恩斯特·冯·迈尔的《19世纪法国对普鲁士国家和法律发展的影响》)。

④ 正是在这个时期,官场对王朝的忠心转变成了对国家的忠贞。请参阅马克斯·伦茨《波恩弗里德里希·威廉大学校史》,第1卷,第9页。

我们已经表明,萨维尼的思想形式多大程度上体现了官僚制度的这一没有产生最终结果的静态对立面。我们已经借此至少从两个角度表明,即使是保守主义思想统一体内部不同的流派也与它们之后的社会和精神结构有关。所有这一切并不是说我们要把萨维尼的成就仅仅视为其社会学成分的总和。这种创造性天才对具体的环境做出反应,同化它们,在这一基础上有所创造,是一种最终的附加因素;它的这种方式比在“理念”领域的凭空创造更为引人注目。

我们可以间接地指出这种创造性的一些特点。即使我们把握了萨维尼所处环境的一切要素,我们还是不可能预测他的心理世界和他的思想方式;只有当这部完整的著作摆在我们面前时,我们才能弄清存在于精神和社会环境之中的那些极为重要的因素在多大程度上——甚至进入思想方式——被吸收并起作用。

一切具体思想都存在于某一历史时代,存在于一定的生活空间和
188 一定的环境之中,它不能对此无动于衷,这一事实一点也不能减少这种思想或者说它作为知识的性质的重要意义。相反,这种背景给了它最高的尊严和重要性。①

编者按:手稿在这里突然终止。最后一个句子是:

我们现在来谈黑格尔,他的这种方式已经进入了德国保守主

---

① 英文版编者注:《档案》文本结尾几段如下:[正如我们刚刚说明的那样,经验和思想的社会分化深入到了本体论之中,就是现实性的概念也在历史、政治和社会上相区别。我们已经看到:政治和历史思想是如何在一种与社会学上的真实基础的紧密联系中形成的,思想方式和形式的精巧网络是如何在自身范围内如其所是的样子包含并“保存”了社会总体的全部命运的。我们已经看到一个重要的事件的结合点,在这里先前互相分离的生活领域之间的一种历史和社会学上的联盟成为现实,这种联盟表现在一种与相关经验和思想形式的关联之中。知识社会学的任务之一在于,通过一种方式对社会分析和现象学分析的方法进行提炼。以使政治和社会思想(也是一般历史意识)的进程得到尽可能精确的研究。]

义思想的共同的社会和精神背景，我们一直在对此进行分析，这种方式代表着这种思想的第三种类型。我们可以期待通过一种渗入那个时代的一切问题的综合，我们已经描述过的这些方式会得到新的阐释。

在手稿正文和注释之间，紧接着这最后一句话还有一页，曼海姆在这页中写道："这部著作只是一本尚未完成的书的一部分；鉴于此，请谅解阐述和讨论中的诸多不尽如人意之处。"

参 考 文 献

［本参考文献只收录了《保守主义》中明确提到过的著作。在曼海姆征引一本书的第二版或更新版本的地方，关于第一版的资料也补了进来，放在方括号中。现有的英文翻译也收了进来，同样放在方括号中。——英文版编者注］

ANDREAS, WILLY, 'Marwitz und der Staat Friedrichs des Grossen', *Historische Zeitschrift* (1920) 122: 44—82.

BARKER, SIR ERNEST, *Political Thought in England from Spencer to the Present Day*, New York: Holt & Co., 1915.

BARON, HANS, 'Justus Mösers Individualitätsprinzip in seiner geistesgeschichtlichen Bedeutung', *Historische Zeitschrift* (1924) 130: 31—57.

BAXA, JAKOB, *Einführug in die romantische Staatswissenschaft*, Jena: G. Fischer, 1923.

BAXA, JAKOB, 'Justus Möser und Adam Müller. Eine vergleichende Studie', *Jahrbücher für Nationalökonomie und Statistik* (1925) 123: 14—30.

BAXA, JAKOB, 'Introduction' to Adam Müller, *Die Elemente der Staats kunst*, Vienna-Leipzig: Wiener Literarische Anstalt, 1922.

BAXA, JAKOB, ed., *Gesellschaft und Staat im Spiegel deutscher Romantik*, Jena: G. Fischer, 1924.

Below, GEORG VON, 'Die Anfänge der konservativen Partei in Preussen', *Internationale Wochenschrift für Wissenschaft, Kunst und Technik*, 1911.

Below, GEORG VON, 'Die deutsche Geschichtsschreibung von den Befreiungskriegen bis zu unseren Tagen', in Georg von Below, ed., *Handbuch der mittelalterlichen und neueren Geschichte*, Munich-Berlin: R. Oldenbourg, 1924.

Below, GEORG VON, 'Wesen und Ausbreitung der Romantik', in von Below, *Über historische Periodisierungen mit besonderem Blick auf die Grenze zwischen Mittelalter und Neuzeit*, Berlin: Deutsche Verlagsgesellschaft für Politik und Geschichte, 1925.

BERGSTRÄSSER, LUDWIG, *Geschichte der politischen Parteien in Deutschland* [1921], 2nd rev. ed., Schriftenreihe der Verwaltungsakademie Berlin, Mannheim: J. Bensheimer, 1921.

BONALD, LOUIS G. A. DE, 'De la philosophie morale et politique du 18e siècle', *Oeuvres*, vol. 9, Paris: Adrien Le Clerc, 1817.

BORNEMANN, JOHANN WILHELM, *Die Zeltersche Liedertafel in Berlin, ihre Entstehung, Stiftung und Fortgang nebst einer Auswahl von LiedertafelGesängen und Liedern*, Berlin: Verlag der Deckerschen Geheimen Oberhofbuchdruckerei, 1851.

BORRIES, KURT, *Die Romantik und die Geschichte*, Berlin: Deutsche Verlagsgesellschaft für Politik und Geschichte, 1925.

BRAUNE, FRIEDA, *Edmund Burke in Deutschland*, Heidelberg: C. Winter, 1917.

Briefwechsel zwischen Friedrich Gentz und Adam Heinrich Müller, 1800—1829, Stuttgart: J. G. Cotta, 1857.

BRIE, SIEGFRIED, 'Der Volksgeist bei Hegel und in der historischen Rechtsschule', *Archiv für Rechts-und Wirtschaftsphilosophie* (1908—1909) 2: 179—202.

BRINKMAN, CARL, 'Carl Schmitts politische Romantik', *Archiv für Sozialwissenschaft und Sozialpolitik* (1926) 54.

BURKE, EDMUND, 'Reflections on the Revolution in France' [1790], in *Works*, Vol. 5, London: C. and J. Rivingston, 1801. [*Betrachtungen über die französische Revolution.* Nach dem Englischen des Herrn Burke neu bearbeitet mit einer Einleitung, Anmerkungen, politischen Abhandlungen und einem kritischen Verzeichnis der in England über diese Revolution erschienenen

Schriften von Friedrich Gentz. Hohenzollern, 1794.]

Bund deutscher Gelehrter und Künstler, eds. , *Deutsche Freiheit.* Five lectures by Harnack, Meinecke, Sering, Troeltsch, Hintze, Gotha: F. A. Perthes, 1917.

CECIL, LORD HUGH, *Conservatism*, Home University Library of Modern Knowledge, vol. 11, London: Williams and Norgate, 1912.

DILTHEY, WILHELM, 'Das 18. Jahrhundert und die geschichtliche Welt', *Deutsche Rundschau* (1901) 108: 481—493.

DILTHEY, WILHELM, *Leben Schleiermachers* [1870], vol. 1, 2nd enl. ed. , Berlin-Leipzig: W. de Gruyter, 1922.

DILTHEY, WILHELM, 'Weltanschauung und Analyse des Menschen seit der Renaissance und Reformation', *Gesammelte Schriften*, vol. 2, Leipzig: B. G. Teubner, 1914.

DROYSEN, JOHANN GUSTAV, *Grundriss der Historik*, Halle: M. Neimeyer, 1925 [*Outline on the Principle of History.* transl. E. Benjamin Andrews, Boston: Ginn & Company, 1893].

ECHTERMEYER, THEODOR and ARNOLD RUGE, 'Der Protestantismus und die Romantik. Zur Verständigung über die Zeit und ihre Gegensätze. Ein Manifest', *Hallische Jahrbücher für deutsche Wissenschaft und Kunst* (1839). Reprinted as Theodor Echtermeyer and Arnold Ruge, *Der Protestantismus und die Romantik*, ed. Norbert Oellers, Hildesheim: H. A. Gerstenberg, 1972.

EICHNER, JOHANNES, 'Das Problem des Gegebenen in der Kunstge schichte', *Festschrift für Alois Riehl: Von Freunden und Schülern zu seinem siebzigsten Geburtstag dargebracht*, Halle: M. Niemeyer, 1914.

ENGEL-JÁNOSI, FRIEDRICH, 'Die Theorie vom Staat im deutschen Osterreich 1815—1848', *Zeitschrift für öffentliches Recht* (1921) 2, 1/2: 360—394.

FRANK, ERICH, *Plato und die sogenannten Pythagoräer*, Halle: M. Niemeyer, 1923.

FRANTZ, GUSTAV ADOLPH CONSTANTIN, *Kritik aller Parteien*, Berlin: F. Schneider, 1862.

FREYER, HANS, 'Die Bewertung der Wirtschaft im philosophischen Denken des 19. Jahrhunderts'. *Arbeiten zur Entwicklungspsychologie*, vol. 5, ed. Felix Krüger, Leipzig: W. Engelmann, 1921.

FRIEDRICH II DER GROSSE, *Die politischen Testamente* [1752; 1768], transl.

from the French by Fr. von Oppeln-Bronikowski, ed. G. B. Volz [1920], Berlin: R. Hobbing, 1922.

FRIEDRICHS, ARNO, *Klassische Philosophie und Wirtschaftswissenschaft*, Gotha: F. A. Perthes, 1913.

GENTZ, FRIEDRICH VON, *Schriften*, ed. Schlesier, Mannheim: Heinrich Hoff, 1838—1840.

GIERKE, OTTO VON, *Die historische Rechtsschule und die Germanisten.* Rede zur Gedächtnisfeier des Stifters der Berliner Universität, König Friedrich Wilhelm, Berlin: G. Schade, 1903.

GIERKE, OTTO VON, *Johannes Althusius und die Entwicklung der naturrechtlichen Staatstheorien* [1880], 3rd ed., Breslau: M. & H. Marcus, 1913 [*The Development of Political Theory*, transl. Bernard Freyd, London: Allen & Unwin, 1939].

HALLER, KARL LUDWIG VON, *Restauration der Staatswissenschaft oder Theorie des natürlich-geselligen Zustands; der Chimäre des künstlichbürgerlichen entgegengesetzt*, 6 vols [1816—1825], 2nd enl. and rev. ed., vols 2—4, Winterthur: Steiner, 1820.

HATZIG, OTTO, *Justus Möser als Staatmann und Publizist.* Quellen und Darstellung zur Geschichte Niedersachsens, vol. 27, Hannover-Leipzig: O. Wigand, 1909.

HEGEL, GEORG W. FR., *Grundlinien der Philosophie des Rechts* [1821], newly ed. by G. Lasson, Leipzig: F. Meiner, 1911 [*Hegel's Philosophy of Right*, transl. T. M. Knox, London, Oxford, New York: Oxford University Press, 1967].

HEINE, HEINRICH, 'Die romantische Schule' [1833], *Gesammelte Werke*, vol. 5, Leipzig and Vienna: Bibliographisches Institut, 1898.

HELLER, HERMANN, *Hegel und der nationale Machtstaatsgedanke in Deutschland.* Ein Beitrag zur politischen Geistesgeschichte, LeipzigBerliner: B. G. Teubner, 1921.

HINTZE, OTTO, 'Das monarchische Prinzip und die konstitutionelle Verfassung', *Preussische Jahrbücher* (1911) 144: 381—412.

HERRE, PAUL, ed., *Politisches Handwörterbuch*, Leipzig: K. F. Köhler, 1923.

HUGO, GUSTAV, *Lehrbuch des Naturrechts als einer Philosophie des positiven Rechts, besonders des Privatrechts* [1798], 4th ed., Berlin: August Mylius, 1819.

JEDELE, E., *Die kirchenpolitischen Anschauungen des Ernst Ludwig von Gerlach*, Ph. D. Dissertion, Tübingen, 1910.

JELLINEK, GEORG, *Die Erklärung der Menschen-und Bürgerrechte. Ein Beitrag zur modernen Verfassungsgeschichte* [1895], 3rd ed., Berlin: Duncker & Humblot, 1919. [*The Declaration of the Rights of Man and of Citizens: A Contribution to Modern Constitutional History*, transl. Max Farrand, New York: Holt & Co., 1901.]

JORDON, ERICH, *Die Entstehung der konservativen Partei und die preussischen Agrarverhältnisse von 1848*, Munich-Leipzig: Duncker & Humblot, 1914.

KANTOROWICZ, HERMANN U., 'Volksgeist und historische Rechtsschule', *Historische Zeitschrift* (1912) 108: 295—325.

KAUFMANN, ERICH, *Über den Begriff des Organismus in der Staatslehre des 19. Jahrhunderts*, Heidelberg: C. Winter, 1908.

KAUFMANN, GEORG, *Geschichte Deutschlands im 19. Jahrhundert*, Berlin: G. Bondi, 1912.

KLUCKHOHN, PAUL, *Persönlichkeit und Gemeinschaft*, Halle: M. Neimeyer, 1925.

LAMPRECHT, KARL G., *Deutsche Geschichte*, Freiburg: H. Heyfelder, 1904.

LANDSBERG, ERNST, ed., *Roderich von Stintzing 1825—1883. Geschichte der deutschen Rechtswissenschaft*, 3rd part, second half-volume, vol. 37 ('Geschichte der Wissenschaften in Deutschland. Neuere Zeit', vol. 18. 3rd part, second half-volume), Munich-Leipzig: R. Oldenbourg, 1910.

LEDERER, EMIL, 'Das ökonomische Element und die politische Idee im modernen Parteiwesen', *Zeitschrift für Politik* (1911) 5: 535 ff.

LEHMANN, LUGWIG EDUARD, *Freiherr vom Stein*, 5 vols., Leipzig: S. Hirzel. 1902—1905.

LENIN, VLADIMIR I., *Sämtliche Werke*, Vienna: Verlag für Literatur und Politik, 1925.

LENNOX, RICHMOND, *dmund Burke und sein politisches Arbeitsfeld in den Jahren 1760—1790*, Munich-Berlin: R. Oldenbourg, 1923.

LENZ, FRIEDRICH, *Agrarlehre und Agrarpolitik der deutschen Romantik*, Berlin: P. Parey, 1912.

LENZ, MAX, *Geschichte der Kgl. Friedrich-Wilhelms-Universität zu Berlin*, 3 vols, Halle: Buchhandlung des Waisenhauses, 1910.

LESSING, KURT, *Rehberg und die französische Revolution. Ein Beitrag zur Geschichte des literarischen Kampfes gegen die revolutionären Ideen in Deutschland*, Freiburg: C. A. Wagner, 1910.

LÖNING, E., 'Philosophische Ausgangspunkte der rechtshistorischen Schule', *Internationale Wochenschrift für Wissenschaft, Kunst und Technik*, 1910.

LUBLINSKI, SAMUEL, *Literatur und Gesellschaft im neunzehnten Jahrhundert*, vol. 1, Berlin: S. Cronbach, 1899—1900.

LUKÁCS, GEORG, *Geschichte und Klassenbewusstsein. Studien über marxistische Dialektik*, Berlin: Malik Verlag, 1923. [*History and Class Consciousness: Studies in Marxist Dialectics*, transl. Rodney Livingstone, London: Merlin, 1971.]

MAISTRE, JOSEPH MARIE DE, 'Considérations sur la France' [1796], in *Oeuvres*, Paris 1819. [German ed., 'Betrachtungen über Frankreich,' in R. Rohden, ed., *Klassiker der Politik*, vol. 2., Berlin: R. Hobbing, 1924. English ed., 'Reflections on the Revolution in France', in Jack Lively, ed. and transl., *The Works of Joseph de Maistre*, London: CollierMacmillan, 1965].

MANNHEIM, KARL, 'Historismus', *Archiv für Sozialwissenschaft und Sozialpolitik* (1924) 52: 1—60 ['Historicism', *Essays on the Sociology of Knowledge*, ed. and transl. Paul Kecskemeti, London: Routledge & Kegan Paul, 1952, pp. 84—133].

MANNHEIM, KARL, 'Das Problem einer Soziologie des Wissens', *Archiv für Sozialwissenschaft und Sozialpolitik* (1925) 53: 577—652 ['The Problem of a Sociology of Knowledge', *Essays on the Sociology of Knowledge*, ed. and transl. Paul Kecskemeti, London: Routledge & Kegan Paul, 1952, pp. 134—190].

MANNHEIM, KARL, 'Ideologische und soziologische Interpretation der geistigen Gebilde', *Jahrbuch für Soziologie* (1926) 2: 424—440 ['The Ideological and the Sociological Interpretation of Intellectual Phenomena', transl. Kurt H.

Wolff, *Studies on the Left* 3, 3 (Summer 1963): 54—66].

MANNHEIM, KARL, 'Beiträge zur Theorie der Weltanschauungs-Interpretation, *Jahrbuch für Kunstgeschichte* (1921—1922) 1: 236—274 [On the Interpretation of "Weltanschauung", *Essays on the Sociology of Knowledge*, ed. and transl. Paul Kecskemeti, London: Routledge & Kegan Paul, 1952, pp. 33—83].

MARTIN, ALFRED W. D. VON, 'Weltanschauliche Motive im altkonservativen Denken', in Paul Wentzke, ed., *Deutscher Staat und deutsche Parteien.* Beiträge zur deutschen Partei-und Ideengeschichte (Festschrift for F. Meinecke), Munich-Berlin: R. Oldenbourg, 1922.

MARX, KARL, *Das Kapital*, 3 vols., [1867—1894] 9th ed., Hamburg: O. Meissner, 1921 [*Capital*, transl. Ben Fowkes (vol. 1) and David Fernbach (vols. 2 and 3), New York: Random House, 1977—1981].

MARX, KARL, 'Zur Kritik der Hegelschen Rechtsphilosophie' [1844], in Franz Mehring, ed., *Aus dem literarischen Nachlass von Karl Marx und Friedrich Engels 1841 bis 1850*, vol. 1, Berlin-Stuttgart: J. H. W. Dietz, 1923 ['A Contribution to the Critique of Hegel's "Philosophy of Right"', in Joseph O'Malley, ed., *Critique of Hegel's 'Philosophy of Right'*, transl. Annette Jolin and Joseph O'Malley, Cambridge: Cambridge University Press, 1970].

MARX, KARL, 'Das philosophische Manifest der historischen Rechtsschule' [1842], in Franz Mehring, ed., *Aus dem literarischen Nachlass von Karl Marx und Friedrich Engels, 1841 bis 1850*, vol. 1, Berlin-Stuttgart: J. H. W. Dietz, 1923 ['The Philosophical Manifesto of the Historical School of Law', in Marx/Engels, *Collected Works*, vol. 1, New York: International Publishers, 1975].

MARWITZ, FRIEDRICH V. D., *Ein märkischer Edelmann im Zeitalter der Befreiungskriege*, 2nd vol. in four half-vols., ed. Fr. Meusel, Berlin: E. S. Mittler, 1908—1913.

MEHRING, FRANZ, *Geschichte der deutschen Sozialdemokratie*, BerlinStuttgart: J. H. W. Dietz, 1922.

MEIER, ERNST VON, *Französische Einflüsse auf die Staats-und Rechtsentwicklung Preussens im 19. Jahrhundert*, vol. 1 (*Prolegomena*), vol. 2 (*Preussen und die französische Revolution*), Leipzig: Duncker &

Humblot, 1907—1908.

MEINECKE, FRIEDRICH, *Weltbürgertum und Nationalstaat. Studien zur Genesis des deutschen Nationalstaates*, 6th ed., Munich-Berlin: R. Oldenbourg, 1922 [*Cosmopolitanism and the National State*, transl. Robert B. Kimber, Princeton, N. J.: Princeton University Press, 1970].

MEISSNER, HEINRICH OTTO, *Die Lehre vom monarchischen Prinzip im Zeitalter der Restauration und des deutschen Bundes.* Untersuchungen zur deutschen Staats-und Rechtsgeschichte, ed. Otto v. Gierke, issue 122, Breslau, 1913.

MERKEL, ALFRED, *Fragmente zur Sozialwissenschaft*, Strasbourg: K. J. Trübner, 1898.

METTERNICH-WINNEBURG, CLEMENS L. W. VON, *Denkwürdigkeiten*, vol. 2, ed. Otto H. Brandt, Munich: G. Müller, 1921.

METZGER, WILHELM, *Gesellschaft, Recht und Staat in der Ethik des deutschen Idealismus*, posthumously published in an ed. by Ernst Bergmann, Heidelberg: C. Winter, 1917.

MEUSEL, FRITZ, *Edmund Burke und die französische Revolution. Zur Entstehung historisch-politischen Denkens zumal in England*, Berlin: Weidmann, 1913.

MOELLER, E. VON, 'Die Entstehung des Dogmas von dem Ursprung des Rechts aus dem Volksgeist', *Mitteilungen des Instituts für österreichische Geschichtsforschung* (1909) 30: 1—50.

MÖSER, JUSTUS, *Gesellschaft und Staat.* Eine Auswahl aus seinen Schriften, ed. K. Brandi, Munich: Drei Masken, 1921.

MÖSER, JUSTUS, *Sämtliche Werke*, ed. B. R. Abeken, vol. 1, Berlin: Nicolai, 1842/1843.

MORLEY, JOHN, *Burke*, London: Macmillan & Co., 1923.

MÜLLER, ADAM HEINRICH, *Die Elemente der Staatskunst* [1809], ed. Jakob Baxa, Vienna-Leipzig: Wiener Literarische Anstalt, 1922.

MÜLLER, ADAM HEINRICH, 'Die Lehre vom Gegensatz' [1804], in *Ausgewählte Abhandlungen*, ed. J. Baxa, Jena: G. Fischer, 1921.

MÜLLER, ADAM HEINRICH, *Über König Friedrich II und die Natur, Würde und Bestimmung der preussischen Monarchie*, Berlin: J. D. Sander, 1810.

MÜLLER, ADAM HEINRICH, 'Vom Wesen der Definition' [1808], *Phoebus. Ein Journal für die Kunst*, vol. 1, ed. H. v. Kleist and A. H. Müller. Reprinted as *Neudrucke romantischer Seltenheiten* 2, Munich: Meyer & Jessen, 1924.

NOVALIS, *Schriften*, ed. J. Minor, Jena: Diederichs, 1907.

NOVALIS, 'Die Christenheit oder Europe', *Schriften*, ed. Paul Kluckhohn and Richard Samuel, vol. 2, Stuttgart: Kohlhammer, 1960, pp. 507—524 [*Christianity or Europe*, transl. John Dalton, London: Chapman, 1844].

NOVALIS, 'Logologische Fragmente II' [1798], *Schriften*, ed. Paul Kluckhohn and Richard Samuel, Stuttgart: Kohlhammer, 1960.

OPPENHEIMER, FRANZ, *System der Soziologie*, vol. 1 (Allgemeine Soziologie), Jena: G. Fischer, 1922.

POETZSCH, ALBERT, 'Studien zur frühromantischen Politik-und Geschichtsauffassung', in Karl Lamprecht, ed., *Beiträge zur Kultur-und Universalgeschichte* 3, Leipzig: Voigtländer, 1907.

PRZYWARA, P. E. S. J., 'Introduction', to Adam Heinrich Müller, *Schriften zur Staatsphilosophie*, ed. Rudolf Kohler, Munich: Theatiner Verlag, 1923.

WRCKPFAHL, 'Konservativ', in Paul Herre, ed., *Politisches Handwörterbuch*, Leipzig: K. F. Köhler, 1923.

RADBRUCH, GUSTAV, *Grundzüge der Rechtsphilosophie*, Leipzig: Quelle & Meyer, 1914.

RANKE, LEOPOLD VON, *Das politische Gespräch und andere Schriften zur Wissenschaftslehre*, Halle; N. Niemeyer, 1925.

RANKE, LEOPOLD VON, ed., *Historisch-politische Zeitschrift*, Berlin: Duncker & Humblot, 1832.

REHBERG, AUGUST WILHELM, *Untersuchungen über die französische Revolution nebst kritischen Nachrichten von dem merkwürdigsten Schriften welche darüber in Frankreich erschienen sind*, two vols., Hanover: C. Ritscher, 1793.

REXIUS, GUNNAR, 'Studien zur Staatslehre der historischen Schule', *Historische Zeitschrift* (1911) 107: 496—538.

RICKERT, HEINRICH, *Die Grenzen der naturwissenschaftlichen Begriffsbildung* [1902], 3rd and 4th rev. and enl. ed., Tübingen: J. C. B. Mohr, 1921.

ROHDEN, PETER R., 'Deutscher und französischer Konservatismus', *Dioskuren. Jahrbuch für Geisteswissenschaften* (1924) 3: 90—138.

ROTHACKER, ERICH, *Einleitung in die Geisteswissenschaften*, Tübingen: J. C. B. Mohr, 1920.

ROTHACKER, ERICH, 'Savigny, Grimm, Ranke. Ein Beitrag zur Frage nach dem Zusammenhang der Historischen Schule', *Historische Zeitschrift* (1923) 128: 415—445.

ROSENZWEIG, FRANZ, *Hegel und der Staat*, Munich-Berlin: R. Oldenbourg, 1920.

SALOMON, FELIX, *Englische Geschichte von den Anfängen bis zur Gegenwart*, Leipzig: K. F. Köhler, 1923.

SALOMON, FELIX, *Die deutschen Parteiprogramme* (Quellensammlung zur deutschen Geschichte, vol. 2) [1907], 2nd ed., Leipzig: B. G. Teubner, 1912.

SALOMON-DELATOUR, GOTTFRIED, *Das Mittelalter als Ideal der Romantik*, Munich: Drei Masken Verlag, 1922.

SAVIGNY, FRIEDRICH CARL VON, *System des heutigen römischen Rechts*, vol. 1, Berlin: Veit & Co., 1840 [*System of Modern Roman Law*, vol. 1, transl. William Holloway, Madras: J. Higginbotham, 1867].

SAVIGNY, FRIEDRICH C. VON, *Vermischte Schriften*, vols. 1—5, Berlin: Veit & Co., 1850.

SAVIGNY, FRIEDREICH C. VON, *Vom Beruf unserer Zeit für Gesetzgebung und Rechtswissenschaft* [1814], reprint of the 3rd. ed. of 1840, Freiburg: Mohr, 1892 [*Of the Vocation of Our Age for Legislation and Jurisprudence*, transl. Abraham Hayward, London: Littlewood & Co., 1831].

SCHELER, MAX, 'Probleme einer Soziologie des Wissens', in Max Scheler, ed., *Versuche zu einer Soziologie des Wissens*, Munich-Leipzig: Duncker & Humblot, 1924 [*Problems of a Sociology of Knowledge*, transl. Manfred S. Frings, ed. Kenneth W. Stikkers, London, Boston and Henley: Routledge & Kegan Paul, 1980].

SCHELER, MAX, *Vom Umsturz der Werte*, Leipzig: Der Neue Geist Verlag, 1919. [Includes 'Das Ressentiment im Aufbau der Moralen' and 'Die Idole der Selbsterkenntnis', translated as *Ressentiment*, ed. Lewis Coser, transl. W. W.

Holdheim, New York: Free Press, 1961; and 'The Idols of Self-Knowledge', in M. Scheler, *Selected Philosophical Essays*, transl. David R. Lachtermann, Evanston: Northwestern University Press, 1973.]

SCHELLING, FRIEDRICH WILHELM JOSEPH, 'System des transzendentalen Idealismus (1800)', *Sämtliche Werke*, vol. 3, Hamburg: Felix Meiner, 1856—1861 [*System of Transcendental Idealism* (1800), transl. Peter Heath, Charlottesville: University of Virginia Press, 1978.

SCHLEGEL, FRIEDRICH VON, 'Signatur des Zeitalters', published in articleform in *Concordia* between 1820—1823.

SCHMITT, CARL, *Die geistesgeschichtliche Lage des heutigen Parlamentarismus*, Munich-Leipzig: Duncker & Humblot, 1923.

SCHMITT-DOROTIC, CARL, *Politische Romantik*, Munich-Leipzig: Duncker & Humblot, 1919.

SCHMOLLER, GUSTAV F., 'Der deutsche Beamtenstaat vom 16.—18. Jahrhundert', *Jahrbuch für Gesetzgebung, Verwaltung urid Volkswirtschaft* (1894) 18: 695—714.

SCHOFFLER, HERBERT, *Protestantismus und Literatur. Neue Wege zur englischen Literatur des 18. Jahrhunderts*, Leipzig: B. Tauchnitz, 1922.

SIMMEL, GEORG, *Philosophie des Geldes*, Leipzig: Duncker & Humblot, 1900 [*The Philosophy of Money*, transl. of 2nd. rev. ed. of 1907 by Tom Bottomore and David Frisby, Boston, London, Melbourne and Henley: Routledge & Kegan Paul, 1978].

SINGER, H., 'Zur Erinnerung an Gustav Hugo', *Zeitschrift für das Privatund öffentliche Recht der Gegenwart* (1889) 16: 275—319.

SOMBART, WERNER, *Der Bourgeois. Zur Geistesgeschichte des modernen Wirtschaftsmenschen* [1913], Berlin: Duncker & Humblot, 1920 [*The Quintessence of Capitalism: A Study of the History and Psychology of the Modern Business Man*, transl. M. Epstein, London: T. F. Unwin, 1915].

SOMBART, WERNER, *Die deutsche Volkswirtschaft im 19. Jahrhundert und im Anfang des 20. Jahrhundert* [1903], 5th ed., Berlin: G. Bondi, 1921.

SOMBART, WERNER, *Der moderne Kapitalismus*, 3 vols [1902], 2nd rev. ed., Berlin: Duncker & Humblot, 1916.

SRBIK, HEINRICH VON, *Metternich der Staatsmann und der Mensch*, Munich:

F. Bruckmann, 1925.

STAHL, FRIEDRICH JULIUS, *Die gegenwärtigen Parteien in Staat und Kirche*, Berlin: W. Hertz, 1863.

STAHL, FRIEDRICH JULIUS, *Die Philosophie des Rechts*, 2 vols. [1830—1837], 5th ed., Tübingen: J. C. B. Mohr, 1878.

STEFFENS, WILHELM, *Hardenberg und die ständische Opposition 1810/*11. Veröffentlichungen des Vereins für die Geschichte der Mark Brandenburg, Leipzig: Duncker & Humblot, 1907.

STEIG, REINHOLD, *Heinrich von Kleists Berliner Kämpfe*, Berlin-Stuttgart: W. Spemann, 1901.

STILLICH, OSKAR, 'Die Konservativen', in Stillich, ed., *Die politischen Parteien in Deutschland*, vol. 1, Leipzig; W. Klinkhardt, 1908.

STOLL, ADOLF, ed., *Friedrich Karl von Savignys sächsische Studienreisen 1799 und 1800*, Leipzig: 1891.

TOCQUEVILLE, ALEXIS DE, *L'ancien régime et la révolution*, Paris: C. Lévy, 1877 [*The Old Régime and the French Revolution*, transl. Stuart Gilbert, Garden City, N. Y.: Doubleday Anchor, 1955].

TREITSCHKE, HEINRICH G. VON, *Deutsche Geschichte im* 19. *Jahrhundert*, vol. 3, Leipzig: S. Hirzel, 1886.

TROELTSCH, ERNST, 'Die kulturgeschichtliche Methode in der Dogmengeschichte: Die Bedeutung der *lex naturae* für Katholizismus und Reformation' [1901], a review of E. Seeberg's *Lehrbuch der Dogmengeschichte*, in Troeltsch, *Gesammelte Schriften*, vol. 4, Tübingen: J. C. B. Mohr, 1922.

TROELTSCH, ERNST, 'Das stoisch-christliche Naturrecht und das moderne profane Naturrecht', *Verhandlungen des ersten deutschen Soziologentages vom 19.—22. Oktober 1910*, Tübingen: J. C. B. Mohr, 1911.

TROELTSCH, ERNST, 'Die Soziallehren der christlichen Kirchen und Gruppen', in Troeltsch, *Gesammelte Schriften*, vol. 1, Tübingen: J. C. B. Mohr, 1912 [*The Social Teachings of the Christian Churches*, transl. Olive Wyon, New York: Macmillan, 1931].

TROELTSCH, ERNST, *Naturrecht und Humanität in der Weltpolitik.* Vortrag bei der zweiten Jahresfeier der deutschen Hochschule für Politik, Berlin: Verlag für

Politik und Wirtschaft, 1923 [*Natural Law and the Theory of Society, 1500—1800, with a Lecture on 'The Ideas of Natural Law and Humanity'*, transl. Ernest Barker, Cambridge: Cambridge University Press, 1934].

VAN TIEGHEM, PAUL, *Le préromantisme. Études d'histoire littéraire européenne*, Paris: F. Rieder, 1924.

VARRENTRAPP, C., 'Rankes *Historisch-politische Zeitschrift* und das Berliner *Politische Wochenblatt*', *Historische Zeitschrift* (1907) 99: 35—119.

VENEDEY, JAKOB, *Die deutschen republikaner unter der französischen Republik*, Leipzig: F. A. Brockhaus, 1870.

WAHL, ADALBERT, "Beiträge zur deutschen Parteigeschichte im 19. Jahrhundert", *Historische Zeitschrift* (1910) 104: 537—594.

WAHL, ADALBERT, 'Montesquieu als Vorläufer von Aktion und Reaktion', *Historische Zeitschrift* (1912) 109: 129—148.

WEBER, ALFRED, 'Prinzipielles zur Kultursoziologie', *Archiv für Sozial wissenschaft und Sozialpolitik* (1921) 47: 1—49.

WEBER, MAX, *Gesammelte Aufsätze zur Religionssoziologie*, vol. 3, Tübingen: J. C. B. Mohr, 1920.

WEBER, MAX, *Wirtschaft und Gesellschaft*, Tübingen: J. C. B. Mohr, 1922 [*Economy and Society*, ed. Guenther Roth and Claus Wittich, Berkeley, Los Angeles, London: University of California Press, 1978].

WEISE, ALFRED, *Die Entwicklung des Fühlens und Denkens der Romantik auf Grund der romantischen Zeitschriften*, Ph. D. Dissertation, Leipzig: R. Voigtländer, 1912.

WIEGAND, FR., 'Derverein der Maikäfer in Berlin', Deatsche Rundschau (1914):279—291.

WINDELBAND, WILHELM, *Lehrbuch der Geschichte der Philosophie* [1892], 5th rev. ed., Tübingen: J. C. B. Mohr, 1910.

WINDELBAND, WILHELM, *Präludien* [1884], 4th rev. ed., Tübingen: J. C. B. Mohr, 1911.

英译本说明

卡尔·曼海姆关于保守主义的《大学授课资格论文》的这个版本——编者作了相对较小的调整——再现了一部名为《早期保守主义:一部知识社会学文稿》的著作的真实文本。1925 年 12 月,曼海姆将该著作提交给代表海德堡鲁普莱希特-卡尔大学(Ruprecht-Karls-Universitaet)哲学系工作的卡尔·布林克曼(Carl Brinkmann)、艾米尔·莱德勒和阿尔弗雷德·韦伯教授。正是基于这部著作,三位评阅人建议大学学术委员会核准曼海姆的授课资格(venia legendi)。由于一场关于曼海姆没有德国国籍(导言已叙及)的争论,延缓至 1926 年 6 月 12 日,曼海姆才终于获此资格。曼海姆在同一天发表了题为《德国社会学现状》("Zur gegenwartigen Lage der Soziologie in Deutschland")的就职演说。①

将近一年以后的 1927 年 5 月 5 日,曼海姆放进大学的图书馆六份名为《保守主义思想》("Das Konservativen Denken")的文章,该文发表

① 《公开就职演说邀请函》("Einladung zur oeffentlichen Antritts-Vorlesung")载曼海姆的《大学授课资格论文》(*Habilitationsakten*),海德堡大学档案,单行本。

在《社会科学与社会政治档案》(1927年,第57卷)上。从那以后,正是这篇文章经常被错认为是曼海姆的《大学授课资格论文》,这个错误无疑是因为海德堡大学图书馆错误的目录条目造成的。[①] 但是,事实上,发表的文章完全删去了原文的两个主要部分,包括曼海姆自己所作的重要的方法论反思,总体上还不及整个手稿的一半。在表面上完整的档案记录中,没有什么能表明这篇文章曾经受到系里的评估。

1947年,在其去世前不久,当曼海姆开始准备这篇文章的英文版时,他又回到了原稿,将原稿中更多的内容吸收进了外文版。这个翻译版在他去世之后由保罗·凯斯科梅蒂博士出版,后者本人是著名的社会科学家,也是曼海姆的妹夫。至于曼海姆是否看到并支持这个最终以《保守主义思想》为题发表的英文翻译版,不得而知。就曼海姆的其他著作而言,翻译版总是与原始文本有些不同,也还有些别的问题。[②] 更重要的是,在更加完整的英文版中仍然存在一些重大的删节,包括删去了关于"归因"问题的反思和关于古斯塔夫·胡果和弗里德里希·卡尔·冯·萨维尼的材料,而这些艾米尔·莱德勒曾经选出来加以褒扬。[③]

目前的编者[④]所能找到的原始打印稿全文是一部未完成的著作,在

① 但是,保罗·凯斯科梅蒂在他为曼海姆的《知识社会学论文集》(*Essays on the Sociology of Knowledge*)(伦敦:Routledge & Kegan Paul,1952)所作的导言中的确指出,这样的《大学授课资格论文》并没有发表,以前出版的英文版本"是《大学授课资格论文》和《档案》文本基础之上的一个删节本,是曼海姆自己为英文版所准备的"(第20页,注释1)。

② 请参阅戴维·凯特勒尔、弗尔克尔·梅亚和尼可·施特尔的《卡尔·曼海姆》(*Karl Mannheim*)(奇切斯特:Ellis Horwood,1984;伦敦:Tavistock,1984),第107—118页。

③ 请参阅艾米尔·莱德勒在《大学授课资格文书》(第10页及其后)中对曼海姆的《大学授课资格论文》所作的评价,海德堡大学档案,打印稿。

④ 《早期保守主义:一部知识社会学文稿》(*Altkonservatismus: Ein Beitrag zur Soziologie des Wissens*)(1925)的打印稿,现在存放在布兰代斯大学图书馆(美国马萨诸塞州沃尔瑟姆)关于保罗·凯斯科梅蒂的资料中。

开始了一个新的关于黑格尔的部分之后突然地(也是挑逗性地)结束了。曼海姆在一个注释中为这种不完整性表示了歉意,但是他和他的后继者们显然都认为我们眼前的这部著作是一项重要的成就。尽管曼海姆在随后的时间里同影响力很大的编辑保罗·西贝克的书信部分保存了下来,仍然没有证据表明曼海姆曾经着手完成现存文本第 188 页宣告的整个项目。

对他的《大学授课资格论文》的这些部分,曼海姆和他的编者在德文版和英文版中都选择了一个标题,这个标题不再像原来的题目一样仅仅指涉“早期保守主义”(Altkonservatismus),而是指向这一类的保守主义思想。从这部著作的实际设计来看,这实际上是一个更为恰当的概念,因此我们认同先例,允许自己删去了一个词,让标题成为《保守主义》(*Konservatismus*)。

在德文版中①,我们编辑的修改一般限于对曼海姆的句法和文法作一些细小的改进,这些地方有时反映的是对他的母语匈牙利语的回忆。为了确保这种做法没有在不经意间造成对原稿的重大偏离,在英文翻译中每处都对照曼海姆自己的德文打印稿作了校订。曼海姆的原始打印稿中,在页边有一些摘要性的标题。这些都被移开了,但是这些标题中的大部分在作为分析大纲的内容目录中体现了出来。

关于我们的文献的来源,需要说明一点。在现存手稿的唯一副本中,注释部分第 31—80 页空缺。因为注释中所缺的这些页相应于在《社会科学与社会政治档案》发表的文章中包含的注释,很可能是曼海姆本人在准备发表该文时抽去了这些页。因此,我们根据发表的德文文本重新构造了这些缺失的注释。曼海姆的英文并不总是完全精确

---

① 卡尔·曼海姆《保守主义》(*Konservatismus*),戴维·凯特勒尔、弗尔克尔·梅亚和尼可·施特尔编(法兰克福:Suhrkamp,1984)。

的,他的参考书目更常常是非常不完整。这些缺点随处得到了克服(没有明确标出和评论),而且在一切可能的地方,都提供了引文的英文翻译,即使我们决定不引用它。与德国的学术实践相一致,曼海姆在脚注部分收进了几个重要的附录。在有些地方,它们为正文提供了直接而有价值的补充,这些都被移到了著作的主体之中,以引文的样式出现并在前后均标上星号。

因为文章基于《档案》中出现的文本,其中包含了一些编者的修订和少量对原稿所作的详尽说明。因为对于后者的作者身份没有疑问,也因为其内容与原著是如此一致,我们把这些扩展的段落都融进了文中,只有两处例外,这两处详细说明所讲的是分析中的一种转变。这些被融进的段落都用方括号括了起来,原来的样子则被再现于注释当中。而且,《档案》文本中包含着一些原稿没有的脚注。这些都被放在了注释中,并且,在根据我们能得到的资料可以做出区分的地方,也都用方括号括了起来。在已发表的英文版中甚至还能找到更多的新注释,但是无法知道哪些是曼海姆自己的,哪些是编者加上去的。而且,由于这个版本的目的在于对曼海姆在海德堡期间关于保守主义的著作作一个尽可能清晰而且全面的介绍,没有收录在其身后发表的版本中增加的东西。

对文本的编辑和翻译工作既因曼海姆自己的改订而变得复杂,也因此获益匪浅,首先是其在《档案》中的发表,然后是——大概与保罗·凯斯科梅蒂一起——将其译成英文。由于在导言和别的地方已经谈到的原因,这种改订不时受到思考而不是直接的编辑因素的影响,改后的文本的重点偶尔会与原稿所强调的不一样;或者会在明晰性上有所丧失。比如,在关于"社会独立的知识分子"与浪漫主义之间的关系的重要讨论中,曼海姆的原文将知识分子从启蒙运动的理性主义的转向称作一种纯粹内在的"意识形态"发展,一种钟摆似的从理智主义极端的回摆。与此相反,《档案》中的文本则强调区分浪漫主义知识分子的社会特征,征引他们与新教牧师家庭的渊源。[①] 对两个版本中与整个讨论紧密相关的段落所作的比较,能为寻找产生这种重点上的差异的原因提供一条线索。两者都认为知识分子既是“理想”又是“意识形态”的载体。但是原文接着说“很难确定这些当中哪个起主导作用”,并明确征引系里的评阅人之一阿尔弗雷德·韦伯作为这种反思的发起者。在获得大学授课资格后完成并发表的版本,则删去了关于不确定性的声明和这个征引。[②] 问题并不在于作者改变了主意,因为改进始终是可能的,而且我们的兴趣并不仅仅在于考古学。问题在于这个变化只是部分的,而且使这一段在某种程度上变得模糊了。在可以得到的英文文本中存在的一些困难将在后面提到。正是这些版本影响的堆积妨碍了对曼海姆论点的深层解读。为了解决这些问题,我们现在决定将所有这些文本联合起来重新考量。把改订后的版本(以及事实上现有的权威的部分翻译)当作重要的资源,并且尽可能最终依靠原稿。

向当代公众否认在这些版本中发现的澄清和详细说明是书生气的,把其中的编辑工作或可以找到的翻译认作权威也一定是误导性的。为了使曼海姆的著作更易而不是更难理解,一种学者气质的集注本也不能被证明是正当的。但结果是,编者和译者对最终文本的实际状况承担了略微比平常多一些的责任。在一些关键点上,在决定采用哪个

---

① 请参阅《保守主义》,第 143 页及其后(本书边码第 116 页及其后)以及第 249 页及其后,注释 140。

② 第 120 页。请参阅《保守主义》,第 147 页,那里,现在的编者在这一点上也采用了曼海姆的《档案》文本,因此省去了关于不确定性的声明和对阿尔弗雷德·韦伯的征引。由于关注着更大的关于如何对待已经发表的英文版的问题,这种对比的意义对我们而言一直不明显,直到我们开始详细研究关于细微变化的问题。该句中从《保守主义》中删去的部分是:“而且很难确定起主导作用的是什么(阿尔弗雷德·韦伯)”[und es ist schwer zu entscheiden, was ueberwiegt (A. Weber)]。《早期保守主义》(*Altkonservatismus*)(打印稿),第 184 页。

版本时不得不依靠就我们所能掌握的资料对曼海姆的总体设计所作的最好解释。这些段落都标了出来,理由也有所陈述。这一切,以这样或那样的方式,都与曼海姆在选择对知识分子的精神产品是作内在的还是外在的解释时的困难有关。增进对那个难点的洞察,是包括本书在内的重新思考和重新出版工程的主要目标。①

曼海姆对知识分子的感情正反两方面并存,这一点在他关于知识分子的附录中极为明显,这种状况也以一种古怪的方式得到反映——翻译者和评论者在翻译曼海姆给知识分子的最著名的称号时表现出一种非决定性。在德文中,曼海姆经常使用 sozial freischwebende Intelligenz or sozial freischwebende Intellektuelle(社会上自由飘荡的知识分子)。照字面意思译成英文是 socially free-floating intellectuals,这种表达约略有点滑稽,尤其是它让人想起热气球和阿里斯托芬的《云》中的苏格拉底。(类似的联系在德文术语中也并非不存在,以下事实暗示了这一点。当曼海姆离开海德堡去法兰克福接受一个教授席位时,他在海德堡的最优秀的学生们以阿里斯托芬的戏剧的形式献上了他们的颂词,其中许多地方利用了空中的苏格拉底。)但是将它译成更加技术性和中立的 socially unattached intelligentsia(社会独立的知识分子),提供的也或多或少是一个更加贫乏的概念,因为它未能传达原文的全部意义,即条件是异常的还可能是临时性的,因为有效性要求在某个地方

① 请参阅卡尔·曼海姆《思想的结构》(*Strukturen des Denkens*),戴维·凯特勒尔、弗尔克尔·梅亚和尼可·施特尔编(法兰克福:Suhrkamp, 1980)[英文版,戴维·凯特勒尔、弗尔克尔·梅亚和尼可·施特尔编,杰里米·沙皮罗和西里·韦伯·尼可尔森(Shierry Weber Nicholsen)译,伦敦:Routledge & Kegan Paul, 1982]。在新近的解释性文献中,请参阅阿·西蒙《卡尔·曼海姆的知识社会学》(*Karl Mannheim's Sociology of Knowledge*)(牛津:Clarendon Press,1978);科林·洛德《文化、政治与计划:卡尔·曼海姆的精神发展》(*Culture, Politics, and Planning: the Intellectual Development of Karl Mannheim*)(伦敦:剑桥大学出版社,1985);戴维·凯特勒尔、弗尔克尔·梅亚和 尼可·施特尔《卡尔·曼海姆》(*Karl Mannheim*)。

下沉到社会的基础之上。由于这些原因,现在的编者并没有原则性地反对前面的翻译。但是在现在的文本中(所有使事情复杂化的问题都有曼海姆的明确论述而不是暗含在他所给的称号之中),我们选择了色彩更淡的术语,主要是因为我们的工作(这在任何意义上也不是一种辩解)是要鼓励讲英语的读者重新思考那些弥漫在非常职业化的传统智慧中的、以一些翻译中的转变的偶然效应为养料的、关于曼海姆的蔑视性的老套概念。曼海姆思想的复杂性(这一点他通过对他熟练的德语文学语言中小小的反讽表达的运用就可以得到有效的表达)在英文翻译中没有得到很好的传达。我们希望能改进这种状况,尽管我们必须依靠分析设计而不是依靠才气(esprit)来展现文本。

应该把全部的文本当作一个整体来重新考量,而不是仅仅依赖目前已有的部分的翻译,对此无须再作更多的一般性说明。但是,注意到一些特殊的问题会有助于避免对熟悉段落的描写中的一些区别的误解。尽管笨拙——翻译马克斯·韦伯和其他历史社会学家的著作的人长期以来一直对此表示叹息,Staendisch(等级的)这个词还是到处被用来修饰 Estates(阶层),甚至作为对世界本身的一种不雅的形容。更早的翻译 feudal(封建的)完全是错误的。①

另一个受到此种待遇的术语是德文的 naturrechtlich(自然法的),它指的是建立在一个关于一种普遍合理的秩序的概念基础之上的整个方法系列,这种秩序可以通过关于事物的本性(nature,亦指自然)的类似法律的陈述得到理解。自然法的理论是类似方法的最一般的形式,但不是唯一的形式。任何情况下,都不能用"自由主义的"或"资产阶级自由主义的"(liberal or bourgeois-liberal)来取代对这个术语的笨拙修饰,

① 关于封建主义和等级政体[("polity of estates"(Staendesstaats)]的历史区别的全面介绍,请参阅吉安弗兰克·普吉(Gianfranco Poggi)的《现代国家的发展》(*The Development of the Modern State*)(伦敦:Hutchinson,1978)。

因为曼海姆费尽心机要表明的正是这种成见。在以前的翻译《保守主义思想》中,由于未能一贯地区分 liberty 和 freedom,过于频繁地在需要后者的地方选择了前者,同样缺乏历史概念的明晰性。曼海姆自己引用的伯克的一段话即“我们的 liberty 通过这种途径成了一种高贵的 freedom”①,可以准确有力地说明,在处理保守主义作家的著作时这是一个重要的术语学问题。在 19 世纪标准的德语翻译中,人们用德文的 Unabhaengigkeit(独立)来表达 liberty(自由)的意思。

将曼海姆的著作翻成英文时,比这些特殊的历史术语问题更重要也对他的著作的一般命运更具征兆性的,是关于他的分析概念的翻译实践。比如,凯斯科梅蒂在使用 ideological(意识形态的)时是很宽松的,倾向于当时的英语用法,常常仅仅作为 ideas(理念)的修饰形式,而曼海姆在当前的文本中始终对“意识形态的”发展和思想的发展或其他的精神维度做出明确的区分,这些区分在当前的翻译中得到了恢复。

在刻画对世界上发生的现实和变化的不同领会方式方面,我们也作了巨大努力以再现曼海姆的丰富概念。在凯斯科梅蒂的翻译中,对那些曼海姆在《保守主义》时期感兴趣的现象学和存在主义文献中出现的术语的描述,常常暗示着一种修正计划,这种修正计划在对《意识形态与乌托邦》的翻译中也很明显。我们得到了一个相当类同的历史地发展的、历史地形成的社会世界概念,它或多或少可以得到精确刻画,其组成成分也可以被证明具有因果的内在联系。这个概念——有时还很强烈地——与曼海姆更具自我反思性的德语形成对比,比如,在德语中可以区分开 existence(存在)和 reality(现实),事物呈现为它们所是的样子的途径可以通过 development(发展)概念所不能理解的方式来设想,而且除了对暗地里起作用的现实因素的因果运动做出说明外,历

① 请参阅《保守主义》,第 155 页[英文版第 127 页]。

史还可以通过不同的方式来理解。通过对整个文本的恢复，曼海姆在这部著作中的全部兴趣就更明显了，于是既有可能也有必要用英语来描述他自己的概念化对构想思想和现实之间关系的不同途径之间的区别进行反思的方式，这些方式是这部著作的主题的一个重要部分。

在努力做这些工作时，我们大致遵循了我们在《思想的结构》的“关于翻译的说明”中阐明的原则。因为当前文本的绝大部分的理论性不如《思想的结构》那么冷硬，我们没有必要非要坚持按照曼海姆的句子结构来行文，或者说，在处理一些起着重要理论作用的古怪的术语时也相当自由。我们相信，这样做对非专业的读者有好处，对其他人也不会有什么损失。但是，Geist（精神）几乎一直被译成 spirit，在一些英语对应词的内涵可能在心理上引起误导的地方，像 intention（设计）之类的术语的同源词仍然被避开了。因此，曼海姆关于某种社会思潮的中心主旨的关键概念 Grundintention（基本设计）被译成了 fundamental design，这样做的优点在于，英文中的 design 既可以指一种客观的模式，也可以指一项主观的事业，根据曼海姆的用法，德文要表达的也是这个意思。我们贯穿始终的基本假设是：曼海姆对他所研究的不同的思想方式怀着深深的敬意，在从社会学的视角考察它们时，他没有把它们当作“纯粹”的意识形态。情况的确是这样的，以至于他自己用来分析的术语学反映了他正在刻画的不同方法，至少在承认自己和他人的区别时在明确表达他自己的框架范围内是这样的。这里的一个不可分割的部分是，将历史资料当作批判性和建设性反思的参照点，我们在翻译中力图在语言上让这一点变得很清楚。

索　引

（条目后的数字为原书页码，见本书边码）

译 后 记

本书根据 Routledge & Kegan Paul 出版社 1986 年英文版译出，同时参考了法兰克福 Suhrkamp 出版社 1984 年德文版。为便于查找核对，中译本页边标出了相应的英文版页码。原书正文部分的注释详细注明版本、出版社、年代和页码，由于书后有详细的参考文献，译本作了相应的简化，只注明著者、书名和页码，方括号内则仅注明英文版页码。

导言和第三部分由李朝晖翻译，其余部分由牟建君翻译。统校工作由两位译者共同完成。

韩水法先生校阅了部分译稿，厉才茂博士帮助解决了一些拉丁语问题，不胜感激。

由于译者水平的局限和翻译本身的困难，肯定还存在不少值得改进的地方，诚请读者批评指正。

译 者

2000 年 7 月于北京

人文与社会译丛

第一批书目

1.《政治自由主义》(增订版),[美]J. 罗尔斯著,万俊人译 118.00 元
2.《文化的解释》,[美]C. 格尔茨著,韩莉译 89.00 元
3.《技术与时间:1. 爱比米修斯的过失》,[法]B. 斯蒂格勒著,裴程译 62.00 元
4.《依附性积累与不发达》,[德]A. G. 弗兰克著,高铦等译 13.60 元
5.《身处欧美的波兰农民》,[美]F. 兹纳涅茨基、W. I. 托马斯著,张友云译 9.20 元
6.《现代性的后果》,[英]A. 吉登斯著,田禾译 45.00 元
7.《消费文化与后现代主义》,[英]M. 费瑟斯通著,刘精明译 14.20 元
8.《英国工人阶级的形成》(上、下册),[英]E. P. 汤普森著,钱乘旦等译 168.00 元
9.《知识人的社会角色》,[美]F. 兹纳涅茨基著,郏斌祥译 49.00 元

第二批书目

10.《文化生产:媒体与都市艺术》,[美]D. 克兰著,赵国新译 49.00 元
11.《现代社会中的法律》,[美]R. M. 昂格尔著,吴玉章等译 39.00 元
12.《后形而上学思想》,[德]J. 哈贝马斯著,曹卫东等译 58.00 元
13.《自由主义与正义的局限》,[美]M. 桑德尔著,万俊人等译 30.00 元

14.《临床医学的诞生》,[法]M. 福柯著,刘北成译 55.00 元

15.《农民的道义经济学》,[美]J. C. 斯科特著,程立显等译 42.00 元

16.《俄国思想家》,[英]I. 伯林著,彭淮栋译 35.00 元

17.《自我的根源:现代认同的形成》,[加]C. 泰勒著,韩震等译 128.00 元

18.《霍布斯的政治哲学》,[美]L. 施特劳斯著,申彤译 49.00 元

19.《现代性与大屠杀》,[英]Z. 鲍曼著,杨渝东等译 59.00 元

第三批书目

20.《新功能主义及其后》,[美]J. C. 亚历山大著,彭牧等译 15.80 元

21.《自由史论》,[英]J. 阿克顿著,胡传胜等译 89.00 元

22.《伯林谈话录》,[伊朗]R. 贾汉贝格鲁等著,杨祯钦译 48.00 元

23.《阶级斗争》,[法]R. 阿隆著,周以光译 13.50 元

24.《正义诸领域:为多元主义与平等一辩》,[美]M. 沃尔泽著,褚松燕等译 24.80 元

25.《大萧条的孩子们》,[美]G. H. 埃尔德著,田禾等译 27.30 元

26.《黑格尔》,[加]C. 泰勒著,张国清等译 135.00 元

27.《反潮流》,[英]I. 伯林著,冯克利译 48.00 元

28.《统治阶级》,[意]G. 莫斯卡著,贾鹤鹏译 98.00 元

29.《现代性的哲学话语》,[德]J. 哈贝马斯著,曹卫东等译 78.00 元

第四批书目

30.《自由论》(修订版),[英]I. 伯林著,胡传胜译 69.00 元

31.《保守主义》,[德]K. 曼海姆著,李朝晖、牟建君译 58.00 元

32.《科学的反革命》(修订版),[英]F. 哈耶克著,冯克利译 58.00 元

33.《实践感》,[法]P. 布迪厄著,蒋梓骅译 75.00 元
34.《风险社会:新的现代性之路》,[德]U. 贝克著,张文杰等译 58.00 元
35.《社会行动的结构》,[美]T. 帕森斯著,彭刚等译 80.00 元
36.《个体的社会》,[德]N. 埃利亚斯著,翟三江、陆兴华译 15.30 元
37.《传统的发明》,[英]E. 霍布斯鲍姆等著,顾杭、庞冠群译 68.00 元
38.《关于马基雅维里的思考》,[美]L. 施特劳斯著,申彤译 78.00 元
39.《追寻美德》,[美]A. 麦金太尔著,宋继杰译 68.00 元

第五批书目

40.《现实感》,[英]I. 伯林著,潘荣荣、林茂译 30.00 元
41.《启蒙的时代》,[英]I. 伯林著,孙尚扬、杨深译 35.00 元
42.《元史学》,[美]H. 怀特著,陈新译 89.00 元
43.《意识形态与现代文化》,[英]J. B. 汤普森著,高铦等译 68.00 元
44.《美国大城市的死与生》,[加]J. 雅各布斯著,金衡山译 78.00 元
45.《社会理论和社会结构》,[美]R. K. 默顿著,唐少杰等译 128.00 元
46.《黑皮肤,白面具》,[法]F. 法农著,万冰译 58.00 元
47.《德国的历史观》,[美]G. 伊格尔斯著,彭刚、顾杭译 58.00 元
48.《全世界受苦的人》,[法]F. 法农著,万冰译 17.80 元
49.《知识分子的鸦片》,[法]R. 阿隆著,吕一民、顾杭译 45.00 元

第六批书目

50.《驯化君主》,[美]H. C. 曼斯菲尔德著,冯克利译 68.00 元
51.《黑格尔导读》,[法]A. 科耶夫著,姜志辉译 98.00 元
52.《象征交换与死亡》,[法]J. 波德里亚著,车槿山译 68.00 元
53.《自由及其背叛》,[英]I. 伯林著,赵国新译 48.00 元

54.《启蒙的三个批评者》,[英]I. 伯林著,马寅卯、郑想译　48.00 元
55.《运动中的力量》,[美]S. 塔罗著,吴庆宏译　23.50 元
56.《斗争的动力》,[美]D. 麦克亚当、S. 塔罗、C. 蒂利著,李义中等译　31.50 元
57.《善的脆弱性》,[美]M. 纳斯鲍姆著,徐向东、陆萌译　55.00 元
58.《弱者的武器》,[美]J. C. 斯科特著,郑广怀等译　82.00 元
59.《图绘》,[美]S. 弗里德曼著,陈丽译　49.00 元

第七批书目

60.《现代悲剧》,[英]R. 威廉斯著,丁尔苏译　45.00 元
61.《论革命》,[美]H. 阿伦特著,陈周旺译　59.00 元
62.《美国精神的封闭》,[美]A. 布卢姆著,战旭英译,冯克利校　68.00 元
63.《浪漫主义的根源》,[英]I. 伯林著,吕梁等译　49.00 元
64.《扭曲的人性之材》,[英]I. 伯林著,岳秀坤译　22.00 元
65.《民族主义思想与殖民地世界》,[美]P. 查特吉著,范慕尤、杨曦译　18.00 元
66.《现代性社会学》,[法]D. 马尔图切利著,姜志辉译　32.00 元
67.《社会政治理论的重构》,[美]R. J. 伯恩斯坦著,黄瑞祺译　72.00 元
68.《以色列与启示》,[美]E. 沃格林著,霍伟岸、叶颖译　128.00 元
69.《城邦的世界》,[美]E. 沃格林著,陈周旺译　85.00 元
70.《历史主义的兴起》,[德]F. 梅尼克著,陆月宏译　48.00 元

第八批书目

71.《环境与历史》,[英]W. 贝纳特、P. 科茨著,包茂红译　25.00 元
72.《人类与自然世界》,[英]K. 托马斯著,宋丽丽译　35.00 元

73.《卢梭问题》,[德]E. 卡西勒著,王春华译 39.00 元
74.《男性气概》,[美]H. C. 曼斯菲尔德著,刘玮译 28.00 元
75.《战争与和平的权利》,[美]R. 塔克著,罗炯等译 25.00 元
76.《谁统治美国》,[美]W. 多姆霍夫著,吕鹏、闻翔译 35.00 元
77.《健康与社会》,[法]M. 德吕勒著,王鲲译 35.00 元
78.《读柏拉图》,[德]T. A. 斯勒扎克著,程炜译 68.00 元
79.《苏联的心灵》,[英]I. 伯林著,潘永强、刘北成译 59.00 元
80.《个人印象》,[英]I. 伯林著,林振义、王洁译 35.00 元

第九批书目

81.《技术与时间:2. 迷失方向》,[法]B. 斯蒂格勒著,赵和平、印螺译 59.00 元
82.《抗争政治》,[美]C. 蒂利、S. 塔罗著,李义中译 28.00 元
83.《亚当·斯密的政治学》,[英]D. 温奇著,褚平译 21.00 元
84.《怀旧的未来》,[美]S. 博伊姆著,杨德友译 85.00 元
85.《妇女在经济发展中的角色》,[丹]E. 博斯拉普著,陈慧平译 30.00 元
86.《风景与认同》,[美]W. J. 达比著,张箭飞、赵红英译 68.00 元
87.《过去与未来之间》,[美]H. 阿伦特著,王寅丽、张立立译 58.00 元
88.《大西洋的跨越》,[美]D. T. 罗杰斯著,吴万伟译 108.00 元
89.《资本主义的新精神》,[法]L. 博尔坦斯基、E. 希亚佩洛著,高铦译 58.00 元
90.《比较的幽灵》,[美]B. 安德森著,甘会斌译 79.00 元

第十批书目

91.《灾异手记》,[美]E. 科尔伯特著,何恬译 25.00 元

92.《技术与时间:3. 电影的时间与存在之痛的问题》,
[法]B. 斯蒂格勒著,方尔平译 65.00 元
93.《马克思主义与历史学》,[英]S. H. 里格比著,吴英译 78.00 元
94.《学做工》,[英]P. 威利斯著,秘舒、凌旻华译 68.00 元
95.《哲学与治术:1572—1651》,[美]R. 塔克著,韩潮译 45.00 元
96.《认同伦理学》,[美]K. A. 阿皮亚著,张容南译 45.00 元
97.《风景与记忆》,[英]S. 沙玛著,胡淑陈、冯樨译 78.00 元
98.《马基雅维里时刻》,[英]J. G. A. 波考克著,冯克利、傅乾译 108.00 元
99.《未完的对话》,[英]I. 伯林、[波]B. P. -塞古尔斯卡著,
杨德友译 65.00 元
100.《后殖民理性批判》,[印]G. C. 斯皮瓦克著,严蓓雯译 79.00 元

第十一批书目

101.《现代社会想象》,[加]C. 泰勒著,林曼红译 45.00 元
102.《柏拉图与亚里士多德》,[美]E. 沃格林著,刘曙辉译 78.00 元
103.《论个体主义》,[法]L. 迪蒙著,桂裕芳译 30.00 元
104.《根本恶》,[美]R. J. 伯恩斯坦著,王钦、朱康译 78.00 元
105.《这受难的国度》,[美]D. G. 福斯特著,孙宏哲、张聚国译 39.00 元
106.《公民的激情》,[美]S. 克劳斯著,谭安奎译 49.00 元
107.《美国生活中的同化》,[美]M. M. 戈登著,马戎译 58.00 元
108.《风景与权力》,[美]W. J. T. 米切尔著,杨丽、万信琼译 78.00 元
109.《第二人称观点》,[美]S. 达沃尔著,章晟译 69.00 元
110.《性的起源》,[英] F. 达伯霍瓦拉著,杨朗译 85.00 元

第十二批书目

111.《希腊民主的问题》,[法]J. 罗米伊著,高煜译 48.00 元
112.《论人权》,[英]J. 格里芬著,徐向东、刘明译 75.00 元
113.《柏拉图的伦理学》,[英]T. 埃尔文著,陈玮、刘玮译 118.00 元
114.《自由主义与荣誉》,[美]S. 克劳斯著,林垚译 62.00 元
115.《法国大革命的文化起源》,[法]R. 夏蒂埃著,洪庆明译 38.00 元
116.《对知识的恐惧》,[美]P. 博格西昂著,刘鹏博译 38.00 元
117.《修辞术的诞生》,[英]R. 沃迪著,何博超译 48.00 元
118.《历史表现中的真理、意义和指称》,[荷]F. 安克斯密特著,周建漳译 58.00 元
119.《天下时代》,[美]E. 沃格林著,叶颖译 78.00 元
120.《求索秩序》,[美]E. 沃格林著,徐志跃译 48.00 元

第十三批书目

121.《美德伦理学》,[新西兰]R. 赫斯特豪斯著,李义天译 68.00 元
122.《同情的启蒙》,[美]M. 弗雷泽著,胡靖译 48.00 元
123.《图绘暹罗》,[美]T. 威尼差恭著,袁剑译 58.00 元
124.《道德的演化》,[新西兰]R. 乔伊斯著,刘鹏博、黄素珍译 65.00 元
125.《大屠杀与集体记忆》,[美]P. 诺维克著,王志华译 78.00 元
126.《帝国之眼》,[美]M. L. 普拉特著,方杰、方宸译 68.00 元
127.《帝国之河》,[美]D. 沃斯特著,侯深译 76.00 元
128.《从道德到美德》,[美]M. 斯洛特著,周亮译 58.00 元
129.《源自动机的道德》,[美]M. 斯洛特著,韩辰锴译 58.00 元
130.《理解海德格尔:范式的转变》,[美]T. 希恩著,邓定译 89.00 元

第十四批书目

131.《城邦与灵魂:费拉里〈理想国〉论集》,[美]G. R. F. 费拉里著,刘玮编译 58.00元

132.《人民主权与德国宪法危机》,[美]P. C. 考威尔著,曹晗蓉、虞维华译 58.00元

133.《16和17世纪英格兰大众信仰研究》,[英]K. 托马斯著,芮传明、梅剑华译 168.00元

134.《民族认同》,[英]A. D. 史密斯著,王娟译 55.00元

135.《世俗主义之乐:我们当下如何生活》,[英]G. 莱文编,赵元译 58.00元

136.《国王或人民》,[美]R. 本迪克斯著,褚平译(即出)

137.《自由意志、能动性与生命的意义》,[美] D. 佩里布姆著,张可译 68.00元

138.《自由与多元论:以赛亚·伯林思想研究》,[英]G. 克劳德著,应奇等译 58.00元

139.《暴力:思无所限》,[美]R. J. 伯恩斯坦著,李元来译 59.00元

140.《中心与边缘:宏观社会学论集》,[美]E. 希尔斯著,甘会斌、余昕译 88.00元

第十五批书目

141.《自足的世俗社会》,[美]P. 朱克曼著,杨靖译 58.00元

142.《历史与记忆》,[英]G. 丘比特著,王晨凤译 59.00元

143.《媒体、国家与民族》,[英]P. 施莱辛格著,林玮译 68.00元

144.《道德错误论:历史、批判、辩护》,

[瑞典]J. 奥尔松著,周奕李译 58.00 元

145.《废墟上的未来:联合国教科文组织、世界遗产与和平之梦》,[澳]L. 梅斯克尔著,王丹阳、胡牧译 88.00 元

146.《为历史而战》,[法]L. 费弗尔著,高煜译(即出)

147.《语言动物:人类语言能力概览》,[加]C. 泰勒著,赵清丽译(即出)

148.《我们中的我:承认理论研究》,[德]A. 霍耐特著,张曦、孙逸凡译 62.00 元

149.《人文学科与公共生活》,[美]P. 布鲁克斯编,余婉卉译(即出)

150.《美国生活中的反智主义》,[美]R. 霍夫施塔特著,何博超译 68.00 元

第十六批书目

151.《关怀伦理与移情》,[美]M. 斯洛特著,韩玉胜译 48.00 元

152.《形象与象征》,[罗]M. 伊利亚德著,沈珂译(即出)

153.《艾希曼审判》,[美]D. 利普斯塔特著,刘颖洁译(即出)

154.《现代主义观念论:黑格尔式变奏》,[美]R. B. 皮平著,郭东辉译(即出)

155.《文化绝望的政治:日耳曼意识形态崛起研究》,[美]F. R. 斯特恩著,杨靖译(即出)

156.《作为文化现实的未来:全球现状论集》,[印]A. 阿帕杜拉伊著,周云水、马建福译(即出)

157.《一种思想及其时代:以赛亚·伯林政治思想的发展》,[美]J. L. 彻尼斯著,寿天艺、宋文佳译(即出)

158.《人类的领土性:理论与历史》,[美]R. B. 萨克著,袁剑译(即出)

159.《理想的暴政：多元社会中的正义》，[美]G. 高斯著，范震亚译（即出）

160.《荒原：一部历史》，[美]V. D. 帕尔马著，梅雪芹译（即出）

有关"人文与社会译丛"及本社其他资讯，欢迎点击 www. yilin. com 浏览，对本丛书的意见和建议请反馈至新浪微博@译林人文社科。